融媒体传播论

张成良 著

教育部人文社会科学青年项目“基于熵理论的传播融合新模式研究”（12YJC860054）结项成果

科学出版社
北京

内 容 简 介

本书以动态系统中的融合媒介为研究对象，运用系统熵理论对融媒体传播系统演化动因进行了多个角度的分析与考量，确立了系统熵理论下的融媒体指标测评体系，进而对融媒体传播维度的权重进行了熵值法测量实证。对于媒介形态演进中传播特征的改变，本书试图勾勒出一条简单的“在场传播—单向度传播—双向度传播—全觉传播”演进链条。此外，本书还从系统学视角提出融媒体传播的新偏向——关系，并由此提出在复杂系统引导下形成的“第三媒介时代”。

本书适合高校新媒体研究者及新媒体行业中的从业者使用。

图书在版编目(CIP)数据

融媒体传播论 / 张成良著. —北京：科学出版社，2019.5

ISBN 978-7-03-061178-9

Ⅰ. ①融…　Ⅱ. ①张…　Ⅲ. ①传播媒介-研究　Ⅳ. ①G206.2

中国版本图书馆 CIP 数据核字(2019)第 089667 号

责任编辑：王　丹　宋　丽 / 责任校对：杨　赛

责任印制：徐晓晨 / 封面设计：铭轩堂

科学出版社出版

北京东黄城根北街 16 号

邮政编码：100717

http://www.sciencep.com

北京九州迅驰传媒文化有限公司 印刷

科学出版社发行　各地新华书店经销

*

2019 年 5 月第　一　版　开本：720 × 1000　B5

2021 年 1 月第四次印刷　印张：12 3/4

字数：257 000

定价：98.00 元

(如有印装质量问题，我社负责调换)

代　序
——融媒体语境下"第三媒介时代"的开启

在20世纪，人们见证了媒介形态的日新月异。近于饱和的信息传播在满足人们信息获取吁求的同时，也吸引着人们将目光转向媒介形态的变迁。眼下，媒介融合正从深层次上改变社会现实。融合，不仅意味着媒介之间的默契交互，也包括关系上的组织建构。由媒介融合推动的融媒体传播，实质上呈现出媒介形态演进深入和媒介形态泛化的态势，媒介形态之间的生态位竞合关系的复杂化决定了融媒体传播具有的动态性、非线性和系统性，因此，对融媒体传播的研究，实质上就是对于作为复杂系统的媒介生态环境的分析和考察。其内在要求就是把握好融媒体传播过程中各影响要素之间的关系，运用复杂性思维分析媒介系统的要素涨落问题。

融媒体形态是媒介融合所呈现出来的复杂媒介形态，是一种动态演进中的媒介系统结构。融媒体产业发展正是当下解决传统媒体新旧动能转换的新观念、新思路和新举措。融媒体形态不仅包括了传统媒体与新媒体的结构性发展与演变，也包括了非媒体在新兴媒体技术赋能下的媒体化过程，这显然突破了媒介系统的边缘，使得媒介系统面临着泛化的可能性，这在提升融媒体产业的同时，也在消解传统媒体与早期新媒体的发展空间和特性。

融媒体传播是媒介形态研究的核心内容，也是媒介产业发展的关注重点，不但是媒介功能呈现的一体化趋势，也影响到传播者与受传者之间生态关系的建构。复杂系统理论是伴随着社会环境的变化逐渐引起人们关注的理论体系，媒介系统作为社会复杂巨系统的子系统，其本身也是一个复杂系统，其动态性、非线性以及开放性为融媒体传播研究提供了新的视角。因此，运用复杂系统理论对融媒体传播问题进行研究，对于深入了解媒介运行的特点、深化认识融媒体传播的本质、总结融媒体传播形态的演进规律具有十分重要的理论意义。在新兴媒体技术不断发展的智慧媒介时期，深入研究复杂系统理论视域下的融媒体传播有利于指导融媒体形态的产业化发展。

鲁东大学的张成良教授在其研究中从融媒体传播的本体出发，界定了一个概念，即“融媒体传播”；建构了一种基于融媒体传播的模式，即抛体-涡轮传播模式；验证了复杂系统环境中的一种指标测评，即融媒体指数测评；提出了融媒体传播的新偏向，即关系偏向。在此基础上，作者认为融媒体推动了“第三媒介时代”的形成。

在融媒体形态分析的基础上，作者强调作为一个动态属性的融媒体逻辑范畴，融媒体传播系统具有复杂性，从而探讨了融媒体的复杂特征，还根据复杂系统的熵理论，建构起融媒体传播的新型传播模式，并据此提出复杂系统的融媒体传播模型。作者根据建模要求提出熵理论指标评测体系，以数据实证媒介融合指数；继而从关系论视角探讨融媒体传播的偏向问题，提出系统要素之间作用的实质即关系。这部专著按照“文献分析、论述媒介演进及融媒体传播的复杂性→提出融媒体传播的复杂模型→根据模型实证研究以验证融媒体传播评测指标→分析复杂系统中融媒体传播的偏向→提出融媒体传播的演进规律和趋势”这一研究思路，从媒介形态演进的规律出发，完成以融媒体传播为考察点对于媒介系统演进的复杂关系的理论建构，并阐释了“第三媒介时代”融媒体发展的趋势。

作者认为媒介融合的本质是媒介系统的演化过程，其生态关系非平衡态是系统演进的内在动力，据此根据因子模式运用熵理论对融媒体传播的动因加以实证研究，提出“关系熵”“赋能技术”等理论设想；运用复杂系统理论分析媒介融合中的媒介关系，定量研究媒体融合指数，对于指导媒介融合产业发展、提升传统媒介竞争力具有积极意义。

与以往媒介融合或融媒体传播研究方法不同，该研究引入了复杂系统理论，形成了多元视角的量化研究范式；此外，根据复杂系统理论开展的模型建构，使得该研究的视野更加开阔。

应该说，系统是以内在要素之间形成协调、制约和促进的关系作用为前提而存在的。系统论的实质是关系作用，而关系则影响着系统生成与演化过程。复杂的媒介融合环境带来时间和空间维度上的融合。“融合时空”使信息传播倾向于时空一体化表述，因此，超越时空关系的传播偏向需要一种新的逻辑表述。基于传播偏向的二象结构关系，该研究将内容和关系纳入考察视野，强调内容信息作为本位意义上的“传播”，关系信息则被看成是“元传播”，由此确认关系传播在复杂媒介环境中独特的文化意义，进而明晰关系传播的复杂性特征及关系传播的系统化演进。

甘险峰

2018年8月28日

前　　言
——融媒体形态演进与全觉传播时代的到来

文化是一个时代共生的精神给养，技术则是这个时代绵延不绝的物质食粮。时代性技术催生时代性文化，时代性文化又表达着这一时代的技术特征。人，作为技术的推动者，一方面推动新技术领航社会进步，与此同时，又往往流连既往，沉迷于文化的惯性作用，不能在文化认同上进一步延伸迭代。显然，文化认同趋后于技术指引，因此技术演进越快，人类的生活条件越丰盈，文化叠加作用也就越明显，由此形成的文化意识冲突也必然存在。

我们生活在一个前所未有的物质丰富同时又被信息高度包裹的时代。受益于技术发展，人们不断体验着创新成果所带来的红利。媒介形态的日益丰富多彩，为大众提供了一个形态纷繁复杂而又不断演进的媒介生态环境。置身于其中，每个试图了解这些时代技术背后所潜存的文化语境的人，都希望拨开迷雾，寻求自己身在何处，又将去往何方。

从传统媒介到以网络媒介为代表的新兴媒介，技术的演进迭代顺理成章，新兴媒介的技术时代正在形成，但文化认同却经历着从迷惑到相异的泛化倾向，没有哪一种说服力量能归化异见，也没有哪一种认同能主导这个时代。

"新兴媒介"这一带有明显时代特征的概念在不断验证着媒介形态的演进与变迁。相对于古代报刊而言，近代报刊就是一种新兴媒介。近代报刊几乎见证了近代社会政治、军事、文化的发展与兴衰，它也第一次把全球视野纳入同一种符号语境之中，开始其特有的媒介话语生产作业，大众报业传播更是因为弥合了不同阶级之间信息控制的裂痕而取得了令人瞩目的业绩。近代报刊延伸了人的视觉空间，建构起一个不断扩展的媒介环境。然而，随着无线电广播的出现，依赖于无线电广播的声觉空间得以强化。相对于报刊的文字符号传播，能够实现空间上"在场"传播的无线电广播脱颖而出，成为继近代报刊之后的第二种新兴媒介。也正是从广播开始，新兴媒介开始了借由信号且需要特定技术传通（印刷媒介显然对受传者没有技术匹配的需求）的发展之路，这就使得跨越空间的“在场”收受成为可能。无线电广播延伸了人的声觉空间，建构起一个可以“在场”收受的媒介环境。正是基于近代报刊和无线电广播的发展演进，电视作为第三种新兴媒介将视觉空间与声觉空间融合为同一媒介，进一步强化了“在场”的时空与位移，具有鲜活气息的媒介场景由此被传播并强化。媒介第一次得以通过其强大的拟态环境创设，深刻地影响到世俗社会。电视作为新兴媒介出现，丰富并进化了媒介生态，与此同时，也深刻地介入人们的日常生活中，因此，有学者不无忧虑地视其为“全景式监狱”①。

就在人们对于电视媒介尚存有疑虑时，不同于前在媒介的又一种新兴媒介诞生了。互联网，这种改变了既往传播范式的新兴媒介无论在传播方式、传播主体上，还是在传播界面上，都发生了革命性改变，最为显著的特征是媒介形态的迅速扩张。罗杰·菲德勒认为，传播的历史是指“越来越多”的历史②得到了验证，多起来的正是不断形成的媒介形态和传播方式。至此，关于媒介是否即为讯息的争辩已毫无意义，马歇尔·麦克卢汉（Marshall McLuhan）预见的新兴媒介时代正式到来。和传统媒介单向度传播相比，新兴的数字媒介的优势不仅在于其文本上的兼容性（事实上，电视媒介已经向着视听语言的兼容性迈出了重要的一步），更在于它建构起即时传通回路的媒介新环境，在这一环境下，人与人之间、人与媒介之间的交互成为可能，传播也从单向度发展为双向度乃至于多向度的非线性复合传播。说到传统媒介与网络媒介的区别时，人们常常强调即时交互及非线性传播的特征。新兴媒介的不同，主要还是体现在即时传通回路的建构上，实质是突出了媒介环境建设自身的意义，而不仅仅在于媒介外在的特征与表现。

关于传统大众媒体与新兴媒介的文化认同，罗伯特·K. 洛根（Robert K. Logan）认为，大众媒体分享的是一个时代共同的情感空间，新兴媒介分享的则是共同的认知空间。由此可见，对于大众媒体，文化认同在不断聚合，而新兴媒介则是在聚合和拆分之间不断地产生摇摆与平衡。传播过程中的对象，也从受众指称走向了分众指称。

关于媒介形态的演进之路，立足于新兴媒介的保罗·莱文森（Paul Levinson）借鉴了达尔文的进化论，他认为，人创造了媒介，而且选择了媒介。生物进化论中，自然之手创造了万物，又选择适者驾驭自然；根据几何学中的相似理论，作为媒介演进的主导者，人类根据个体需要创造媒介并不断进行汰选。莱文森据此提出“共进共存”和“媒介的人性化趋势”（anthropotropic evolution of media）

① 米歇尔·福柯. 1999. 规训与惩罚. 刘北成，杨远婴译. 北京：生活·读书·新知三联书店，序言.

② 罗杰·菲德勒. 2000. 媒介形态变化：认识新媒介. 明安香译. 北京：华夏出版社，第12页.

理论[①②]。媒介的演进的确不以替代前在媒介为演进方向，而是在既有媒介基础上叠加式地向前发展，由此形成不断创新的媒介生态环境。事实上，媒介的“共进共存”并不表示着泥沙俱下的形态共在，而是经过人的选择后存留下的媒介形态。我们感知的只是强势媒介在不同时代技术改造后的“共进”，而不是毫无进化地选择的原生态本体。在媒介形态演进中，电报、留声机、DVD 这些曾经影响过一个时代的媒介一个个退后到历史的角落去，它们的技术基因却得以保留，在不断涌现的新兴媒介形态中总能找到它们的身影眉目。因此“共进共存”并不意味着静态的叠加，而是意味着选择与自我革新的双向互动。

说到媒介的“人性化趋势”，就不能不谈到与之互为表里的另一方面，即“去社会化”[③]。媒介形态“在场性”增强，正是人性化的体现。然而，正如硬币的正面和反面相互依存一样，在莱文森以乐观态度欣赏媒介演进“人性化趋势”的同时，我们不能不看到媒介演进也面临着“去社会化”的一面。人对于媒介内容的选择性越强，媒介环境越趋向于人性化，人与媒介的关系越紧密，人的去社会化趋势就越明显。“人性化趋势”理论考虑到了媒介技术的影响，却忽略了现实社会关系作用。“去社会化”理论要告诫我们的是，媒介环境的人性化，在深刻影响到人与媒介关系的同时，也深刻影响着社会关系交往，无处不在的虚拟联通带来的是人际关系的实际孤岛化。

驱使笔者完成本书的最初动力是关于新兴媒介形态演进规律的思考，以及对于前在的媒介技术的哲学追问。先贤大哲对于媒介演进规律的探讨能否继续指引新兴媒介的前行？新兴媒介的演进与社会发展有哪些关联？我们即将面临的是一个怎样的媒介时代？这些困惑，需要一个学术探讨和厘清的过程，这也是笔者不断与麦克卢汉、莱文森等前辈在思想上沟通对话，获取这一时代共同情感认同的过程。

一、研究的逻辑起点和思考

新兴媒介，这个自工业时代以来最为耀眼的概念，正深刻地影响着我们的时代。无论是在信息收受方面还是在关涉生活生产的其他方面，都能找寻到它无处不在的身影。正是基于新兴媒介日新月异的形态变化及其对社会生活的持续作用与影响，它成为笔者进入新闻传播学术研究领域后，持续揣摩且乐此不疲的研究

---

① 保罗·莱文森. 2017. 人类历程回放：媒介进化论. 邬建中译. 重庆：西南师范大学出版社，第 5-7 页.

② 保罗·莱文森. 2014. 数字麦克卢汉：信息化新千纪指南(第 2 版). 何道宽译. 北京：北京师范大学出版社，第 1 版序第 17 页.

③ 社会化就是由自然人到社会人的转变过程，每个人必须经过社会化才能使外在于自己的社会行为规范、准则内化为自己的行为标准，这是社会交往的基础，并且社会化是人类特有的行为，是只有在人类社会中才能实现的。“去社会化”则是人由于沉浸于虚拟环境，既有的社会交往减弱，个体行为准则被弱化的过程。

课题。

从媒介融合概念的提出到全媒体理论实践，再到融媒体传播，伴随媒介文化产业扩张延伸的，是学术界对于新兴媒介从关注到成熟的思考过程。对于笔者而言，对融媒体的考虑，不仅仅局限在媒介之间结构作用所完成的形态演进上，还包含着带有显著人文色彩的历时性分析和思考。因此对融媒体传播的研究，首先应回溯到传播历史的原点，由此确定传播活动的本体、认知与它的关系结构。

基于这样的分析与思考，笔者将研究方向主要集中于以下几个方面。

一是在媒介的传播特征上，传播经历了从早期的简单人际在场传播，到传统媒介的单向度传播，再到互联网时期的交互传播，传播回路日趋完整，那么接续交互传播的应该是一种怎样更新形式的传播呢？

二是在媒介的传受对象上，从人际传播发展到大众传播，进一步发展到“与众”传播[①]，接下来传受对象会有怎样的变化？

三是在媒介的传播偏向上，传播经历了从媒介内容偏向到媒介形态本身的过程，之后的媒介形态偏向又将如何呢？

四是在媒介的传媒形态演进上，传播形态从原始媒介开始，经由大众媒体到全媒体，接续传承的又将是何种媒介形态？

五是融媒体系统的稳定性是伴随着负熵流入的，那么融媒体形态发展演进的动因有哪些？

传播特征实质就是揭示传播活动内在的规律性，从初始的人际传播，到单向传播，再到虚拟的交互传播，技术发展带动着传播人性化趋势日益明显，在新媒体之后的新新媒体，也就是以大数据为主要技术特征的传播活动，将迎来全觉传播。全觉传播是融媒体形态的必然选择。全觉传播就是整合既有的声觉、视觉传播，进一步延伸出触觉和味觉等传播，使人沉浸于传播环境中，全方位感受到传播活动的深刻影响。

对于传受对象，不论是处于收受终端的受众，还是能够通过交互关系实现传受一体化作用的“与众”，都作为信息传受主体而存在。随着传受一体化进一步加强并伴生信息传播的泛化，通过泛化传播形成的收受群体将会出现，在虚拟与现实的双重语境影响下，他们时而模糊不清，时而清晰可见。借用学者李沁的概念，这些人被称为“泛众”[②]。

对于早期的信息传播，媒介内容至关重要，可以说内容传播是传统大众媒体安身立命的本钱，不过在互联网等新兴媒介看来，媒介传播的内容，比起媒介形态自身的使用，显然变得没有那么重要。因此麦克卢汉认为“媒介即讯息”，强

① 张成良. 2015. 新媒体素养论：理念、范畴、途径. 北京：人民出版社，第 46 页.

② 李沁. 2013. 沉浸传播：第三媒介时代的传播范式. 北京：清华大学出版社，第 44 页.

调媒介形态本身的价值和意义。从媒介内容到媒介形态，接下来要关注的是何种偏向呢?

在对目前所处的媒介时代加以分析论述后，学者李沁认为沉浸传播（本书定义为全觉传播）以“人”为偏向，且“沉浸人的特征决定了互联网文明的特征”[①]。应该说，在人-媒介关系的传播活动中，沉浸传播以“人”为偏向确立了人在泛在文明时代的特殊价值。事实上这一层面仅仅考虑到了人-媒介关系层面，然而，在融媒体传播时代，构成传播活动的关系多元而复杂，除了人-媒介关系，还包括媒介-媒介、非媒介-媒介、人-人等要素之间的作用关系。因此，要完整地思考融媒体时代的传播偏向，就应该跨越以“人”为偏向的思维结构，寻求一种更为广泛和有着普遍影响的传播的偏向要素。本书的研究借由媒介系统的生态环境，提出融媒体传播是以“关系”为偏向的传播。

事实上，媒介与人的偏向也可以理解为一种关系意义上的偏向。除此以外，媒介关系、人际关系、社会组织关系等均是在现有技术环境下不断激活的传播要素。激活关系的过程，实质就是一种释放社会关系网络中各个节点的人的媒介性的过程。

媒介在微观上是人性的映射，在介观上是关系的构成。新媒体最强调的就是社交关系的重构，据此形成具有自组织特征的网络新媒体与现实的镜像结构，如同一种 DNA 螺旋结构的对应存在。在上一个断面，线上的商务活动是线下结构的镜像，线上活动主导人们的现实行为，而下一个断面峰回路转，线下的物流传递是线上交易成功的镜像，是线上虚拟行为的现实接续。

媒介形态演进链条，从大众媒体绵延到全媒体，接续而来的就是融媒体。融媒体传播，是指传统大众媒体之间、新兴媒介与传统媒介之间、新兴媒介与其他泛在媒介之间、新兴媒介与人之间形成协同作用，以共同完成传播活动的过程。融媒体传播，就是不断超越媒介边际形成不断聚合、不断延伸的动态的媒介生态传播圈层。

从熵理论（Entropy Theory）的视角看，融媒体系统要保持和谐稳定，必须要确保负熵的不断流入，以使得系统处在一个低熵环境中。媒介融合过程中，新兴媒介技术作为最直接的动因要素，不断为媒介关系作用注入新的动力。如移动媒介的出现、大数据技术的出现等，这些新兴媒介技术推动了媒介融合的纵深发展。移动互联网使传播活动场景化，而场景入口的无处不在确保了文字、图片、音频、视频等符号可以随时随地形成交互传播；大数据技术则为场景提供了不计其数的数据资源及优化渠道。系统内负熵流入的前提是系统边际的开放，融媒体传播的边界从“软边界”发展到“无边界”，为技术打通融媒体系统提供了前提条件，这也符合耗散结构机理和规律。此外，媒介融合过程中部分媒介的兴衰与被淘汰

① 李沁. 2015. 泛在时代的“传播的偏向”及其文明特征. 国际新闻界，(5)：6-22.

过程，也是在系统内在要素自组织作用下完成的。

融媒体传播，绝不仅仅是媒介融合过程中简单的传播活动，而是反映着以新兴媒介为主导的新的社会生活秩序的到来。如果说传统媒介向早期的网络新媒体演进只是在不断完善传播的回路，形成一个各要素能够充分调动以完成交互传播的系统，那么融媒体传播则是无限开放各传播系统边际，使一切社会元素媒介化，以此来完成从泛媒体向超媒介时代的完整演进过程。

二、研究理论的主体架构

基于上述逻辑起点和思考，本书形成了独特的理论框架支撑，基本的研究思路是：从融媒体传播的概念分析开始，确定融媒体传播形成的内在动力支撑，其理论是系统“熵理论”的运用；根据“熵理论”中负熵流入能够减缓熵增①以提高系统秩序的思路，提出技术赋能对于引入负熵的意义。技术赋能带来了融媒体形态的动态演进，动态演进过程中的传播特征开始全觉化，人的信息收受过程也出现沉浸传播等特征。融媒体形态的演进过程是动态不居的，其所表现出来的是后现代延异特征。延异（deférance）②作为一个哲学概念，在解释新兴媒介形态演进的逻辑中几近完美。具有延异特征的融媒体形态预示着一个从泛媒体走向超媒介的时代的到来。本书所关注的，正是泛媒体时代传播诸元的理论与特征。

从本体论的视角，本书涉及几个概念，有的是借鉴引用，也有的是创造性地提出，下面略作说明。

（1）融媒体形态。融媒体形态不是确指特定形态的媒介本身，而是以技术为动力，以人为中心，连接了所有存在和延异状态下的媒介形态的媒介系统总称。融媒体强调在社会大环境中，媒介之间以及人与媒介之间的关系作用在现实社会生活中无处不在，无所不能，是传播史上最具有社会影响的、独特的媒介传播形态。

（2）全觉传受③。全觉传受是在特定自然场景内完成的人的信息感知过程。传播活动的发展开始于自然状态下的人际传播，而人际传播往往会伴随着全觉传受过程的关系作用。随着符号传播的发展，从口语传播到书写传播，到电子媒介传

① “熵”是系统无序程度的量度，封闭系统中的组分会趋于平衡，无序程度即熵值就会增加。

② “延异”是德里达发明的一个词汇，既有差异的意思，又有延迟的意思，强调的是无声的差异及其延迟的运动。参见 Dalton, C. 1985. An essay in the deconstruction of contract doctrine. *Yale Law Journal*, 94(5): 997-1114.

③ 全觉传收（在本书中统一为“全觉传受”）概念是中国人民大学杨保军教授在一次研讨会致辞中（2015 年 9 月 25 日中国人民大学新闻学院主办的“转型与超越：新媒体环境下的视觉信息传播”研讨会）提出的概念，主要强调的是随着传收技术的日新月异，信息传收界面正变得全觉化（视觉、听觉、触觉等的融合或整合）。他认为，当不断更新的传收界面持续影响我们的生活世界时，全觉传收以前所未有的速度贯穿人们的社会生活，更新社会文化的结构方式、表现方式，全觉传收更加符合人类交往交流的自然状态，更加符合人类自在自发的交往交流方式。参见杨保军，张成良. 2016. 论新兴媒介形态演进规律. 编辑之友，(8)：5-11.

播，再到网络交互传播，以及从声觉空间到视觉空间，再到视觉与声觉空间一体化，媒介环境的拟态呈现与媒介再造为新兴媒介的全觉传受提供了可能。

（3）赋能技术和“积势”。赋能技术（enabling technology）是建构融媒体关系，使之成为协同稳定媒介生态的支撑性媒介技术。它是新兴媒介特有形态的必然变量，因此时代性技术对新兴媒介形态产生的影响是决定性的，明显优于传统媒介形态。技术是媒介形态演进的原动力，赋能技术则是新兴媒介所独有的使其得以生存的要素。赋能技术所形成的历时性能量的积累，是一种来自系统内部无法改变的发展惯习，这种惯习我们称之为“积势”[①]，能够改变媒介“积势”的是不断提高的技术水平。因此，麦克卢汉提出了“媒介即讯息”，强调因技术发展推动媒介形态变化而带来的是讯息传播环境的变化，而不是作为内部要素的媒介内容的影响。这也是媒介发展“技术决定论”的依据。

（4）与众与泛众。与众是马克·波斯特（Mark Poster）所提到的“第二媒介时代”强调“互动”和“双向性”特征的传播对象。新媒体传播对象既包括一般意义上的新媒体浏览者，也包括参与生产和传播的创作者。考虑到新媒体受众参与传播以及主导传播的特点，我们使用“与众”（prosumers）一词来定义新媒体受众。相对于与众，泛众强调的是泛在特征，即参与传播的程度具有不确定性，可能随时在场、在线，也可能随时退场、离线。泛众传播是指以泛在网络为基础的、面对所有人提供的个性化传播，是多对多和一对一同时发生的传播[②]。

对于媒介形态演进中传播特征的改变，本书试图勾勒出一条简单的“在场传播—单向度传播—双向度传播—全觉传播”演进链条，传播特征的改变也是媒介技术发展的一个完整映射。

在对新兴媒介属性的认知问题上，借鉴麦克卢汉的冷热媒介说，笔者认为新兴媒介是热时代的冷媒介。热是一种生活理念、方式和态度，如跑车、快餐、五颜六色的服饰，冷则是柔声细语的深度参与。因此，热的生活态度渗入冷的媒介生活，是这个时代最为热烈的报偿。冷媒介可以催生热的社会文化，热文化则会激活冷媒介的兴起。这种看似去来的逆转是一种维持系统平衡的动态过程，呈现螺旋式的渐进。其间，冷热媒介是伴生存在的，媒介的升温是系统的固有属性，是系统熵增过程，冷媒介的出现迟滞了这样一种熵增过程，使之进入一种媒介生态上的动态平衡状态。

从关系论角度，本书提出媒介演进中主体关系的偏向，形成“媒介内容—媒介形态—媒介关系”这样的研究思路。在媒介演进活动中，媒介关系影响着

---

① 积势，是指媒介在一定状态下持续积累和蓄积的元素，包含技术、文化等要素，在媒介形态演进过程中成为媒介不断发展演进的前在基础。积势带有双重的语境，既表明技术本身的积累和递进，也包含着社会文化沉淀对于新技术影响的消解。

② 李沁. 2013. 沉浸传播：第三媒介时代的传播范式. 北京：清华大学出版社，前言第 12 页.

融媒体形态和融媒体的演进方向。媒介之间的关系、人与媒介之间的关系、人与人之间的关系——这些共生关系构成的新兴媒介环境将影响融媒体传播的效率和价值。

三、研究模式对新兴媒介演进的预测

正如新兴媒介形态不断延异成另一种新兴媒介一样，新兴媒介从来不会停止它演进的步伐和节奏，这也是未来媒介生态存在无限可能的根源所在。是的，新兴媒介的兴起和演进带来了这一领域研究的繁荣，各种隐喻、假说不断推陈出新。想象与理念在新兴媒介领域不断碰撞和激发，形成激烈的思辨与论证。本书也算是借由这些思想碰撞所产生的一朵小小浪花。本书中提到或引用了一些概念或假设，如融媒体形态、全觉传受、赋能技术、积势、延异、与众与泛众等，这些带有清新时代气息的概念并非无中生有，而是有着深厚的传播学、哲学、物理学积淀的影响和迁移，是经过近几年学术思想不断推敲和探讨后的结果。

在植物学家眼里，一棵破土而出的幼苗的未来几乎可以确定，不管是树冠参天还是虬枝攀缘，它从泥土中起身的一刻似乎就已经注定。这不是宿命，而是经验主义提供的坐标参数。面对日出月落、春夏秋冬，我们有足够的时间去揣摩和掌握。没有人称之为预言，因为其中有规律可以遵循。和自然运动不同，社会运动更加复杂和难以琢磨。若以经验主义去思考判断媒介形态的演进规律，这种思考无疑是被动和缺乏远见的，不具有前瞻性。因此，能够在纷繁复杂的社会环境中看清媒介发展已难能可贵，而根据媒介演进规律能够预测媒介未来方向的人则更是凤毛麟角。麦克卢汉就是这样的人，他像一个高明的隐士，通过“地球村”这样的隐喻，预言了数字新兴媒介时代的奇幻与玄妙。正是借着媒介环境学派理论的光辉，我们才有信心憧憬未来媒介生态环境里的阳光明媚。

媒介的形态决定人类社会形态，这是麦克卢汉媒介技术史观的基本原理，遵循这一原理，人类的演化趋势应该是“个体化—部落化—非部落化—重新部落化—重新个体化”，传播的演进规律对应的是“自我传播—人际传播—大众传播—泛众传播—自我传播”，进一步对应的媒介形态演进是“前在媒介（人体）—原始媒介—大众媒体—泛媒体（全媒体）—超媒介”。媒介的兴起，实质上就是一场平民化的社会关系演进，因此，媒介形态决定人类社会形态，有其必然的内在逻辑。在泛媒体时代显然传播活动和对象都是分化的，新兴媒介与大众媒体之间既存在着竞合关系，也通过媒介融合寻求着一条走向超媒介时代的路径。在这中间，融媒体是泛媒体走向超媒介所必要经行的路段。

融媒体实质上是泛媒体在赋能技术下的系统性结构作用的动态过程，是当前媒介融合的基本思路和方向，也是建设能够链接所有社会关系的超媒介时代的一个起点。那么我们应该怎样解读融媒体及其所推动的这个时代呢？

融媒体传播实质上是泛化的智慧传播，它也是系统的全觉传播。一方面它关注于本体认知过程，强化本体的感官体验，因此学者李沁提出了沉浸传播的概念。沉浸传播，核心指向的还是大数据环境对人的关系作用，其区别于前在的人际传播、大众传播和分众传播。沉浸传播更倾向于拟态环境的创设，不论是虚拟现实（virtual reality）的技术生态环境建构，还是“遥在”人际关系的在线链接，都超越了现实环境的存在。这与现实中线上线下关系的紧密融合大相径庭。是故，沉浸传播是关系意义上的传播，也存有认知上的维度，但缺乏了本体论意义上的关照。另一方面，全觉传播还存在于媒介关系作用中，是媒介系统在技术支撑下的智慧传播。新媒体通过赋能技术作用于不同产业，实现媒介形态的泛化与增殖。传播的本体超越了信息传通的框架，形成无处不在的泛化形态。媒介传播从组织行为到去组织行为，再到自在组织行为，通过大数据运算完成信息推送。其中，传感器既是信息捕捉节点，也是信息传通的端口。全觉传播，是无处不在的传感器组合成泛媒体的选择与传播，更是融媒体形态的逆向选择和淘汰。从这个意义上看，融媒体只是媒介形态演进之中无法结构化的过程节点，其后现代的延异特征注定了融媒体的脚步将渐行渐远……

沉浸传播，作为泛媒体时代人与媒介关系作用而存在的传播方式，从人性的角度看，是人性化的全觉体验。然而，对于个体来说，不但不意味着是一个多么完美的媒介环境，甚至与之相反，意味着人际关系的重构，以及使人不断远离社会环境的“去社会化”过程。如果剥离了人的社会关系的真实性存在，使其处在一个信息充盈却无所遮蔽的环境中，那么他的社会价值和意义又将如何体现？

从人类传播发展的回路来看，传播经历的传播圈层是不断扩大的过程，在这一过程中，光怪陆离的世界放大了我们的视野，从家到天下，再到世界宇宙，这种放大让我们开始感受到处在芸芸众生之中的孤独，于是在新兴媒介作用下，可以由我们自主圈定的传播圈层开始收缩，收缩到部落化，再到个体化。人们从全景式监狱跳脱后随即进入共景式监狱[①]。共景式监狱显然是泛化的社会关系写照。沉浸传播让共景式监狱的范围不断回缩，直到禁锢个体的自我心灵。媒介的个性解放所引起的“去社会化”将一直持续下去，智慧生存换来的必将是社会关系的逐渐崩解。

---

① 在共景式监狱的社会模式中，已经不再是个体瞭望塔对众人的监视，取而代之的是众人对个体的凝视与控制。他们之间信息的分配已经比较对称了，管理者在信息资源控制方面的优势已经不复存在，试图通过信息的不对称所实现的社会管理遭遇到前所未有的危机。

当然，眼下的若干年内，我们会不断受惠于新兴媒介技术带来的红利，衣食住行都将因为融媒体传播而变得智慧化。融媒体形态将连接一切，形成无所不包的社会泛媒体系统。身处其中，我们不仅会被媒介形态化，也必然会成为融媒体推动和演进中的一个重要节点。

设想一下，当你在居家生活时，智能机器人可以为你打点好一切；当你旅行时，可以享受旅行办公的愉悦。不管身在何地，以你为核心的智能圈层始终围绕在你的周围，你身处媒介之中，自身又是媒介圈层的控制者。显然，这一切都来源于融媒体传播。眼下，融媒体形态正在陆续生成，一个崭新的媒介时代即将展现在我们的眼前。

目　录

第1章 导 论

作为社会环境的映射和显现，媒介不但记录了现实社会关系中的事件，也勾勒出一个时代的技术水平和由技术水平抽象而成的技术秩序的协调性。因此，在一个封闭且高度集权的社会，媒介生态必然也是封闭和受控的。在工业社会来临之前，传播所涉及的范围是极其有限的，甚至是被垄断的，信息传播是一种昂贵且存有阶级性的贵族活动，不要说信息回路的连接，即便是信息传播渠道也是近乎封闭的。这一方面是源于技术水平的限制，另一方面则是出于政治判断的实际控制。工业社会推开了一扇门，一扇镌刻着技术力量的大门。借由技术所引发的媒介技术革命派生出全新意义上的媒介形态，媒介空间的开放促成了大众化媒介的产生，平民阶层也能够购买一份便士报，工人也能收看同他们的老板一样的电视节目。从媒介使用形式上看，消弭人与人之间的阶层差别的大众媒体使信息分享成为一种可能。问题是，掌握着媒介资源的人对于媒介内容生产的影响究竟有多大，以及媒介内容本身所附载的话语控制是否存在。工业社会实质上就是一个单向度的社会。单向度社会的思想往往由政策制定者与新闻信息生产者协同推进，新闻信息生产与政策制定者之间的默契推动了社会系统的控制。单向度社会映射的正是单向度的传播，单向度的传播在建构现代信息社会的进程中具有独特的价值，但不可否认，由技术“自我遮蔽”特性所形成的“技术即无思”的心理定势影响着人们对于单向度传播是否具有合理性的思考。与此同时，从系统的角度考虑，一个不能构成回路的单向度传播体系是不完备的，缺少回馈的传播系统必然是具有控制意义的，尽管这种社会控制的形式以技术的形式来展示和呈现。

毫无疑问，单向度传播终结于新兴媒介时代，以即时交互为特征的互联网结束了单向度传播，也把社会推向一个崭新的时代。从系统内传播回路的完成来看，这意味着信息极大的丰富和对称；从社会生态构成看，传播回路的完成意味着社会舆论系统的开放与平衡。当然，单向度传播的终结有其技术动力的必然性，技术的遍在性及其不以人的意志为转移的“逻各斯”[①]，不仅使媒介取得革命性的突破与发展，也促使社会关系呈现人性回归。在此基础上，媒介之间、媒介与社会产业之间的融合形成了特色鲜明的泛媒体传播生态格局。

如同传统媒介对社会环境产生影响一样，眼下，新兴媒介正从深层次上改变社会现实，改变社会成员的生活方式、工作方式和思维方式。伴随着新兴媒介产业快速发展的是有关新兴媒介的研究的相对滞后，对媒介传播形态及其演进规律的研究成为“互联网+”时代学术研究的焦点问题。人们对于新兴媒介的认知，经历了一段交织着情感价值判断的复杂过程。当数字媒介的号角吹响时，许多人认为，这种非线性即时交互的新兴媒介必然替代传统媒介，甚至还有人指出了传统媒介消亡的具体时间，然而时至今日传统大众媒体在现实的媒介生态系统中依然不可忽视。接续替代论的，是一种“共存共进”的媒介生态论。相关学者认为传统媒介不会就此消亡，而是和新兴媒介共同建构起全媒体平台，通过全媒体平台，不同媒介的信息可以共同采集、统一发布。全媒体平台的建设，提供了媒介形态之间通过技术平台协同生产作业的动力支撑。以媒介发布渠道协同传播并不会成为媒介演进的终点。随着大数据技术的运用与推广，以互联网思维为核心，以融合媒介内容生产、渠道运营和内容发布为特征的融媒体传播带来了无与伦比的全新景象。

事实上，对于媒介形态演进的研究也存在着一定的偏向性，就像媒介传播不可避免地产生或倚重时间或空间的偏向一样，对于媒介的研究也显而易见，早期对于传播本体的研究倾向于媒介内容研究的偏向。因为彼时媒介的形态单一，媒介本身组织传播的单向和媒介功用单调，在初始的生态环境中，媒介本体的指向毫无疑义就是媒介内容。随着媒介形态的演进，有着“共进共存”的媒介群落开始出现，虽然这些媒介关系尚比较简单，但与媒介内容传播和媒介本体传播这两种逻辑及其影响相比较，媒介形态本身无疑具有更大的吸引力，所以从麦克卢汉开始，研究者就强调“媒介即讯息”，甚至不惜使用“媒介即是按摩”这样的变体。麦克卢汉是在提醒人们，媒介内容夺走了人们的注意力，而媒介形态本身更应该值得我们去关注。随着新兴媒介的脚步越走越快，新兴媒介研究的主体也在发生变化，人们已经无意于去争论“内容是否为王”，而是拨开纷扰的思绪，透过一个个不断形成的新兴媒介，去梳理它们之间、它们与人类之间、它们与社会环境之间的关系，这就决定了研究的偏向似乎从媒介本身转到了媒介关系上，也自然引出了本书要讨论的重点问题：如何在媒介作用关系上建构起具有时代特征的融媒体传播？

---

① 逻各斯是欧洲古代和中世纪常用的哲学概念，一般指世界上可理解的规律，因而也有语言或“理性”的意义。在希腊语中，这个词本来有多方面的含义，如语言、说明、比例、尺度等。

融媒体，这个还不为人们所熟知的概念，其指称是谁，抑或是指哪一种媒介形态呢？而且，融媒体与目前的传统媒介，以及正以其无处不在的势头裹挟社会关系的新兴媒介有着怎样的关联？

1.1 进化论视角下的媒介形态演进

传播与人类社会相生相伴，构成了早期朴素的人际关系结构，由传播形成的文化在历时性的演进过程中，让后来者充分感受到了前在文化的魅力，这使得文化传承突破时域阻隔，不断被重新解读。譬如，在我们眼中的《诗经》，既有源于历史不同时期传播下来的文化标注，也有我们透过古老文字语境重新建构起的文化环境。由传播形成的空间传播来看，传播符号能够突破地缘障碍，获得人际传播所不能达到的效果。相比于后来的传播，早期的人际传播是朴素而真实的，共生的文化环境、面对面交流使得人际传播更加真实可靠。出于文化传播不断扩展的需求，人与人之间的口头与耳朵之间的传播方式逐渐被文字与眼睛之间的视觉传播方式所打破，传播符号编码的复杂性替代了传播仪式的简单化，媒介形态也随同传播方式的改变发生着改变。

在媒介形态的演进历史中，媒介以近乎包容的姿态不断整合前在的媒介形态，使之形成新的媒介内容，由此形成媒介形态不断扩张、拆分、重组的演进过程。事实上，媒介形态“共进共存”并不是一成不变地保留前在媒介，也并非对于前在媒介一股脑儿地接受，而是有选择性地挑选、汰除。

媒介传播中，由稳定的传播模式长期运行所形成的媒介文化单位，即媒介模因①，影响着媒介形态的进化和演变。事实上，媒介模因从来就不是静止的，而是在共时性技术演进中不断地扬弃。眼下，新兴媒介技术不断更新，特别是新兴媒介本身作为一种技术文化，其所秉赋的开放性、便捷性、互动性、虚拟性等特征具有鲜明的全媒体发展趋势，这就使得传统媒介形态面临着新的整合与重塑的需求。对于传统媒介而言，新兴媒介技术可以看作是时代背景下重构传统媒介形态的新起点。面对选择与扬弃的新发展格局，传统媒介要么与时代的技术文化完美融合，继续高举其作为强势模因的历时性文化累积大旗；要么不为信息受传者所接受，与时代技术背道而驰，从而面临传承失序和结构异化的命运。

跨媒体传播开端于人类初始的传播行为。人类早期的人际传播就是立体而清

① 模因论源自英国学者理查德·道金斯，他在《自私的基因》中提出了模因论。他认为模因首先是一个“文化传播的单位”，它在人类传播活动中发挥着诸如基因在生物遗传中所起到的一样的作用。本书使用“媒介模因”，强调在媒介生态系统中，经过人类选择的媒介形态都遗传着对人性化最本质的关怀和指向。我们发现每一种现存的媒介都能找到前在媒介的影子，这就是媒介模因的作用与影响。

晰的，往往通过一两种传播方式传播相同的内容。例如，两个人见面寒暄时一边说话一边做出配合手势，肢体语言结合口头表达共同完成传播，这样无疑会最大限度地减少符号传播过程中产生的歧义。从这个意义上说，报刊传播虽然极大突破了时空界限，却不得不以牺牲肢体语言或口头传播等相对清晰的传播形式为代价，特别是原始跨介传播所带来的清晰度更高的传播模式。

要真正了解媒介传播的多样化和继承性，首先要从媒介形态演进的历史开始。

1.1.1 媒介形态和媒介技术的历史

传播媒介的形态变化，通常是由可感知的需要、竞争和政治压力，以及社会和技术革新和复杂相互作用引起的[①]。媒介从它产生的第一天开始，就发生着与政治、社会之间的逻辑关系，因此，媒介内容及媒介传播效果的研究成为传播学早期的主要关注方向。率先打破这种研究格局的是哈罗德・A. 伊尼斯（Harold A. Innis），他在把研究指针指向媒介形态本身时认为："……我们考虑其他媒介对各种文明的意义时，可以更加清楚地看见我们自己文明的偏向。无论如何，这可以使我们对自己文明的特征抱更加谦虚的态度。"[②]伊尼斯之后，麦克卢汉更是一鸣惊人地提出了"媒介即讯息"的观点，这种以媒介自身而不是媒介内容为着眼点的研究思路，弥补了以往传播本体研究的缺陷，从而超越了使传播陷入附属于内容主导的自我循环与验证。美国学者约书亚・梅罗维茨（Joshua Meyrowitz）也不满于以往对媒介形态的研究，他认为："……许多对媒介影响的研究都忽略了对媒介自身的研究……媒介本身则被当作了中性的传送系统。"[③]从媒介形态演进的现实来看，海量的媒介内容与媒介表现相比，确实已经变得不那么重要了。而说起媒介形态的演进，可供参考的起点也并不遥远，正是在我们生活中仍然发挥着重要舆论导向作用的报纸、广播和电视等传统媒介。

初始的研究，是这几个曾经对社会产生深刻影响的媒介形态之间的归类分析。

伊尼斯认为，传播和媒介都具有偏向性，他还根据早期的媒介形态对比将传播偏向分成口头传播的偏向和书写传播的偏向、空间的偏向和时间的偏向。伊尼斯的传播偏向论，从媒介功能的角度对媒介形态加以区分，显然他的划分形成的是一种对比关系结构。

麦克卢汉根据媒介的清晰度高低提出了冷媒介和热媒介。他认为热媒介喧闹、

① 罗杰・菲德勒. 2000. 媒介形态变化：认识新媒介. 明安香译. 北京：华夏出版社，第 19 页.

② 哈罗德・伊尼斯. 2003. 传播的偏向. 何道宽译. 北京：中国人民大学出版社，第 28 页.

③ 约书亚・梅罗维茨. 2002. 消失的地域：电子媒介对社会行为的影响. 肖志军译. 北京：清华大学出版社，第 12 页.

明亮和高清晰度的信息形象，能够涌向并席卷我们的感觉，很快使之饱和[①]。与此相比，冷媒介舒缓、模糊且清晰度低的风格，能够为我们留有足够的想象和参与空间，使我们沉浸其中，若有所感。

不论是媒介传播的偏向性，还是其冷、热属性，这种寓于对比之中的媒介形态归类也影响到媒介演进规律的确定。麦克卢汉的媒介分析与其说是规律总结，毋宁说是振聋发聩的提问。他的媒介四定律至今仍发挥着重要的影响。媒介四定律表述如下：

（1）（媒介和技术）延伸/强化/提升（extend）了什么？

（2）（媒介和技术）废弃/削弱/取代（obsolete）了什么？

（3）（媒介和技术）重视/找回/恢复（retrieve）了什么？

（4）（媒介和技术）逆转/推倒/（reverse）了什么？

显然，以麦克卢汉为代表的媒介环境学派关于媒介形态演进的思想和关键词是“延伸”，这既包含了本体意义上的“媒介是人的延伸”“新兴媒介是前在媒介的延伸”，也包含了后来学者对于媒介形态研究思想和理念的延伸。

事实上，相对于伊尼斯的时空平衡观念和麦克卢汉的感观平衡观念，被称为“数字时代的麦克卢汉”的莱文森进一步延伸了上述观念，强调媒介形态演进中人的主观性，而不是技术的支配作用。莱文森认为，媒介以达尔文进化论的方式演进，据此他提出媒介演进应遵循“补救性媒介”（remedial media）理论和“媒介的人性化趋势”理论[②]。莱文森还从麦克卢汉的媒介四定律、“后视镜”以及“过时的技术往往成为艺术”延伸出自己的媒介演进三阶段说，即玩具、镜子、艺术[②]。

应该说，媒介环境学派使用了一个研究传统和社会历史变迁的新视角，有别于传统学派对媒介传播内容的强调和影响，也有别于批判学派绕过传播本身而关注政治经济及意识形态领域的解构。不过媒介环境学派过度关注于人与技术之间的作用关系，而对于技术与社会的关系作用，以及潜存于社会关系中的其他系统对于媒介系统演进的影响，并未进行更深层次的探讨。

随着媒介形态的日益丰富，媒介形态研究的主体地位也逐渐确立。可以说，媒介环境学派推开了一扇认知媒介本体的大门，互联网新兴媒介形态的不断演进则让人产生了移步换景、目不暇接的真实感受。审视媒介形态的代际变化，把媒介形态纳入历史的发展视角加以分析，这是媒介形态研究的基础和前提。

有关媒介形态的代际划分，西方学者以不同视角对其加以研究。最有代表性的是波斯特依据传播回路关系提出的二分法和菲德勒根据传播技术载体不同所确

---

① 保罗·莱文森. 2014. 数字麦克卢汉：信息化新千纪指南(第 2 版). 何道宽译. 北京：北京师范大学出版社，第 209 页.

② 保罗·莱文森. 2014. 数字麦克卢汉：信息化新千纪指南(第 2 版). 何道宽译. 北京：北京师范大学出版社，第 31 页.

定的三次媒介形态变化。波斯特曾把信息制作者极少而信息消费者众多的播放型模式占主导地位的那个时期称为“第一媒介时代”，而把数字媒介兴起并承担双向的去中心化交流任务的时期称为“第二媒介时代”[①]。这种媒介时代的划分突出了媒介回路的建构因素，至今仍产生着广泛而深远的影响。李沁在对“第一媒介时代”和“第二媒介时代”充分分析论述的基础上，提出了“第三媒介时代”概念：第三媒介时代是指以泛在网络为物理基础的、以沉浸传播为特征的泛众传播时代[②]。若从传播规律视角来理解上述三个媒介时代的划分，我们可以认为：第一媒介时代强调的是单向度的权威信息传播；第二媒介时代强调的则是能够形成回路的平民化信息交互传播；第三媒介时代强调的则是能够形成虚拟场域的人际与社会关系传播。相比于前面两个媒介时代，李沁的划分突出了沉浸传播的特征。与波斯特不同，学者菲德勒（R. Fidler）认为迄今媒介形态发生了三次重大变化：口头语言及其对应的第一次媒介形态大变化、书面语言及其对应的第二次媒介形态大变化，以及数字语言及其对应的第三次媒介形态大变化[③]。可以看出，菲德勒强调了语言特征在媒介形态中发挥的作用。

关于上述学者对媒介代际的划分，笔者更倾向于波斯特所提到的媒介时代。基于这一思路，本书从系统关系作用的视角考虑，将媒介形态变化划分为如下三个时期：线性媒介时期、非线性媒介时期、系统性媒介时期。单向传播媒介、形成简单传播链路的双向传播媒介均划分在线性媒介这一范围内，具体包括报刊、电话[④]、广播、电视等。传播指向具有不确定性且去中心化的非线性传播媒介具体包括传统互联网、移动互联网等在内的媒介。系统性媒介是指在大数据支持下形成的媒介之间全程链接的融合媒介。可以看出，系统性媒介的实质就是大数据支持下能够智慧运行的融媒体。

除了历时性的代际划分，根据媒介系统属性与功能，美国传播学者哈特（A. Hart）把有史以来的传播媒介分为以下三类：

（1）示现的媒介系统，即人们面对面传递信息的媒介，主要指人类的口语，也包括表情、动作、眼神等非语言符号，它们是由人体的感官或器官本身来执行功能的媒介系统。

（2）再现的媒介系统，包括绘画、文字、印刷和摄影等。在这一类系统中，信息的产生和传播者需要使用物质工具或机器，但信息接受者则不需要。

（3）机器媒介系统，包括电话、唱片、电影、广播、电视、计算机通信等。

---

① 马克·波斯特. 2000. 第二媒介时代. 范静哗译. 南京：南京大学出版社，第 22-28 页.

② 李沁. 2013. 沉浸传播：第三媒介时代的传播范式. 北京：清华大学出版社，第 117 页.

③ 罗杰·菲德勒. 2000. 媒介形态变化：认识新媒介. 明安香译. 北京：华夏出版社，第 48-66 页.

④ 电话虽然可以双向交互传播，但是只能构成简单的传播回路，仍然存有线性传播的特征，所以在广义的媒介中电话仍归属为线性媒介。

对于这些媒介，不但传播一方需要使用机器，接受一方也必须使用机器。

相对于第一、第二和第三媒介时代的历时性演进，哈特的划分是共时性的，强调了系统内部媒介要素的属性与传播特征。

1.1.2 媒介形态演进的一般性规律

关于媒介形态演进的一般性规律，菲德勒归纳了媒介形态变化原则上遵循的三个概念：共同演进、汇聚和复杂性。

菲德勒倾向于相信媒介形态演进存在着一个不受外在环境影响的自组织行为。他认为："认识到人类传播系统事实上是一个复杂的、有适应性的系统，我们就能看见所有形式的媒介都生活在一个动态的、互相依赖的宇宙中。当外部的压力产生、新技术革命被引入以后，传播的每一种形式都会受到系统内部自然发生的自组织过程的影响。"[①]

当广播作为新兴媒介出现时，人们欣然接受了这一突破空间界限且能够在场参与的媒介，与此同时，恐怕没有人会相信广播就此可以替代报纸，因为比较两者的生态位关系，补偿性显然要大于同一性。尽管处理同一条信息时，通过广播的声音传播显然是对通过视觉传播印刷文字的一种收受补偿，广播甚至扩展了报刊发行能通达的传播地域空间，如偏僻的乡村等。

当电视作为新兴媒介出现时，人们在欣喜接受这一叙事功能更为强大且视觉空间得以重塑的媒介时，难免会产生种种疑虑。从媒介生态的视角考虑，电视兼具了广播的声觉传播功能，且使之与视觉相互匹配，因此忧心电视替代广播甚至报纸的声音开始大量出现。事实上这些担心只能算是杞人忧天，报纸与广播在电视媒介大行其道甚至互联网新兴媒介兴起的环境下仍然保留着一定的生态位份额。究其原因，电视的出现只能说在补偿印刷媒介视觉表达的同时，简单地将广播这一媒介作为内容加以传播，也就是说，电视媒介在内容上吸收了广播的媒介模因，在媒介形态上仍然是广播媒介形态的一种补偿与延伸，而广播在信息生产和接收端上的优势也无可替代。

在媒介形态演进的意义上，既存在着贯穿于所有媒介形态的一般性规律，又存在着适用于特定媒介形态的特殊规律。媒介是人类新闻活动的中介，也是人类新闻活动方式、水平的重要标志[②]。媒介形态的演进受到来自技术的、政治的、经济的以及复杂社会关系的共同作用[③]。媒介形态演进整体上向着"人性化"发展方向建构，是社会复杂程度简化的关系过程。根据媒介演进的经验性观察，我们确

---

① 罗杰·菲德勒. 2000. 媒介形态变化：认识新媒介. 明安香译. 北京：华夏出版社，第24页.

② 杨保军. 2015. 再论"新闻规律". 新闻大学，(6)：1-10.

③ 罗杰·菲德勒. 2000. 媒介形态变化：认识新媒介. 明安香译. 北京：华夏出版社，第19页.

定媒介形态演进的原则如下。

一是共同演进。媒介演进过程从来不以一种新兴媒介替代前在媒介为目标，不是相继的进化与技术取代，而是叠加演进，共同生存。正如现实的媒介生态环境，所有形式的媒介形态紧密交织在复杂的媒介传播系统内，媒介在“依次叠加发展”[①]过程中并未出现更新与替代，而是遵循着“‘优’胜‘劣’不汰”[②]的原则向前演进。在这一演进过程中，逆向的历史性技术总能在不同媒介形态中被标识与记录，以传播模因的独有方式承继与演进，这种传播模因既使得媒介生态结构有序，又使媒介形态变得丰富多彩。

二是补充与扬弃。莱文森认为，一切媒介都可以看作是即时性突出的补救媒介。在媒介技术发展关系中，后一种媒介往往会补充前在媒介的功能，使其更加趋向于人性化发展。比如，无线电广播使人的声音传遍千万里，是对前在报刊媒介的声觉补充；接下来电视媒介同样地放大了视觉影响，但这种放大却并未放弃声觉的既有优势。实际上，媒介中的传播密码从未被遗弃，而是潜存于前在媒介中，一俟新兴时代性技术整合作用，便会实现麦克卢汉所说的“逆转”。扬弃也是媒介演进趋势中的一种特征。无论是旧媒介还是新媒体，要维系生存，就要适应环境，增加既有媒介的主要优点，舍弃媒介形态中不利于使用并可被完全替代的技术部分，因此有些传统的旧媒介也会消亡。例如打字机、电报、电脑 3.5 寸软盘，这些已经过时的技术有的已经转化为一种艺术的存在。

三是周期缩短。媒介形态的演进是一个实在的前进运动，这种运动不是直线展开的，而是螺旋形向上伸展的。来自媒介系统内部的要素很难改变既有的发展惯习，我们姑且把这种惯习称为“积势”，当媒介携带传播密码演进时，“积势”形成的惯习会减少新兴媒介扩散的阻力，使媒介演进的速度不断加快，延时采用的周期不断缩短。用户规模是大众传播媒介产生盈利和影响力的重要标准。在美国，为了达到 5000 万使用者这一标准，报纸经历了数百年，收音机经历了 38 年，电视经历了 13 年，有线电视经历了 10 年，而网络只经历了 14 个月。随着媒介形态的增殖，后续媒介如同一个吸引盘，吸进去的媒介越多，所获得的动力越足，发展的速度也越快[③]。从印刷媒介到电子媒介，媒介形态对于技术的依赖相对有限；从电子媒介到网络媒介，媒介对于技术的依赖开始增加。以互联网为代表的新兴媒介被称作是“以一切媒介为内容的媒介”，其时代性赋能技术支持的动力结构变得渐趋稳定，媒介形态演进也因此得以加速迭代。

---

① 郭庆光. 1999. 传播学教程. 北京：中国人民大学出版社，第 28 页.

② 易欣，梅潇. 2010. 手机成就第五媒体的媒介进化理论分析. 无线互联科技，(4)：63-65.

③ 保罗·莱文森. 2014. 数字麦克卢汉：信息化新千纪指南(第 2 版). 何道宽译. 北京：北京师范大学出版社，第 192 页.

1.1.3 媒介生态的竞合与关系建构

随着各种传播技术不断取得突破性发展，由以往传统媒介形成的传媒格局正迅速崩解，报纸、广播、电视、传统互联网、移动互联网，这些原来泾渭分明的媒介共存于现有的社会环境中，其形态与相互关系都在发生着变化，由此建构起来的媒介生态系统也正逐渐形成。

按照生物的生态学理论，任何有生命的生物体存在于自然界中，都有其特定的生态位，这是其得以生存和发展的资源和环境基础①。前文提到，“生态位”概念理论开始于乔治·伊夫林·哈钦森（George Evelyn Hutchinson），他将生态位定义为多维度的超空间存在。这一概念由于太抽象和晦涩，因此在实际应用中并未被广泛推广。随后，罗伯特·E. 里克弗斯（Robert E. Ricklefs）和加里·L. 米勒（Gary L. Miller）的定义实质上是对哈钦森理论的解读：

> 生态位……占据了一个多维空间的一部分，这个空间代表着群落可使用的全部资源空间或者生态位空间。我们将某一群落的全部生态位认定为一个空间，所有物种的生态位都包含在其中，正如将大小不一的球装在同一个箱子里一样。②

这一现象映射到媒介群落中，媒介生态位就是任何媒介处在由全部媒介共同建构的空间中，它占据着多维空间中的一部分，这部分空间享有一定的信息话语和市场份额等资源。在社会关系中这是一个相对开放的系统，这一系统由广义的媒介共同组织建构，使之趋于平衡稳定。

由于传媒行业的资源相对有限，且随着新兴媒介不断进入，形成的竞争情势愈发激烈。一般而言，一种新兴媒介进入媒介群落时，因为生态位出现高度重叠，就会出现以下几种情况：一是新兴媒介以其所具有的技术资源强势上位，占据另一前在媒介的全部生态位，这种竞争被称作“竞争排斥”（competitive exclusion），媒介形态的补偿性发展决定了这种竞争方式很少发生。二是新兴媒介因为技术优势，能够从前在媒介的生态位中分割出一部分形成自己的生态位，这种竞争被称为“置换”（displacement），这几乎是许多新兴媒介得以发展、传统媒介得以续存的主要竞争方式。三是媒介系统开放带来的资源配置增加，使各种媒介都能够获得自己的生态位，从而形成“共进共存”的发展态势。事实上媒介资源系统的扩张也不是凭空出现的，作为社会复杂系统子系统的媒介系统，必然与其他社会子系统之间存在着相互关系作用。媒介系统的资源扩张意味着与其他系统之间形

① 张录强. 2005. 生态位理论及其综合应用. 中学生物学，21（7）：2-4.

② 转引自约翰·W. 迪米克. 2013. 媒介竞争与共存：生态位理论. 王春枝译. 北京：清华大学出版社，第40页.

成竞争“置换”，以获取更大的发展空间，这是广泛意义上的媒介融合，即新兴媒介与其他传统行业之间形成的融合，这种广泛融合目前被称为“互联网+”。“互联网+”在增加媒介系统资源的同时，也释放了生态位竞争所带来的传统媒介与网络媒介之间的竞争压力。

对于具体的媒介生态位竞争而言，报纸产业在很长一段时间内独占媒介生态位，处于一种优势垄断的位置，当初的看点是报纸内部之间生态位的竞争关系，催生了报团、通讯社等巨无霸媒介群落。广播出现以后，报纸很快完成了在广告市场这一维度与广播的置换，此后，报纸进一步在广告资源维度上被无线电视和有线电视所置换，同时发生的还有无线电视对于广播的生态位的置换、有线电视对于无线电视的生态位的置换，以及电视对杂志的生态位的置换等。随着网络新兴媒介的出现，生态位的竞合关系更加复杂，例如电子邮件对长途电话的置换，即时聊天工具（Facebook、QQ、微信等）对电子邮件的置换，网络新闻对电视新闻、广播新闻、报纸新闻的置换，网络直播对电视、广播直播的置换，以及网络电影对院线电影的置换。毫无疑问，在这种置换的竞争中，失利的前在媒介的生态位会逐渐窄化，专业化程度则在不断增强。

事实上，媒介形态之间的竞争置换并不是博弈论意义上的完全替代，而是在时间和空间上的不断弥合，在一定的生态位重叠后逐渐形成新型竞争关系。因此，在一定的社会环境下考察媒介生态关系，既包含着表现各种媒介竞争地位的生态位宽度[①]，也包括媒介生态位之间的重叠情况。在具体的因子模型中，生态位宽度可以从以下几个维度加以考量：①求满足；②获得的满足；③媒介内容；④时间支付；⑤消费者支付；⑥广告投放。迪米克在对生态位重叠进行量化考虑时，引入公式对于种群 i（媒介形态）和 j（媒介形态）的生态位重叠公式如下：

$$d_{i,j}=\sum_{h=1}^{m}\left(P_{i,h}-P_{j,h}\right)^2$$

公式中，$d_{i,j}$ 表示媒介形态 i 和媒介形态 j 之间的距离，因此 $d_{i,j}$ 数值越小，说明两种媒介之间的生态位越靠近，重叠部分也就越大。当 $d_{i,j}=0$ 时，两种媒介形态的生态位完成重叠。P_i 和 P_j 是媒介对上述维度资源的使用比例（如电视一年广告收入的插播广告占广告总收入的比例），h 则代表媒介所使用的上述几个方面的资源维度。

为了确定生态系统中不同种群的竞争优势，托马斯 · W. 斯库纳（Thomas W. Schoener）提出了生态学研究的“阿尔法”（alpha）[②]。如果说生态位重叠是对于

---

① 生态位宽度是对某一特定资源维度或资源轴上的生态位区域的度量，可以通过因子量化加以体现，如满足、满足机会、金钱支出、时间支出、广告投放等，是一个可以通过定量获取的量值。

② 转引自约翰 · W. 迪米克. 2013. 媒介竞争与共存：生态位理论. 王春枝译. 北京：清华大学出版社，第 41 页.

媒介形态之间竞争关系的一种衡量，那么“阿尔法”则是强调对比关系中种群之间的优势。

根据上述定量参数及公式，约翰·W. 迪米克（John W. Dimmick）对1949～1980年的广播和电视生态位宽度、生态位重叠度和生态位比较优势进行计算。结果显示，广播与电视生态位重叠度从1949年的0.036上升为1980年的0.406；电视相对于广播的生态位优势从1949年的0.404上升为1980年的89.781[①]。这表明了电视与广播在生态位竞争中的置换过程。

媒介生态位理论与实践测量表明，新兴媒介与前在媒介的竞争往往在新兴媒介刚刚形成时最为激烈，前在媒介的反应和调整往往是应激性的。随着时间的推移，两种或多种媒介都会做出适应性调整，要么引入新技术、新管理，要么寻求与其他媒介或社会关系的合作，经过媒介关系的调整，生态位竞争逐渐趋缓甚至下降，取而代之的是系统开放带来的双方合作关系的缔结。于是媒介系统处于一种动态的相对平衡的位置，各媒介群落也相对稳定下来。随着更新型媒介闯入趋于平衡的媒介系统，媒介生态位再次激发起竞争冲突，前在媒介群落在寻求本体生态位宽度时，也不得不同新兴媒介进行竞争置换，继而寻求合作，最终重新形成一种稳定存在的生态位。

眼下，网络新兴媒介在与传统媒介发生竞争置换，在技术驱动下，逐渐形成的媒介融合使得本来就并非博弈式的竞合关系变得更加微妙，而新兴媒介突破媒介系统融合社会产业的做法，则不但缓解了传统媒介与网络媒介之间的置换竞争，同时也极大提升了媒介系统在社会复杂系统中的综合影响力。

1.2 媒介融合相关概念的提出及辨析

媒介融合是国内学者及从业人员根据美国学者产业实际概念而提出的。随着新兴媒介的迅速发展和媒介融合理论探讨与实践的发展，仅仅几年时间中，媒介融合理论研究与产业实践迅速升温，成为学界和业界竞相关注的热门话题，各种研究文献也不断出现。然而笔者梳理这些文献后发现，媒介融合的相关概念还并不清晰，其前期指称往往混同于“媒介融合”“全媒体”“自媒介”，尚未形成权威和独立的内涵及外延。

在媒介形态历时性演进的过程中，媒介融合的身影随处可见：印刷机融入了文字内容，电视融入了广播的声音及“动态摄影”的内容，互联网则融入了前在媒介的一切内容。美国新媒体教授菲德勒[②]在确定媒介变化的原则时就认为，媒介

① 约翰·W. 迪米克. 2013. 媒介竞争与共存：生态位理论. 王春枝译. 北京：清华大学出版社，第91-93页.

② 罗杰·菲德勒. 2000. 媒介形态变化：认识新媒体. 明安香译. 北京：华夏出版社，第7-10页.

形态变化原则是“共同演进、融合和复杂性的”，这里的融合是指“各种技术和媒介形式都汇聚到一起”。当然这些融合只是媒介生态位的一种竞争“置换”，从形态上看，新兴媒介中存有前在媒介的痕迹，因此这种融合并未被单独加以关注。

1.2.1 媒介融合的兴起与困境

1978年，美国麻省理工学院（MIT）媒介实验室的Nicholas Negroponte尝试用三个重叠的圆圈来描述计算机、印刷和广播三者之间的技术边界，确定三个圆圈的交叉处将成为成长最快、创新最多的领域①。尽管没有明确提出融合概念，但这种指向已经相当明晰和稳定，媒介之间重叠的技术部分已经引起人们的关注，融合概念呼之欲出。

与国内对“媒介融合”（media convergence）概念指称存在区别的是，国外研究文献中更多表述为“融合”（convergence）。1983年，美国麻省理工学院的依梯尔·德·索勒·普尔（Ithiel De Sola Pool）率先提出“融合”概念，即各种媒介呈现出的多功能一体化的趋势②。

对于媒介融合概念的论述，国外学术界有关媒介融合研究主要有三种视角：媒介史视角、文化研究视角和政治经济学视角③。这些视角倾向于宏观叙事，突出社会环境的作用和影响。相对于上述媒介融合的研究视角，从业界视角进行的微观研究则把融合指向了具体的操作层面。有一定影响的是技术和产业发展两个视角。

澳大利亚政府信息办公室2000年在《融合报告》中定义“融合”为“由数字化激活的服务部门的重构”。由此，“数字化”成为融合概念体系中的重要关键词。也就是说，对于媒介融合，人们早期的反应是将其划入技术范畴，米格尔·门德斯·佩雷拉（Miguel Mendes Pereira）对技术融合的定义就体现出了这一点，他认为，技术融合就是指由于数字技术的运用，原来分开的媒介合并成一个产品（如将文本、声音、影像等合并到一起的多媒体）。

在技术融合的研究与探讨之后，产业融合也被加以强调。产业融合被认为是以产品为基础的融合，格林斯腾·谢恩（Greenstein Shane）和卡恩纳·塔伦（Khanna Tarun）以及斯蒂格利茨·尼尔斯（Stieglitz Nils）将其分为替代性融合与互补性融合。

对于产业之间的融合，除了技术融合、产业融合视角以外，也有人就需求视角④做过相关论述。

---

① Stewart, B. 1987. *The Media Lab: Inventing the Future at MIT*. New York: Viking Press.

② 孟建，赵元珂. 2007. 媒介融合：作为一种媒介社会发展理论的阐释. 新闻传播，(2)：14.

③ 郭毅，于翠玲. 2013. 国外“媒介融合”概念及相关问题综述. 现代出版，(1)：18.

④ Mueller, M. & Tan, Z, X. 1997. *China in the Information Age: Telecommunications and the Dilemmas of Reform*. New York: Praeger.

国内有关媒介融合的概念起源于 2004 年蔡雯在美国进行富布莱特项目研究时的引入[①]。她定义“媒介融合”的概念为：“媒介融合是指在以数字技术、网络技术和电子通讯技术为核心的科学技术的推动下，组成大媒体业的各产业组织在经济利益和社会需求的驱动下通过合作、并购和整合等手段，实现不同媒介形态的内容融合、传播渠道融合和媒介终端融合的过程。”[②]此后，宋昭勋[③]、孟建和赵元珂[④]等学者也分别就媒介融合的概念溯源及内涵等加以研究阐述。

关于媒介融合的理论视角，还有一个前文提到的生态位视角，在媒介生态系统中，新兴媒介与前在媒介发生竞争“置换”，因为技术等原因造成的生态位重叠始终存在，这种生态位的重叠实质上就是媒介融合所产生的新的生态位。

媒介融合实践的复杂性决定了其概念会延伸出不同的研究视角，特别是近年来传媒业的发展并未出现人们心中所憧憬的媒介大跃进景观，不但未能出现普遍的产业融合盛景，甚至出现了分化。对此一些学者开始批评媒介融合，认为各种论断不过是一种“假说”[⑤]，甚至有人认为这只是商业炒作的工具，认为媒介融合只不过是过度宣传渲染所产生的幻觉而已[⑥]。

从媒介融合实践效果来看，除了媒介产业通过媒介融合开拓文化产业渠道以获取经济利益外，十余年的媒介融合的结果也并不乐观，媒介融合除了商业效益之外，对于普通大众并未带来实际的意义。也就是说，在尚未出现新的媒介技术的前提下，在既有的媒介生态互不干涉的关系中，普通大众所获取的媒介内容并未发生实质性变化，只不过被不同的媒介产业实体机械推动而已。媒介融合的理论与实践都只能说是产业结构整合的指导和借鉴，对于媒介整体生态结构并未产生深刻影响。

媒介融合实践之所以面临诸多困境，究其原因，是和社会发展的大环境、大背景以及人们对于媒介融合的种种误解分不开的，具体表现为以下两个方面。

（1）媒介形态演进的生态位“置换”有其自在的规律性，媒介融合作为生态位关系作用的一种形式必然符合这一规律。

前文论述过，当一种新兴媒介出现后会影响到生态关系的构成，并促使各媒介群的生态位发生改变，此时媒介之间的竞争关系最为激烈。也就是说，新兴媒介因为生态位与前在媒介之前的重叠部分较大，会引起前在媒介的应激性反应，由此出现生态关系竞争。新兴媒介随着业务发展，会不断发展出区别于前在媒介

---

① 刘颖悟，汪丽. 2012. 媒介融合的概念界定与内涵解析. 传媒，(5)：73.

② 蔡雯，王学文. 2009. 角度・视野・轨迹——试析有关“媒介融合”的研究. 国际新闻界，(11)：87-91.

③ 宋昭勋. 2006. 新闻传播学中 Convergence 一词溯源及内涵. 现代传播，(1)：51-53.

④ 孟建，赵元珂. 2006. 媒介融合：粘聚并造就新型的媒介化社会. 国际新闻界，(7)：24-27，54.

⑤ 赵星耀. 2011. 认知媒介融合的既有理念和实践. 国际新闻界，(3)：65.

⑥ 诺尔. 2002. 媒介融合的神话. 国际媒介管理学刊，(1)：12-13.

的新的业务领域和范围，随着技术发展，这些业务领域会不断地成熟与扩大，这就使新兴媒介与前在媒介之间的生态竞争开始下降，并逐渐稳定在一个区域，这一区域将是两种媒介群融合共生的目标方向。因此媒介竞争从加剧到缓和到稳定的过程，也是媒介融合从抵触到缓慢接触再到完全接触这样一个同步过程。

现实的媒介融合案例就说明了这一点。1905 年中国首部电影《定军山》实质上就是对京剧几个片段的拍摄，其内容与舞台戏剧高度重合。以广播电视为例，广播刚刚出现时，因为当时条件的局限，内容往往是照搬报刊发表的内容，当时的广播只是报刊的声音版本，因此其早期媒介内容几乎与报刊完全重合，二者之间的生态位竞争关系也特别激烈。随着广播技术的发展成熟和采编生产流程趋于稳定，特别是现场直播技术的采用，广播与报刊之间的业务（媒介内容）重叠部分逐渐减少直到保持稳定，媒介生态趋向于平衡。电视产生之初，播出的画面往往是报刊上的图片，通过声音解说的方式播报，这种媒介内容实质是报刊+广播的简单叠加。随着电视内容生产制作技术的成熟，如今电视已经成为传统媒介中内容最为多样、最丰富多彩的媒介形态，即便是在网络新兴媒介大行其道的今天，电视媒介所占有的市场份额也相对稳定。

从上述媒介形态演进的生态位“置换”规律可以看出，在数字新兴媒介刚刚兴起的当下，传统媒介与网络媒介之间快速作用的媒介融合愿望是无法迅速达成的。目前，新兴媒介尚处在形态调整走向成熟的过渡时期，其与前在媒介之间产生的重叠部分正在逐渐缩小，自身独有的生态位正在形成。此时新旧媒介之间的融合不但不可能迅速达成，甚至会不断出现下滑的趋势，特别是由传统媒介延伸出来的新兴媒介，在传统媒介逻辑思维的支配下，只能不断走向枯萎。

（2）媒介融合实践最积极的推动往往附丽于政治经济背景，媒介融合实践的指导方式往往遮蔽在政治经济和前在媒介思维逻辑之下。

媒介从它产生的一天开始就受到社会环境的影响，其中政治、经济因素对于媒介的影响最为深刻。就媒介的经济属性而言，媒介产品具有“二元性”，即一方面媒介产品是一种文化产品，另一方面媒介产品包含广告内容，广告以生产者使用价值的形式被呈现给消费者①。显然，文化产品属性具有公益性，而广告产品具有商品价值决定了它受到经济背景的控制。经济对媒介的控制就在于媒介产品的直接生产不能保证整个媒介产业的正常运行，只能以隐蔽的盈利模式存在，这样一来，媒介运行的主动权就被掌控于生产资金提供者的手中，从经济因素上来看媒介的生产很大程度上取决于其资金提供者的态度，报纸的销售量、广播的收听率或电视的收视率成为评价媒介价值的重要依据，由此而带来媒介产业行

① 邓向阳. 2006. 媒介经济学. 长沙：湖南大学出版社，第 12 页.

为的盲动[①]。数字新兴媒介的崛起让一些资本嗅到了经济利益的味道，成为媒介融合实践中最积极活跃的影响因子。因此，从社会经济影响视野来看，媒介融合所依附资本的产业化思维强烈，这种思维必然影响到媒介生态竞合过程中生态位的重叠。

政治作为媒介生存的重要外部环境之一，二者之间存在着共生、交互关系，二者的融合对于媒介发展和政治进程的作用不言而喻。媒介的发展受到政治因素的影响，政治力量可以控制、影响媒介的产生、发展与兴衰，并且政治议题影响着媒介议题和报道内容的倾向[②]。政府利用媒介通过意识形态宣传，发起舆论并监测和控制舆论。在此基础上，政府通过资金和政治影响，影响媒介制度安排，管控媒介融合的秩序。从政治需求的视角来看，通过媒介融合以实现传统大众媒体对于数字新兴媒介的话语权掌握，进而实现对媒介的控制，是政治力量角逐的必然思维，这种思维无疑会干扰到媒介生态竞合进程的顺利进行。

此外，前在媒介出于生态位竞争考虑，做出以本体为核心产业链向外延伸的媒介融合实践决定，这是媒介融合之初绝大多数传统媒介的应激性选择与反应。现在看来，这种媒介融合实践存在着“业务化、表象化和现象化”的倾向，其主导思维是从既往大众传播的生产逻辑去思考媒介融合，因此缺少对于社会形态具有建构能力的网络新媒体逻辑的求证[③]。

1.2.2 “多媒体”“跨媒体”“全媒体”概念

相比于对媒介融合的不同解读与质疑，与媒介融合密切相关的几个概念开始出现并被广泛使用。与媒介融合实践几乎同步开始的，是“全媒体”概念的产生和产业实践。“全媒体”（omnimedia）是由 omni（全）这一前缀及 media（媒介）这个核心概念构成的新词。这一新词与概念最早出现在美国，出人意料的是最初的概念指称源于一家家政公司[④]。

1999 年 10 月 19 日，一家名为玛莎·斯图尔特生活全媒体（Martha Stewart Living Omnimedia）的家政公司成立，公司的主导理念是为家庭主妇提高生活品质而提供独特的观念、资讯和相关产品，服务对象主要是家庭主妇和相关客户。正是这个与我们所理解的传媒范畴毫不相关的称谓，成为国内有一定影响的概念。

在概念内涵上，全媒体区别于既往人们所使用的多媒体。多媒体是多种文件格式的复合[③]，全媒体则是多种媒介形态的一种复合。也就是说，多媒体指称的是

---

① 王智. 2013. 政治、经济博弈中的媒介控制. 今传媒，(8)：18.

② 李俊婷. 2014. 浅析政治因素对媒介发展的影响. 今传媒，(6)：32.

③ 李娜. 2016. 2011—2016 我国媒介融合研究综述. 新闻世界，(10)：62.

④ 郜书锴. 2012. 全媒体：概念解析与理论重构. 浙江传媒学院学报，19(4)：37.

不同文件的复合，全媒体指称的是媒介形态的复合。

一直以来，全媒体概念都存在争议。2009 年 6 月，彭兰教授在《媒介融合方向下的四个关键变革》中首次提出全媒体的概念：全媒体化，是指一种业务动作的整体模式与策略，即运用所有媒介手段和平台来构建大的报道体系[①]。这里，全媒体实验以媒介融合作为一个目标，也就是说，全媒体只是媒介融合过程中的一种实验手段，强调在多平台上进行多落点、多形态的传播环境。随后，刘小帅等学者从传媒业界应用层面出发，认为全媒体是指“综合运用各种表现形式，如文、图、声、光、电，来全方位、立体的展示传播内容，同时通过文字、声像、网络、通信等传播手段来传输的一种新的传播形态”[②]。彭兰等学者的定义倾向于业务模式，而刘小帅等学者的概念倾向于媒介形态，这是因为全媒体概念最初来自业界实践。近年来学界和业界都在对全媒体概念努力归纳总结，以期建立一个相对完整的理论体系，但始终未能获得更大突破。

在全媒体实践发展上，国家政策一直在起助推作用。2008 年初，中华人民共和国新闻出版总署（今国家新闻出版署）启动传统报业数字全媒体经营项目，确定南方报业传媒集团、中国安全生产报、烟台日报传媒集团等单位为报纸全媒体出版领域应用示范单位，进行数字复合出版的研究和试点。

在全媒体理论与研究上，烟台日报传媒集团转型较为成功。他们的全媒体理念走在了行业前列，率先成为国家全媒体数字采编发布系统工程的试点单位，并率先组建了全媒体记者队伍；经过多年发展，先后建成全媒体新闻中心、虚拟组织 YMG 特别工厂、手机媒介“大小新闻”等全媒体组织单元，打破了以往新闻内容的生产模式，形成了一种流水线似的产品生产模式。当然，烟台日报传媒集团的实践转型能否获得成功，现在还言之过早。除了烟台日报传媒集团，国内其他尝试全媒体转型试点的报业集团如广州日报报业集团、南方报业传媒集团、宁波日报报业集团、浙江日报报业集团等媒介大都因为受限于既有内容生产的限制，未能迅速产生显著的社会效益和经济效益。

应该说，由于技术发展以及媒介发展的诸多不确定性，有关全媒体实验的前景也变得扑朔迷离。全媒体实验如同媒介融合研究一样，其发展前景正面临着越来越多的质疑。唐润华等媒介学者认为：“现在业界和学界所说的‘全媒体’，是一个既涉及载体形式，又包括内容形式，还包括技术平台的集大成者。如此一个‘大而全’的东西，显然无法给出一个确切的内涵和外延都很清晰的定义。”[③]据此他认为“全媒体”的概念并不科学。资深媒介人栾轶玫认为，国外新闻传播

① 彭兰. 2009. 媒介融合方向下的四个关键变革. 青年记者，(6)：22.

② 刘小帅，张世福. 2009. 3G 时代：传媒价值链的重构. 网络传播，(7)：22.

③ 唐润华，陈国权. 2011. 走出“全媒体”的集体迷思. 新闻记者，(4)：55.

学界中并没有“全媒体”这一概念，而且受这一理念影响，传统媒介会热心于介质齐全的“全媒体”建设，往往会忽视各个介质之间的融合[①]。据此，她建议使用“融媒体”概念来替代“全媒体”。

就在国内关注“全媒体”概念指向并对理论存疑进行广泛探讨的同时，国外则对跨媒体（cross media）这一概念产生了深厚的兴趣。布曼斯（J. Boumans）认为跨媒体其实早在20世纪90年代初就已经出现了，在荷兰上演的一档电视节目*Big Brother*通过跨媒体传播，给广播产业带来了强烈冲击。随着专家学者的接力探讨，跨媒体概念逐渐变得明晰起来，弗拉维奥·米亚马鲁（Flavio Miyamaru）和露西亚·菲尔盖拉斯（Lucia Filgueiras）总结后认为，跨媒体系统是通过协调多种媒介传播内容使受众直接和不同的传播渠道交互，充分探索它们中每一个的潜能[②]。整体而言，国外的跨媒体传播强调通过内容的创设引导受众寻求多种媒介以了解更加丰富的媒介内容[③]。在中国，有关跨媒体的概念虽然未及“全媒体”关注度高，但也未妨碍这一概念的使用和传播。有学者认为跨媒体是横跨平面、磁光、网络等不同渠道媒介的流布与互动[④]。两相比较可以看出，国内有关“跨媒体”的概念带有宏观的整体性，是由媒介发起并实施的；国外则强调微观的个体体验，突出受众的主动性。概念指向的差异显然是受到了媒介生态环境影响所致：国外媒介文化及思维观念决定了他们对于受众的重视，国内媒介文化则决定了媒介自身的主导作用，创设环境，进而引导舆论。

在“全媒体”“跨媒体”概念之后，“融媒体”概念开始出现。从媒介融合的整体视角来看，“融媒体”并未脱离媒介融合研究的话语体系，而是在新闻传播学界与业界对媒介融合有了充分的认知后提出的一个全新概念。

1.3 融媒体演进的环境与条件

在媒介形态不断演进且高度融入社会生活的今天，人们不禁要问：媒介融合为何能够出现？融媒体演进又需要哪些现实条件呢？

从融媒体演进的环境和条件看，在媒介演进的历史上，从未有过媒介融合这样一种显著的生态位之间的协同作用行为。这是因为媒介生态演进与自然界的进化相似，存在着从低端到高端、从简单到复杂的进化过程。生态系统初期呈现的

---

① 栾轶玫. 2014-12-27. 建议用“融媒体”代替“全媒体”. 光明日报，10.

② Miyamaru, F. & Filgueiras, L. 2009. X-gov: Crossmedia for government services (Paper presented at the 2nd International Workshop on Design and Evaluation of e-Government Applications and Services). Uppsala, Sweden.

③ 王琪琦，李海燕. 2011. 试论“跨媒体”内容创作的策略. 河北师范大学学报(哲学社会科学版)，11(5)：156.

④ 张立. 2006. 跨媒体：出版业未来的方向. 出版参考，(30)：23.

往往是关系简单、环境单一的特点，在这样的媒介环境中，媒介生态系统相对封闭，缺少媒介之间的动态关系作用。即使新兴媒介出现，媒介之间功能的补偿性决定了彼此产生重叠的部分相对有限，也无法完成真正意义上的媒介融合。随着媒介形态演进的深入和媒介形态的不断增多，媒介之间生态位竞争与合作的关系被重构。特别是网络新兴媒介出现后，在媒介生态位竞合关系中媒介融合促进了新的平衡。从媒介形态演进规律看，媒介演进存在形态多元化与接收终端的同一化的趋势。多元化的过程目前正在实现，同一化的聚合过程则需要一个长期过程，媒介融合无疑是这一过程的催化剂。站在媒介生态位竞合的视角来看，媒介融合是加速媒介生态关系作用的动力支撑。

参与媒介融合的不同层次的动力要素，既有外在的媒介形态，也有内在的制度安排、组织管理、产业结构等。相干要素中，政治、经济、文化、技术等与媒介系统内部各要素之间的非线性作用复杂多义，媒介融合的轨迹也变得难以预测。

说到动力支撑，恐怕不少人首先想到的就是技术。从报刊、广播、电视到互联网、手机，哪一代新媒体的兴起似乎都离不开技术的推动，但据此就推断技术创新的魅力无与伦比显然还失之偏颇。媒介形态演进离不开技术创新，同样也离不开文化、经济、政治动力等现实条件的影响。

美国媒介融合学者斯蒂芬·奎因（Stephen Quinn）根据相关因素对新闻产业实践的影响和作用，提出了影响媒介融合的三个维度。

（1）社会因素，包括改变新闻传播的消费模式和受众的分化。不同的媒介形态培养不同的媒介消费文化。受到社会因素的影响，不同人群对于不同媒介形态的接触与消费理念各不相同，由此产生的媒介黏着度也相去甚远。从传统媒介的媒介信息黏着消费到新兴媒介的推送选择消费，不同人群做出不同选择，也由此带来了受众关系的分化，形成了与媒介形态相关的新的人际关系群落。

（2）技术因素，包括提供更易普及推广的赋能技术。技术是推动媒介融合的原动力，赋能技术则是新兴媒介所独有的使其得以生存的要素[①]。赋能技术是新兴媒介特有形态的必然变量，因此时代性技术对新兴媒介形态产生的决定性影响，明显高于对旧有媒介形态的影响。洛根将赋能技术阐述为 12 种，这 12 种技术在拆分与组合后演进为不同形态的新兴媒介。实际上，洛根所划分的赋能技术从本质上来看都是时代性技术，相比于历史性技术更加容易推广和普及。以新兴媒介为主导的媒介融合，必然是以赋能技术为前导的动力支撑，其所产生的融媒体新形态，也将因为赋能技术的遍在性而无处不在，逐渐形成泛媒体生态圈。

① 罗杰·菲德勒. 2000. 媒介形态变化：认识新媒介. 明安香译. 北京：华夏出版社，第 7 页.

（3）法律和结构性因素，从规章为变革提供构架而言，是融合出现的一个关键因素。法律是一种赋权的保障，没有法律做支撑的媒介融合会突破一切制约而失控。结构性因素归根到底还是生态位的调整因素，也就是在既有的媒介生态环境中，不同媒介总要占有不同的生态位宽度，随着新兴媒介的出现，媒介生态位竞争必然出现，通过媒介融合调整这种竞争，使之向着稳定的结构方向过渡，是一种必然的结果。

除了奎因的三因素说，关于媒介融合的动因问题，德国学者鲁道夫·斯德博（Rudolf Stöber）提出了媒介进化循环理论，并提出影响媒介进化的四个平台：技术、经济、法律和政治与文化。斯德博的四因素中增加了经济因素和文化因素，很显然，媒介融合如果作为产业推动，经济因素不可能被排除在外。但也不可否认，法律和政治因素与经济因素的影响权重过大会造成媒介生态系统本体的脱位和关系的失序。

1.3.1 融媒体呈现的人性化趋势

伊曼努尔·康德（Immanuel Kant）曾经说过：“我们在外部现实中看到的一切，都是我们自己的投射。”[①]这是对人与媒介关系较为精辟的一种解读。这里的投射有两种解读：一种是基于拟态环境的创设，即人创设了一个完全可以反映外部现实世界的拟态环境；另一种是媒介作为人与现实社会之间的中介而存在，我们了解现实世界主要依靠自己的感官，媒介向我们的感官投射，我们由此认知世界。人对这个现实世界的理解，不管是直接接触还是间接接触，都是感官作用的结果，包括视觉、听觉、触觉和味觉。早期媒介发展，强化了我们个别感官如视觉和听觉对于这个世界的认知和了解，媒介技术正是基于人性化的考虑以便于人们接触和使用。正如莱文森所说，这种技术不仅要体现一个理念，而且它体现的理念要能够延伸、反映、复制或取代心智功能和认知过程[②]。正因为人与媒介存在这样一种交互关系，所以在麦克卢汉“媒介是人体的延伸”的基础上，莱文森提出了“人性化趋势”的媒介演化理论，强调所有媒介终将变得越来越人性化——也就是说，它们处理信息的方式愈发像人一样“自然”且优于已有的任何媒介，从而使得通信的便利性日益增加。莱文森认为：“读者们将发现这种‘人性回归’（anthropotropic）理论——媒介朝人性化方向演进——及其诸多运用在我们的信息技术历史中的突然出现。”[③]

媒介的人性化过程，实质上是功能的补偿性过程，所有的技术性手段的出现

① 转引自梁辰曦. 2013. 从莱文森“人性化趋势”理论看媒介的偏向性. 新闻世界，(3)：160-161.

② 保罗·莱文森. 2003. 思想无羁——技术时代的认识论. 何道宽译. 南京：南京大学出版社，第209页.

③ 保罗·利文森. 2002. 软边缘：信息革命的历史与未来. 熊澄宇等译. 北京：清华大学出版社，前言第6页.

都是以优化人自身“自然”接受信息为目的的。根据这一理论，人并不是在媒介中被发送出去的对象，而是能够根据个体需要做出选择。人，既是媒介内容的创造者，同时也是选择者。媒介在演化过程中更加支持“前在技术”（pre-technology）的人类传播模式，形式和功能上都是如此①。也就是说，人对于媒介形态的选择，实质上就是对媒介内容的选择，更是对媒介技术的选择，形式和功能上符合人性需要的技术，往往是能够续存并不断得以发展的技术。

说到技术，学者陈昌曙认为：“技术（technology）是‘人类为了满足社会需要而依靠自然规律和自然界的物质、能量和信息，来创造、控制、应用和改进人工自然系统的手段和方法。’这里讲的手段既可以指知识手段，也可以包括物质手段——尽管对此是有争论的。”②技术是人体的延伸，归根到底就是为了满足人的社会需要而推动的手段和方法，这说明技术本身就是一种选择。技术同时具有广泛的绵延性，新兴技术离不开前在技术文化的模因③。这部分承继的技术模因，大都是经过人选择的结果。优秀的技术文化模因不见得是最先进的，但至少应该是最符合人性需要的，因此能够被选择而成为人类生活、生产的重要生产力构成。

从媒介偏向的视角来看，媒介除了时空意义外的偏向，还应该包括“模仿的偏向”，媒介要创设一个拟态环境，就要处理好人与媒介的交互关系，这种交互是人与模仿人的符号之间的作用关系，如电话模仿的是人类的听觉和语言，书籍模仿的是人类大脑的线性思维，电视模仿的是人的视觉和听觉。媒介对人类感官的模仿及延伸是以人类最原始的、最自然的交流方式为目标的，任何与人类生理机能不和谐的媒介都会引起体验的不适而遭到淘汰④。例如，广播只有声音没有图像的局限其实是适应了人类原有的深层的传播方式，即只听不看的传播方式，而且适应于与这一模式相伴的社会现象：多重任务的智能⑤。不过广播对于人类感官的选择性模仿在强化听觉传播效果的同时，也弱化了其他感官的官能，这也注定广播只能是一种过渡的媒介，接下来媒介的演进必定向着视觉等感官方向偏向。眼下，随着数字技术的不断延伸，融媒体旨在将视觉、听觉、触觉、嗅觉等全觉感官融合在一起，这弥补了其他媒介技术不可避免的“偏向”，成为“人性化趋势”最有前景的新型媒介集合。

融媒体传播本质上是弥补媒介感官上的偏向，终极目的是创设一个全觉传输、

---

① 保罗·莱文森. 2014. 数字麦克卢汉：信息化新千纪指南(第 2 版). 何道宽译. 北京：北京师范大学出版社，第 108 页.

② 陈昌曙. 1999. 技术哲学引论. 北京：科学出版社，第 95 页.

③ 模因(meme)首先是“文化传播的单位”，它在人类文化传递活动中的作用有如基因在生物遗传中的作用一样，以此来强调文化单元的传承价值。事实上，传统文化模因从来就不是静止的，而是在共时性技术演进中不断地扬弃。

④ 梁辰曦. 2013. 从莱文森“人性化趋势”理论看媒介的偏向性. 新闻世界，(3)：161.

⑤ 保罗·莱文森. 2011. 软利器：信息革命的自然历史与未来. 何道宽译. 上海：复旦大学出版社，第 86 页.

全觉收受的传播环境。人通过时代性技术赋能建构媒介形态，使自己生活在一个拟态的社会环境中，媒介的拟人化延伸了人的感知系统，使媒介形态全觉传受成为可能。

1.3.2 媒介融合的动力价值结构

每一种新兴媒介都为整个人类社会的发展提供了一种新的技术的、经济的、政治的、社会文化的环境，其深刻影响着人类的政治活动、伦理道德和精神追求。从媒介形态演进的历史视角来看，任何新兴媒介都是各种社会关系综合作用于媒介技术的结果。因此，与其说媒介的“人性化”倾向是人的选择，不如说是“社会化了的人”的逻辑选择，借鉴斯德博的说法，这种选择受制于人所生存的技术动力、经济动力、政治动力、社会文化动力价值结构的影响。

1. 技术动力价值

新兴媒介从本质上看，并未改变传统产业基因。只是利用新兴媒介技术，从技术关系视角使之新媒体化，从而促成了产业的融合发展，这就是技术动力在新兴媒介演进中的作用。

对媒介技术的强调，始于媒介环境学派。麦克卢汉甚至认为“媒介”与“技术”是价值等同的。他认为，媒介和技术都是人类身体和官能的延伸。麦克卢汉把这些人力的放大形式和人被神化的各种表现称为“技术”①。因此麦克卢汉的“媒介延伸论”实质上就是“技术延伸论”。可以说，没有技术发展，就不可能产生新兴媒介，更不要提传统媒介与新兴媒介之间的融合发展了。

在融合实践层面，新兴媒介技术与新兴媒介形态存在着广泛的共生价值，因此，如果说媒介融合行业竞争驱动来自传统媒介，那么技术驱动则主要得益于新兴媒介。新兴媒介作为技术的输出主体，其媒介技术与媒介器物之间的不可分割性决定了传统媒介与新兴媒介的融合必然带来新的媒介形态。

2. 经济动力价值

媒介产业的市场属性决定了媒介融合环境中的经济动力价值。经济动力对于媒介形态演进而言并非决定性要素，但在现实环境中，媒介融合往往离不开经济价值选择，经济是融媒体传播系统的外部逻辑与动力，如果仅以经济驱动，恐怕会出现南辕北辙的局面，但抛开经济驱动，媒介融合又缺少了经济一体化的现实语境。因此，重视经济动力系统，对于媒介产业化发展以及媒介融合环境的创设，无疑具有不可替代的作用。媒介融合的经济动力和层次分为四个部分：市场融合、

① 斯蒂芬妮·麦克卢汉. 2006. 麦克卢汉如是说：理解我. 何道宽译. 北京：中国人民大学出版社，第39-40页.

业务融合、资本融合和产业融合[①]。

随着数字新兴媒介的出现，生态位竞争开始激化。从市场份额的角度来看，新兴媒介必然要挤占前在媒介的生态位份额，造成前在媒介生态位宽度的收缩，市场份额减少。因此经济动力的归结点在于面对呼啸而来的新兴媒介生态位冲击，传统媒介不想失去固有产业优势，而又不能彻底扭转生态位被挤占的劣势，在竞争中谋求合作，以进行优势互补、战略重组，以此重新占据重要的生态位份额，这是从市场融合催生的业务融合。从数字新兴媒介的角度来看，新兴媒介尽管具有技术、受众和传播渠道上的优势，但是缺少传统媒介长期形成的内容生产、组织传播功能，所以面临生态位重叠的现实，一方面在加紧寻求发展独立的媒介形态，另一方面则在强化与传统媒介的合作共赢，这就逐渐形成了从资本到产业化融合的动力结构。

3. 政治动力价值

人是历史的主体，也是政治的主体。人类的政治活动主要蕴含在以媒介为环境的一般性交往结构中，蕴含在武力与财产之外的人类精神意识之中[②]。政治动力主要强调的是政治活动在媒介形态演进与产业相关管制、政策和立法中产生的作用，包括管制融合、政策推动和法律保障等几个方面。

（1）管制融合。管制又称规制，通常意义上是指依据一定规则对构成特定社会的个人和构成特定经济的经济活动加以限制的行为[③]。管制融合是指政府为了促进媒介融合与发展，为媒介产业提供宽松和谐的发展环境。

（2）政策推动。政策推动是指政府为推动媒介产业而制定特定的政策制度。2014年，中国政府发布的《关于推动传统媒体和新兴媒体融合发展的指导意见》，就是对传统媒介与以网络媒介为代表的新兴媒介融合制定的相关政策。

（3）法律保障。法律保障就是对媒介产业进行立法或修订法律以弥合传统媒介与新兴媒介之间在管制上的区别，以保障媒介融合能够在同一个监管体系内运行。

4. 社会文化动力价值

媒介进化标志着人的进化，媒介的发展也意味着人的发展[④]。人对于媒介的选择是媒介演进的动力之源。媒介的社会文化价值，往往是经由人不断选择所形成的稳定的那一部分。媒介的文化模因并不是断裂的，而是动态的融合和延伸。文

① 黄金. 2011. 媒介融合的动因模式. 北京：中国书籍出版社，第13页.

② 李曦珍. 2014. 理解麦克卢汉：当代西方媒介技术哲学研究. 北京：人民出版社，第225页.

③ 植草益. 1992. 微观规制经济学. 朱绍文等译. 北京：中国发展出版社，第19页.

④ 李曦珍. 2014. 理解麦克卢汉：当代西方媒介技术哲学研究. 北京：人民出版社，第243页.

化模因延伸过程，往往开始于一种新社会文化形成的阶段。文化模因的选择离不开人，因此“社会文化”的动力价值实质就是人对于技术发展、经济推动、政治融合和文化选择的判断与争论，社会文化融合则是人们对上述维度媒介融合的认同与接受①。

如今，传媒处在当今文化生活的中心位置，形成历史上前所未有的复杂情况②。数字新兴媒介开放了传媒生态的系统边际后，所有社会个体都成为潜在的媒介内容的生产者和传播者，也必然成为媒介文化的缔造者。在碎片化的文化语境中，说服与认同掺杂期间，形成了一个个媒介话语漩涡。从社会文化的有序发展来看，提高新兴媒介社会文化的结构性和组织性势在必行，而这一任务必然由媒介系统自组织完成。这一自组织过程，就是传统媒介与以网络媒介为主的新兴媒介社会文化结构冲突与融合的过程，因此，社会文化发展必然要成为媒介融合动力价值的重要维度。

显然，社会环境是一个广义的传播系统，新媒体为传统产业进行赋能技术编码，也推动泛媒体最终走向超媒介。

媒介融合的动因模式，就是建立在上述四个维度作用关系上的。也就是说，我们不仅从认知论的角度出发，确定媒介融合的动因主体，还要从关系论视野开始，对上述维度加以分析理解。媒介系统中各要素的关系作用强弱，以及彼此之间的相关性往往也不是静止和孤立的。四个维度中，技术显然是媒介融合的基础和重要保障，技术赋能影响着媒介融合的质量和深度，并影响着其他维度所进行的媒介融合的效果和质量，因此技术赋能是媒介融合的最强势动力。其他几个维度，即经济维度、政治维度和社会文化维度相对弱势，它们对媒介系统产生的作用也存在着一定的层次，对媒介融合的影响力度依次是：经济维度>政治维度>社会文化维度。

除了动因维度强弱影响外，维度之间的关系作用也实际存在。这种关系体现在点-点形成的线的关系作用上，形成技术-政治关系、技术-经济关系、技术-社会文化关系、政治-经济关系、政治-社会文化关系、经济-社会文化关系。在点-点形成的线状作用关系之外，由线-线形成的面的关系，形成技术-经济-政治关系、技术-政治-社会文化关系、技术-经济-社会文化关系、经济-政治-社会文化关系。这些关系作用构成了媒介融合的动力价值系统，共同推动媒介融合的发展。

1.3.3 融媒体景观下的场景时代

在媒介融合的背景下，受众角色将由单一线性向多重交叉演变③。这就意味着

---

① 黄金. 2011. 媒介融合的动因模式. 北京：中国书籍出版社，第 20 页.

② 陈伟军. 2011. 媒介融合与话语越界——传媒文化的多维阐释和散点透视. 北京：中国社会科学出版社，第 3 页.

③ 徐沁. 2000. 媒介融合论：信息化时代的存续之道. 北京：中国传媒大学出版社，第 258 页.

同一类型的受众可以通过任何一种媒介，对该信息有不同程度的了解和认识，激发受众阅读、视听、参与等习惯的关注焦点相互交叉，并集中到媒介集团的整个媒介产品链，实现信息资源的最优化利用，以更完备的媒介去吸引新的受众①。传媒集团就是通过对媒介系统结构的整合与升级，使信息产品连贯统一，以提高传媒竞争水平。在传统媒介与网络媒介融合发展的语境下，建构融媒体平台就成了传媒集团整合媒介系统的优先选择。

融媒体强调各方资源的汇聚，以互联网用户与数据为核心，形成产品的开放生产加工、非线性发布等功能。融媒体平台是顺应“互联网+”趋势产生的，其本身具有的互联网基因能够帮助身处困境的传统媒介找到发展出路，成为传统媒介转型和深度融合的发展方向②。随着以智能与大数据链接为标志的融媒体形态的普及，场景作为大数据中的一部分已经无处不在，由此带来的融媒体景观使我们处在一个随时随地可以“在场”传播的“泛在化”环境之中。

与初期的互联网新兴媒介相比，媒介融合语境下的移动传播强调基于场景的服务。场景是融媒体形态重要的生态景观。有学者甚至认为，场景是继内容、形式、社交之后媒介的另一种核心要素③。这意味着，场景和它所开启的移动媒介时代同前述要素一样，将对媒介生态，乃至于这个时代产生深远的影响。

场景时代的传播方式是以移动设备、社交媒介、大数据、传感器和定位系统为技术支撑为用户提供全觉式信息和生活服务④。传统媒介时代的场景，是一个通过文字、声音或视频建构起来的用以展示场景信息的传播环境，因此受众对于这个环境只能是全景橱窗式的参观浏览而无法进入，收受方式十分被动。数字新兴媒介时代的场景，是一个非线性的、可以通过特定端口进入且可以充分参与传播活动的传播环境。在这一传播环境中用户可以参与其中，臧否是非，其自身也成为信息传播的一个符号，这种“在场”使信息传播构成了一个回路，信息传播也成为非线性场景式传播。传统媒介的传播受众只能徘徊在场景以外，因此无法吸引更为广泛的受众群体；数字新兴媒介虽然吸引了大量用户参与，但也存在着场景入口窄化等现实问题，影响了更为广泛的用户参与使用。

融媒体考虑到上述现实问题，以场景入口化开放为前提，使用者随时随地可以进入场景参与传播。例如，报刊以每篇文章的二维码作为场景入口，受众可以进入文章所创设的场景，通过图片、视频、动画等展示与交互创作，形成一个不断延伸的融媒体景观。再如，可穿戴设备如智能手表也可以作为一个移动场景入口，受众据此进入信息、体育或医疗卫生的平台。在这里，场景不仅仅意味着“位

① Snead, B. 2003. Sulzberger leads “gray lady” into colorful ear. http://www.ljworld.com[2016-11-7].

② 焦洁. 2015. 平台型媒介：一种新型的融媒体. 西部学刊，(1)：20.

③ 彭兰，杨影. 2015. 场景：移动时代媒体的新要素. 新闻记者，(3)：21.

④ 王建平. 2016. 融媒体如何迎接即将到来的场景时代. 声屏世界，(3)：64.

置的相关性”，它还是移动传播时空度量的新维度。融媒体创设的场景实现了“入口级”的“泛在化”联结，场景由此成为信息流、关系流和服务流的新入口。场景入口化也决定了在场景媒介时代，在互联网思维引导下，媒介生态链已经实现智能化：在特定的场景下，用户需要什么信息我们就为他们推送什么样的内容，以及提供相应的服务，这一切都将预示融媒体时代的发展趋势。当然，场景入口化也使得深度参与的沉浸传播成为可能。

移动互联网推动了场景入口化，使媒介之间的连接与融合成为可能，一切被媒介技术赋能的事物形态都将成为媒介，因此这是一个万物皆媒介的时代，彭兰等学者称之为“众媒时代”，“众媒时代”就是本书所说的“系统媒介时代”。系统媒介时代伴随着越来越多传统意义上的“非媒介”进入媒介领地，不断成为新型媒介，由此加速了媒介的对外扩张，这种扩张已不仅局限于传统信息内容上的扩展，而是进入更为广泛的医疗、体育、保健、教育等领域，以一种泛在媒介的形态生存。

媒介扩张带来媒介生态的重新建构，这一过程无法离开关系作用。这里的关系，既包含媒介-人的关系，也包括媒介-媒介的关系，还包括人-人的关系。关系是连接人与场景使之成为融媒体景观的重要前提，在关系的作用下，人也倾向于媒介化。人-媒介的关系使人深度融入媒介，从而形成一种“沉浸”传播的融合环境；媒介-媒介的关系使媒介彼此作为延异中的媒介内容，同时又吸收其他媒介作为自己的内容，媒介由此开始了形态的不断扩张，带动非媒介的媒介化，媒介之间无限融合；人-人的关系是新兴媒介时代特有的人际关系存在，人与人构成新型的社会化关系，人与人之间的虚拟关系与现实关系相互交叉存在。

当关系作为一种需要被唤起，当参与变成一种自然而然的生活方式，那么无论是碎片化的时间消费，还是碎片化文化以及虚拟社区的建构，都将在相应的场景中“泛在化”地呈现，这将是场景入口化中的特殊景观，也是融媒体形态所能展现的文化链接。

“融合”，不仅仅是媒介之间的默契交互，也包括关系上的组织结构。融合的入口，是无处不在移动网络场景；融合的出口，是无处不在的用户感受与体验。这种感受，是已经纠正了感官上偏向的全觉收受。其实全觉收受本身也是身体官能的融合，处在一个虚拟环境中，通过感官融合作用产生真实“在场”的体验，在虚拟现实或增强现实（augmented reality）环境中，我们与媒介融合为一体，而我们又将成为媒介内容，成为共性场景中的一道景观。

融媒体，就是要让生态位不同的媒介之间、媒介与非媒介之间，通过场景作用完成媒介的智能化和结构化重构，这也是媒介形态演进中重要的思维和理念的碰撞与融合。

1.4 融媒体研究的价值和意义

眼下，媒介融合正从深层次上改变社会现实，改变社会成员的生活方式、工作方式和思维方式。伴随着媒介融合产业快速发展的是有关研究的相对滞后，对融媒体传播概念辨析以及融媒体传播规律特征的研究，成为系统媒介传播时代学术研究的焦点问题。以往不论是媒介形态上的数字网络多媒体、传播方式上的交互传播，还是新旧媒介的跨界整合，都无法完整地解释媒介之间的关系以及人与媒介之间的关系。那么，融媒体概念到底应该如何来确定呢？如何根据媒介融合过程中媒介生态关系的作用来确定融媒体发展的规律特征？通过对上述问题的深入探讨研究，对于寻求"规律性"的社会学思维和寻求"特殊性"的技术哲学思维，以及二者的碰撞与对话加以分析，由此建立起适应时代发展的融媒体研究理论体系，具有重要的理论和现实意义。

1.4.1 现有理论的局限与困惑

关于媒介融合的研究主要关注的是渠道开拓与相关个案分析，研究的视野也不尽相同，其中本体论的研究相对较多，也就是说往往立足于某一媒介本体，其他媒介则通过内容或渠道的供给共同完成媒介融合过程。这种以媒介论媒介的研究，其思维仍然倾向于使其他物质媒介为本体媒介传播创设环境，如基于传统媒介的融合或基于新兴媒介的技术融合等。这种研究方式显然是线性的，缺乏将媒介形态、媒介环境和媒介关系纳入统一系统中考察系统内要素作用关系的整体性思维。

概念指称的泛化现象广泛存在。尽管有关融媒体的理论研究可谓数不胜数，但概念指称尚不明确，将融媒体等同于媒介融合或者全媒体等的论述屡见不鲜，缺乏一个明晰的概念界定。

相关理论探讨强调媒介边界的消失，如美国学者 J. 希利斯・米勒（J. Hillis Miller）曾说过："不同媒体之间的界限也日渐消逝。……新的电信时代无可挽回地成了多媒体的综合应用。"[①]但具体研究仍然强调"跨媒体""全媒体"作用，媒介之间的作用边际并未被忽视，因此研究带有局限性。

从所涉及的媒介融合演进的动态关系来看，目前媒介融合的相关研究还是由技术决定或历史关系论主导的，而没有考虑到复杂社会系统的影响和作用。其中除了人与技术的作用关系，社会背景与文化背景均不能忽视，其结果是强调了技

① J. 希利斯・米勒. 2001. 全球化时代文学研究还会继续存在吗？国荣译. 文学评论，(1)：131-139.

术影响，规避了社会建构论与技术决定论的辩证关系。

在工具理性与价值理性的关系中，前在研究强调了人对技术的选择机制，在对新兴媒介论述的过程中，往往毫无指称地把媒介等同于技术，以此推定“万物皆媒”，进而忽视了媒介关系作用过程中人的主观能动性。

因此，我们有必要进行针对社会复杂系统、社会建构论与技术决定论共同作用的融媒体传播环境的研究。

1.4.2 媒介系统化研究视角

融媒体传播的媒介形态，不再强调单一的媒介形态，而是在考虑媒介关系作用的基础上，将融媒体看作是一种新兴的媒介形态。这种媒介形态符合后现代哲学思维方式，强调融媒体形态的延异活动在新媒体形态演进中对应的镜像存在。延异思维本身就突破了以往结构主义的研究视角，实现了研究从技术逻辑到实践逻辑，再到解构逻辑的动态性思考过程。

融媒体传播不同于既往传播之处还在于全觉传受的实现，全觉传受突破了传统的时空概念，在大数据的支撑下，形成符号全觉立体的传播与接受，而这一过程得益于在新兴媒介技术和大数据系统共同作用下，通过技术赋能，甚至于“技术丛”共同赋能作用形成动力，推动融媒体传播的实现。以全觉传受为特征的融媒体传播开启的是一个新的时代，是继线性媒介传播（第一媒介时代）、非线性媒介传播（第二媒介时代）之后的新的传播时代，即系统媒介传播时代。

遵循麦克卢汉“媒介的形态决定人类社会形态”原理，人类的演化趋势为“个体化→部落化→非部落化→重新部落化→重新个体化”，对应的传播演进趋势为“自我传播→人际传播→大众传播→泛众传播→自我传播”。媒介形态的“人性化”发展趋势显著，人的媒介使用自由度越来越高，同时也意味着现实活动中人际的社会关系面临着挑战，媒介的人性化同时也意味着人的“去社会化”。从媒介批判的视角来看，这其实是电视作为“全景式监狱”和网络作为“共景式监狱”的直接反映。

云计算、大数据技术的发展与运用，成为融媒体传播最具影响力的技术支撑，大数据推动着媒介融合的进程和媒介形态的演进，裹挟着越来越多的人进入传播语境，参与传播。本书将研究范围从目前集中的新媒体领域，延伸到人类生存与发展的更为广阔的时空。

第2章 融媒体传播的内涵

融媒体是新思维、新技术共同催生的一种现实路径，是媒介生态位竞合过程中的最优选择。在产业关系结构上，它体现为媒介战略转型、信息资源整合、业务技能拓展等诸多方面。融媒体以信息数字化技术、网络技术和移动网络技术为基础，通过场景入口化设计，协同印刷的、音频的、视频的、移动的媒介实现无处不在的交互连接，将各种不同文本、传播手段融合在一个不断延伸的平台上，无远弗届，通过新型终端（场景入口）分享多元、异质的资源。

作为一种全新的实践与话语重组的尝试，媒介融合意味着生态关系的协同作用，其影响远远超出技术层面，对这个时代的文化生态以及思维模式都产生了巨大的影响。可以说，媒介融合正在着力建构“一个超越人类历史上全部既有知识的平台，在其上演绎出一幅全球化、个人化、现代化、社会化、信息化交相融合、此起彼伏的宏伟动人图景”，“成为新的生产关系、知识机制、价值规律、文化观念、意识形态的社会化生产要素，它既具有继承人类过去的本能，更具有开辟未来、突破创新的天性”①。在媒介融合的大背景下，人的思维方式、社会的结构关系都在发生着相应的变化。媒介的融合式生存诱发媒介技术的不断发展创新，促成了传播过程中全觉传受的实现，媒介技术的人性化发展一方面将全觉传受推向传播的核心位置，另一方面也使人成为媒介传播的组成部分。媒介融合式生存诱发了思维方式的改变，并伴随着媒介属性的发展，从线性媒介到非线性媒介，再到系统媒介，逐渐形成了从线性思维到非线性思维，最后到系统性思维的进化过程。也就是说，从被动地接受到博弈，再到逻辑组织这样一个思维的过程中间，思维处在一个不断动态优化的过程中。融媒体传播，正是催生系统性思维，使之成为推动社会结构做出调整的活动。

① 李怀亮. 2009. 新媒体：竞合与共赢. 北京：中国传媒大学出版社，序言第1页.

前文详尽地论述了媒介融合的历史脉络以及本书的研究方向。作为本书的逻辑起点，融媒体传播的概念无法回避。在媒介融合的历史环境中，多媒体、跨媒体、全媒体等概念都曾产生过一定程度的影响，这些概念虽然在逻辑关系中的意涵并不相同，但初始的指向却是一致的，那就是不再考虑单一媒介形态，而是对多种媒介关系的作用进行思考。这种思考与认知初期的媒介内容研究，以及随之而来的媒介形态的研究显著不同，它强调的不再是媒介本身，而是媒介之间的作用，是对媒介关系的思考，不同之处在于，对媒介关系的作用是物理的简单加乘还是化学的反应。多媒体、跨媒体、全媒体往往考虑到媒介之间的叠加作用不是物理作用，这种作用能够突出媒介符号呈现的丰富性，但缺少内在的逻辑连接，就是渠道之间的互通问题。本章准备论述的，则是在前述媒介关系基础上的媒介之间的融合过程中发生的化学反应，这就是融媒体。

2.1　融媒体传播定义的逻辑基础

“媒介”是人类生存发展的第二自然环境，也是人类通过技术手段与媒介延伸所创设的环境。从媒介环境的视角来审视，这种人造环境对于人类社会和人类心理必然产生无法回避的影响：从媒介技术认知角度看，一种媒介对于人类理性思维发展的推动力的大小如何？从媒介技术政治价值判断，一种媒介对于民主进程的推动力如何？从媒介信息的有效性来看，一种媒介究竟能使人获得多少有意义的信息？从媒介伦理价值论视角看，一种媒介在多大程度上影响到我们的道义感，或多大程度上改变了我们向善的能力？[①]上述困惑源自媒介环境学教育创始人尼尔·波兹曼（Neil Postman）关于“媒介环境”的发问，也是媒介在社会系统中基本的价值判断。任何新兴媒介的演进都离不开上述的波兹曼之问，这是人类从自身及社会环境价值出发，根据价值偏向做出的媒介选择。

从媒介技术的本体论来看，媒介与人类通过“互动延伸”的作用关系，完成各自的发展与演进。在媒介与人的“虚拟互动延伸”过程中，媒介的人性化发展趋势强调的是媒介的全能符号和立体展现。透过媒介的技术逻辑探讨人类本质问题的思考，是媒介融合技术推动融媒体发展的初始逻辑动力。

从媒介技术的认识论来看，媒介活动应该向全觉传受的目标运动，由此形成无处不在的场景入口。实际上，媒介技术认识论要讨论的就是“认知主体”通过“认知工具”以了解“认知客体”并改造“认知客体”的活动过程。融媒体作为“认

① 李曦珍. 2014. 理解麦克卢汉：当代西方媒介技术哲学研究. 北京：人民出版社，第29页.

知工具”，赋予“认知主体”全觉传受的技术环境，由此提高“认知主体”的决定作用。

从媒介技术价值论来看，媒介融合的延伸促进了人类社会历史性、政治性、伦理性和文化性功能的价值判断。价值论是从主体的需要和客体能否满足以及如何满足主体需要来评价客体价值构成和属性的“价值哲学”①。广义的融媒体是包含着媒介技术作用的非媒介（泛媒体）的作用和由此形成的价值判断。媒介融合通过大数据技术支撑形成对于“认知主体”无处不在的连接作用，提升“认知主体”的价值需求质量。

从媒介技术关系论来看，融媒体建构起人与媒介、媒介与媒介以及人与人之间的关系，并在人与媒介的关系上加速了媒介“人性化趋势”，在媒介与媒介的关系上打通了融媒体的场景入口，在人与人之间的关系上使人际传播泛化和无处不在。从“媒介化”到“中介化”再到“驯化”，三个状态表征着人与媒介主客体之间的消长变化。我们可以运用新媒体技术，建构、创造和再现更加丰富多彩的历史篇章②。

总体而言，融媒体传播的逻辑基础源于媒介技术发展与社会关系的作用，受到技术决定论与“人性化趋势”的直接影响。

2.1.1 媒介技术发展的必然

麦克卢汉主义媒介技术本质论，就是要强调“是者之所是”或“是其之所是者”这样的逻辑。这是因为媒介技术的本质属性是通过媒介与人的作用所产生的价值与影响来确定的③。媒介的形态是技术的外在表现形态，技术的本质则是人的本质。人的本质是一切社会关系的总和，因此媒介技术的发展必然是人的本体的延伸和发展。

随着科学技术的不断进步，媒介发展也经历了快速发展阶段，从报纸、书籍等纸媒发展到广播、电视、网络、高速网络的阶段，为人类的传播活动带来了方便，也正在引领时代发展的潮流④。近 30 年来，新兴媒介技术正在迅速地发展和普及，据此，人们往往倾向于认为技术加速发展带来了媒介的普遍繁荣。对此，提出“30 年法则”的保罗·萨弗（Paul Saffer）不以为然。萨弗作为加利福尼亚州门罗公园的未来学研究所所长，提出至少在过去 5 个世纪里，新思想完全渗入

① 李曦珍. 2014. 理解麦克卢汉：当代西方媒介技术哲学研究. 北京：人民出版社，第 36 页.

② 潘忠党. 2014. “玩转我的 iPhone，搞掂我的世界！”——探讨新传媒技术应用中的“中介化”和“驯化”. 苏州大学学报(哲学社会科学版)，(4)：161.

③ 李曦珍. 2014. 理解麦克卢汉：当代西方媒介技术哲学研究. 北京：人民出版社，第 49 页.

④ 邵培仁. 2007. 传播学(修订版). 北京：高等教育出版社，第 272-274 页.

一种文化所必需的时间一般约为 30 年，这被称为“30 年法则”。如今生活节奏加快，媒介形态的不断推陈出新是否意味着“30 年法则”的价值面临着巨大的考验？事实上，眼下的媒介技术的高光发展，并不是由于某些具体的技术获得了更快的发展速度，也不是由于媒介发展比起过去来要快得多，而是由于“有更多的新技术在同一时间出现。正是这些成熟技术的出乎意料的交叉冲击，创造出我们都感觉到的强力加速”①。也就是说，新兴媒介技术的变量由单一的线性作用，发展为非线性的交叉冲击的一些变量的共同作用，突破了以往线性技术作用的局限后，媒介技术的系统作用使得媒介形态产生的影响更为显著。

互联网数字新媒体出现后，特别是实现交互传播的功能后，各种形态的新兴媒介脱颖而出，如电子邮件、博客、播客、微博、微信等。事实上，这些几乎同一时间出现的媒介形态均属于同一时代的媒介技术，只是这些技术通过不同的互联网思维加以交叉呈现，形成了丰富多彩的媒介生态。而作为一组从思想转化为文化的媒介，数字新兴媒介从第一个十年的许许多多兴奋、许许多多迷惑且渗透得并不广泛的阶段，发展到第二个十年许许多多的潮起潮落且产品向社会开始渗透的阶段，到如今第三个十年许许多多日常生态的社会普及阶段。我们把走过来的 30 年可以看作一个媒介时代，即非线性媒介时代（或马克·波斯特定义的第二媒介时代），主要指称的是互联网出现之后的这个时代。时代性技术决定时代性媒介，时代性媒介决定时代性人的社会性。

1. 大数据技术让媒介跨越物理边界，走向“融媒体”传播

大数据，顾名思义就是数据巨大，巨大到通过以往信息处理方式难以全部分析。根据思科公司的统计，2012 年全球互联网流量每天达到 1.1 艾字节②。这么巨大的数据需要更大的存储空间，而这些数据的有效使用则可以使其成为一座流动的富矿，为信息传播与分析提供最优化的解决方案。大数据技术的运用，促进了不同行业、不同领域、不同终端的数据交换和相互融合③。可以说通过大数据技术打造的“云计算”“全媒体平台”影响和改变了新闻生产传播业态。

以今日头条 APP 客户端为例，今日头条的核心竞争力不是媒介内容，而是基于用户兴趣图谱分析的个性化阅读推荐。基于大数据挖掘技术，今日头条会根据用户的点击使用率为登录用户建立一个兴趣模型，其原理是根据用户在微博上发

---

① 转引自罗杰·菲德勒. 2000. 媒介形态变化：认识新媒介. 明安香译. 北京：华夏出版社，第 7 页.

② 艾字节(exabytes)，是计算机存储容量单位，常用 EB 来表示。计算机存储单位一般用字节(Byte)、千字节(KB)、兆字节(MB)、吉字节(GB)、太字节(TB)、拍字节(PB)、艾字节(EB)、泽字节(ZB)、尧字节(YB)表示。1KB=1024B，1MB=1024KB……1EB=1024PB。参见栾轶玫. 2014. 融媒体传播. 北京：中国金融出版社，第 70 页.

③ 周子渊. 2014. 传统新闻受大数据的影响与转变分析. 编辑学刊，(1)：89 .

布的内容及其所属类别、用户自标签、社交关系、社交行为、参与的群组、机型、使用时间等数据源来推断出用户的兴趣点有哪些①。根据用户使用信息做同计算，通过后台的分析数据确定“兴趣图谱”，根据“兴趣图谱”确定有针对性的信息进行精准推送。今日头条开发者张一鸣认为：“所谓个性化推荐，本质上是不需要用户做出任何选择的……只有让用户越方便、越偷懒的应用，才能体现出真正的个性化推荐。”②通过“社交数据挖掘+个性化推荐”的新闻生产和推送模式，今日头条彻底打破“内容为王”的传统媒介生态环境，形成了智能化的新闻生产传播流程。

与其说新闻生产的智能化过程是基于信息科技领域的优化升级，毋宁说这是人性感知的技术化延伸。媒介补偿了人在社会空间逻辑中的认知模式，大数据则优化了媒介的重要界面，使之重构社会关系和媒介话语体系的方法与手段。因此，大数据支持虽然不会成为信息传播的最完美景象，却能够成为传播界面进化逻辑的一个支撑点。而随着信息场景的入口无限蔓延，遍在的场景入口终将把人与技术环境融合在一起……

2. 混合现实技术跨越了感官的模仿偏向，实现了全觉传受

混合现实（mixed reality）技术是虚拟现实技术和增强现实技术的集成应用。虚拟现实技术是利用电子数据技术转化为类自然存在的世间万物，人流连其间有一种“沉浸”之感，需要利用视觉、听觉、嗅觉、触觉等感觉器官，使感知信息融合为一体的拟态环境。与以往抽象符号建构的拟态空间不同，符号模拟的时空需要具备一定的解码能力，如对不同文字、语音的识别。虚拟现实创设的是一个与我们日常感知匹配度极高的虚拟时空。相比于虚拟现实技术，“增强现实技术”则把计算机建模图形与人捕捉的物理世界的信息融合起来，形成亦真亦幻的媒介时空。

当然，混合现实技术所运用的融合的媒介并不意味着现实意义上狭义的媒介，如报纸、电视等，而是媒介中抽取逻辑符号的重新编码。相对于其他媒介，混合现实技术所创设的媒介只能算是泛在意义上的媒介，不论是虚拟的新闻还是其他信息，都与既往媒介表达方式有着本质上的区别。正是混合现实技术中媒介符号的综合运用，才使得用户沉浸在虚拟环境中，充分体会着全觉传受带来的直接体验，而全觉传受则开启了一个不同于地理、物理的全新的精神家园。

---

① 喻国明. 2014. 大数据对于新闻业态重构的革命性改变. 新闻与写作，（10）：54.

② 陈粲然. 2013. 泛阅读产品“今日头条”是如何基于微博用户兴趣图谱做个性化推荐的？https://36kr.com / p/200758.

3. 移动媒介的泛在技术扩大了场景入口，使泛在传播成为可能

移动媒介突破了既有场景入口的限制，使场景入口无处不在，场景入口化降低了用户进入场景的门槛，而勃然兴起的物联技术和智联技术在使“非媒介”媒介化的同时，也在不断地延伸泛在网络，使媒介与人之间的关系逐渐向人与自然世界的关系过渡。人与人以及人与自然之间的泛在连接使泛在传播成为可能。媒介无处不在，信息无处不在，泛在传播更是无处不在。

泛在传播形成的远超媒介的媒介关系建构，使狭义上的媒介融合成为系统中的核心要素，影响泛在传播网络的建设和运行。也就是融媒体作为系统媒介传播的核心，其对外的延伸就是使周围的“非媒体”媒体化，进而成为泛在传播的结构组成部分，反向作用于融媒体，提高融媒体传播的功能和作用。随着全球泛在网络的不断拓展和升级，“地球村”的意义会逐渐得以体现，泛在传播也将接续融媒体传播，形成一个不断扩大、没有边界的传播环境，泛媒体则成为系统媒介中无处不在的场景入口。

2.1.2　生态位理论确定媒介融合方向

生态学与社会学的关系研究由来已久，将生态学思想引入人类社会学的研究，曾经出现过两次热潮。第一次是 20 世纪的上半叶，社会学、地理学和经济学等领域开始运用生态学概念，这次热潮为社会学研究提供了新的视角。第二次热潮是对生态学理论的系统引入，起源于米迦勒 · T. 汉南（Michael T. Hannan）和约翰 · 弗里曼（John Freeman），他们将种群生态学概念引入人类组织的研究中，使生态学概念得以系统地从竞争与共存的角度作用于人类社会学。考虑到生态位对于资源与空间占用的关系作用，社会学中能够关涉系统内不同种群作用关系的都可以作为生态学的研究对象。

媒介生态位理论的研究目前主要集中于大众传播和媒介经济学领域，这个领域和种群的定义问题尚没有出现，研究者往往选择了如报纸、有线系统、广播或图书等种群和组织作为研究对象①。“媒介生态位”的基本含义是指“媒介种群”从“媒介生境”中取得的并能供给本“媒介种群”各媒介使用的生存资源，包括受众资源和广告主资源②。从媒介经济学视角出发的媒介生态位研究更多关注的还是媒介“产业”，根据产业资源（广告份额等）竞争确定各媒介种群的生态位宽度。值得一提的是，随着媒介融合技术的广泛应用，经过整合的媒介不再以单一形态出现，而是以有着高度融合的媒介组织代替，因此以往的对于行业的定义已

---

① 约翰 · W. 迪米克. 2013. 媒介竞争与共存：生态位理论. 王春枝译. 北京：清华大学出版社，第 44 页.

② 樊昌志. 2003. 媒介生态位与媒介的生机. 湘潭大学学报（哲学社会科学版），(6)：140.

经过时。采用媒介形态为种群分析的研究方法切实可行，就是说不是以媒介组织划分媒介种群，而是通过媒介形态划分出不同的媒介种群，如报纸、广播、电视、传统互联网、移动互联网等。为了突出媒介融合的效果，媒介种群派生出另一种群落划分方式：融媒体群和非融媒体群。融媒体群是指媒介关系中产生化学融合作用的媒介形态。

1. 满足理论支撑起媒介生态位的融媒体发展群落

媒介生态位有两个维度的考察：一个是受众的视角，另一个是媒介产业的视角。受众的视角主要通过受众寻求满足并以满足报偿为条件。人类媒介需求获得满足的机会如何，在一定程度上取决于个体或群体的时空定位。例如，电影要到院线场所去看，电视则可以在家观看，手机则可以在任何有无线网络信息的环境中使用。一个人一整天的时空定位强烈地影响到他可以使用的媒介的数量和时间，也就是“满足机会”[①]。

P. 帕姆格林（P. Palmgreen）、L. A. 温纳（L. A. Wenner）和 J. D. 雷伯恩（J. D. Rayburn）提出了“寻求的满足”和“获得的满足”概念，并对二者的区别加以分析。“寻求的满足”强调的是“期待”（expectation），“获得的满足”强调的是媒介使用所获得的满意度。

从媒介形态的比较可以看出，在传统媒介与网络媒介的对比中，可以看到满足机会与时间使用之间的关系的作用。报纸、广播、电视作为线性传播媒介的时间约束性很难调和，人们与媒介的黏着关系是人对于媒介传播时间的绝对遵从。对此，约翰·W. 迪米克（John W. Dimmick）和迈克尔·瓦尔施莱格（Mikel Wallschlaeger）认为新媒体或提供了更多的选择，或使时间消耗更具备可控性，或两者兼而有之[②]。显然，新媒体可以提供更自由的使用时间，因此“满足机会”报偿的可能性更高。融媒体强调突破媒介形态限制，通过无处不在的场景入口（移动媒介和可穿戴媒介可以提供），随时随地获得可供选择的任何信息，可见“满足机会”获得报偿的概率更高。

以大数据技术支撑的融媒体环境，除了信息检索外，由海量信息整合计算所获得的信息往往是立体的、全觉的。这是“满足机会”之外的“补偿性”媒介满足，提高了场景使用的满意度。此外，云端存储技术也为搜索注入了新的动力，因此，作用于融媒体的媒介使用，也提升了“寻求的满足”感，提高了媒介“期待”的质量。

---

① 约翰·W. 迪米克. 2013. 媒介竞争与共存：生态位理论. 王春枝译. 北京：清华大学出版社，第 53 页.

② Dimmick, J. & Wallschlaeger, M. 1986. Measuring corporate diversification: A case study of new media ventures by television network parent companies. *Journal of Broadcasting and Electronic Media*, (1): 1-14.

根据使用满足理论，人们接触媒介后往往会产生两种结果：一种是“获得的满足”，另一种则是“未获得的满足”[①]。前文论述了获得的满足对于媒介选择的价值，事实上，未获得的满足同样影响着媒介的发展。按照未获得的满足理论的观点，未获得的满足会促使媒介形态进一步优化发展。媒介融合其实就是在这样一种背景下出现的。例如，手机媒介虽然突破了时空限制，但在内容提供能力和展示效果上并不尽如人意，形成了移动的便捷与内容提供的不平衡，这种不平衡会成为媒介融合的内在发展动力。按照“未获得的满足”的观点，融媒体产业发展已经迫在眉睫。

2. 媒介融合演进过程使生态位从竞争走向合作

在社会复杂系统环境中，媒介由具有高度智能和控制能力的人类操纵，媒介的生态位之争，可以看作是媒介种群之间以及媒介种群内部的竞争。任何媒介形态，在其所属的“媒介种群”中占据某一段生态位后都能够形成特定的生态位宽度。

前文提到，一种新兴媒介兴起后，其生态位宽度与前在媒介之间高度重叠，势必会加剧媒介之间的竞争态势。改变竞争态势的方向大致有以下几种。

一是媒介的自适应演进。随着新兴媒介根据自身形态摸索出与众不同的信息生产传播方式，由此弱化媒介之间的生态位重叠部分，竞争就此减弱，这是以往媒介演进中最常见的演进规律。

二是新兴媒介向媒介系统外扩张。这种生态位作用跨越了媒介系统，与媒介系统外的其他系统置换生态位，如新兴媒介与金融、体育、卫生、医疗等系统的合作，在未改变媒介系统原始生态位的前提下充分拓展了自己的生态位宽度。这种态势下传统媒介与以网络媒介为代表的新兴媒介之间的竞争也必将减弱。

三是以新兴媒介为核心的融媒体传播系统建构。融媒体传播系统建构，就是要承认既有的媒介生态位重叠所引起的竞争，并根据媒介形态特征推进媒介融合，形成在大数据技术支撑下具有全觉传播特征的融媒体传播格局。显然，融媒体传播格局弱化了媒介生态位的竞争。

上述三种改变媒介竞合关系的路径在现实社会环境中同时作用，形成了复杂的媒介生态竞合关系，促进媒介之间由竞争关系逐渐走向了合作。那么，根据生态位理论，融媒体是如何影响媒介生态位关系作用的呢？

实际上，融媒体的生态位研究强调了以生物学研究视角，对处在系统内的存在相关性的组织要素的相互作用加以考虑，由此确定特定的媒介形态在这一环境中所获得的产生与发展的条件。这里把媒介形态比喻为物种，融媒体则表示同一系统内参与媒介融合且发生化学作用的具体媒介构成，这些有大数据技术基础的

① 汪玉辉. 2010. 手机媒介的使用与满足理论研究. 今传媒，(8)：78.

新媒体形态与传统媒介形态在共生的环境中，通过竞争合作、相互融合发展，共同构成了媒介生态系统[①]。根据媒介融合的进程可以看出，媒介生态系统本身也是在一定向度上不断演进的，其生态位关系也从初始的报纸种群、广播种群、电视种群、互联网种群和移动互联网种群向着融媒体种群、非融媒体种群的简单关系过渡。在这里，我们借鉴学者徐敬绘制的生态位架构图，建构起融媒体传播生态位的组织架构关系图（图 2-1）。

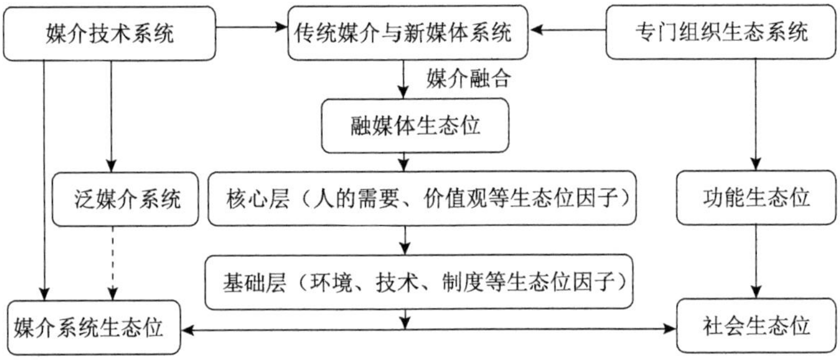

图 2-1 融媒体传播生态位构成要素及其架构

通过融媒体系统与各组织要素的联结与作用，形成了图 2-1 中的结构关系。其中，核心层是指从个体生存发展的需要出发，由内在价值决定的处于融媒体生态位核心位置的内在因素。基础层处在核心层以外，受核心层影响和联系，决定了生态位的外在竞争资源，包括环境、技术和制度等生态位因子构成，这些因素影响了作为族群的社会关系的融媒体形态的演进和发展。

从图 2-1 中的生态位关系可以看出，在媒介组织架构中，影响融媒体传播系统的组织主要是媒介技术系统和专门组织生态系统，媒介技术系统同时影响到泛媒体系统，再次递进影响到媒介系统生态位；而专门组织生态系统则在功能生态位上和社会生态位上形成影响。融媒体形态不同于其他媒介形态，甚至与新兴媒介形态的传播也不尽相同，是带有显著的系统媒介特征的全觉作用过程。基于这样的分析理念，我们把媒介组织架构分成泛在组织架构和内在自组织架构。

从图 2-1 中也可以看出，在社会生态位和媒介系统生态位共同作用下，融媒体置身于复杂社会环境中，其所带动的媒介竞争关系在不断简化，形成了融媒体形态和非融媒体形态，促成了媒介之间的合作而不是竞争关系的存在。从社会系统视角来看，媒介系统与其他系统之间的竞合关系被不断强化，推动媒介种群整体的延伸。也就是说，处在边际开放的系统中，媒介生态位移是显而易见的，系统开放是新兴媒介的特征，更是融媒体传播的前提条件。通过开放系统，媒介系

① 张成良. 2015. 新媒体素养论：理念、范畴、途径. 北京：人民出版社，第 240 页.

统采取“互联网+”的扩张策略，不断填补不同“生态位”中间的“孔隙”，实现了融媒体的强势发展[①]。与此同时，媒介系统内部的生态位竞争让位于合作，由此形成了媒介聚合演进的生态优势。

不论是从技术发展还是从媒介生态位竞合关系中都可以看出，以社会环境变化为背景的媒介生态要实现和谐发展，必然要走出一条减少种群之间的竞争关系，加强媒介种群之间、媒介种群与社会其他产业种群之间的融合共进的道路。在此基础上，媒介生态系统会趋向于平衡与稳定。

上述论述说明，融媒体传播作为媒介融合的发展方向，其现实意义非同寻常。那么如何对融媒体来定义呢？

2.2　融媒体定义

2.2.1　融媒体定义的历史与现实背景

2014 年被业界称为融媒体元年。这一年，无论是对于融媒体的理论探讨还是对于相关政策的制度研究均促使这一概念迅速升温，成为媒介融合领域的热门关键词。与此同时，以传统媒介为代表的传媒业界从实务操作层面开始了融媒体业务实践层面的探索。

在理论政策制定层面，2014 年 4 月，《人民日报》刊登了《加快推动传统媒体和新兴媒体融合发展》的文章；当年 8 月，中央全面深化改革领导小组第四次会议审议通过了《关于推动传统媒体和新兴媒体融合发展的指导意见》；2015 年 4 月，国家新闻出版广电总局（今国家广播电视总局、国家新闻出版署和国家电影局）、财政部联合印发了《关于推动传统出版和新兴出版融合发展的指导意见》[②]。上述三个时间节点说明，有关融媒体建设的国家战略已初步形成，政策性指导意见成为“融媒体”概念引起广泛关注的重要动力。一个自上而下的“融媒体”理论研究与实践推动的社会环境开始形成。

随后，《光明日报》率先开始“融媒体”的理论与实践尝试，提出“‘融媒体’是让不同媒介间互相激发，产生化学反应，最终打造出一个更有渗透力和竞争力的新型主流媒介”。《光明日报》总编辑何东平认为，今后相当一段时期内，融合发展后的媒介，既不是单纯的新媒体，也不是一成不变的纸质媒介，而是融合之后的“融媒体”。

有关融媒体的研究实践，开启于 20 世纪的美国。在 20 世纪 50 年代，美国就

---

① 丁鸿富，虞富洋，陈平. 1987. 社会生态学. 杭州：浙江教育出版社，第 205 页.

② 尚策. 2015. 融媒体的构建原则与模式分析. 出版广角，(14)：26.

出现了一种“媒资库”模式，通过建立图片、文字、视音频资料的媒介数据库，建立能够整合媒介资源以取得经济效益的产业模式[①]。国外有关融媒体的理论与实践探讨风生水起，国内有关融媒体的理念及内涵和外延建设则方兴未艾。

有关“融媒体”的概念，学界和业界有不同的理解和倾向，目前国内研究成果虽然不断涌现，但对于融媒体概念本体的关涉却少之又少。绝大多数研究将“融媒体”概念置换成“媒介融合”“全媒体”“跨媒体”等相关概念，或者认为融媒体只是全媒体的表现形式， 针对这一概念的理论框架研究则并不多见。此外，关于“融合媒介”的研究，部分学者倾向于“新媒体”这一术语。在现实语境下，“新媒体”不能充分反映媒介融合时代的特征，无法体现媒介系统内部各要素之间的关系作用。“融媒体”则强调了多种技术整合和对多元需求的满足。因此，安德鲁·纳奇森（Andrew Nachison）、陈绚等部分学者意识到媒介融合过程的系统演化及新型媒介形态的产生，因此提出“融媒”或“融合媒介”等概念[①]。目前，关于“融媒体”概念使用最多的是百度百科中的定义，而这一定义追根溯源还是一篇发表于2009年的题为《从“融媒体”中寻求生机的思考与探索》的文章。这篇文章从“新型媒介”视角定义“融媒体”。有关融媒体的概念如下：“‘融媒体’是充分利用互联网这个载体，把广播、电视、报纸这些既有共同点，又存在互补性的不同媒体在人力、内容、宣传等方面进行全面整合，实现‘资源通融、内容兼融（容）、宣传互融、利益共融’的新型媒体。”[②]这一定义强调了融媒体的新型媒介形态。其他从新型媒介视角定义的概念往往也是大同小异，如周建亮的博士论文《广东电视融媒体发展研究》将“融媒体”定义为：媒介基于现代技术平台以互联网技术和通信技术为核心进行的不同媒介形态（广播媒介、电视媒介、纸质媒介、户外媒介、网络媒介、手机媒介）的融合，是通过不同媒介形态中具有的互通及互补的资源、内容、传播渠道、销售方式的全面整合而形成的新型媒介。

上述“融媒体”概念都是遵循着这样一个思路：利用技术融合不同媒介形态，建构成具有高度融合性的新型媒介。简化的概念为：融媒体就是建立在现代网络技术之上、融合了多种媒介形态的新型媒介的总称。

从语义学上看，概念的内涵有着深浅的区别，其内涵与外延反向相关，因此，我们需要给融媒体概念指称确定一个合适的界定，使之获得确定的逻辑指向，并确保其在稳定分类体系中获得合适的位置。

事实上，融媒体意味着既往媒介技术分类标准的瓦解，传统媒介技术边界被打破，融媒体以比特化的信息技术采集和生产各种形式的媒介信息，以无所不在的通用网络平台将信息多形式地传输给各接收终端，与众可随时收受信息并形成

---

① 转引自刘强. 2011. 融合媒介的受众采纳行为研究. 上海：上海交通大学博士学位论文.

② 庄勇. 2009. 从“融媒体”中寻求生机的思考与探索. 当代电视，(4)：18-19.

交流互动[①]。

在图 2-2 的融媒体逻辑形态图中，全媒体作为传媒业界的实践概念，包括传统媒介与互联网播放平台（不存在交互关系的网络媒介，如网络报纸、楼宇电视等）。新媒体则根据定义，即在数字传播基础上的能够交互传播以实现网络非线性功能的媒介集合[①]，将微博、微信、社交网络等划分进去。融媒体就是利用大数据等技术将上述全媒体、新媒体和泛媒体融合在一个大的媒介系统形成的新的形态。

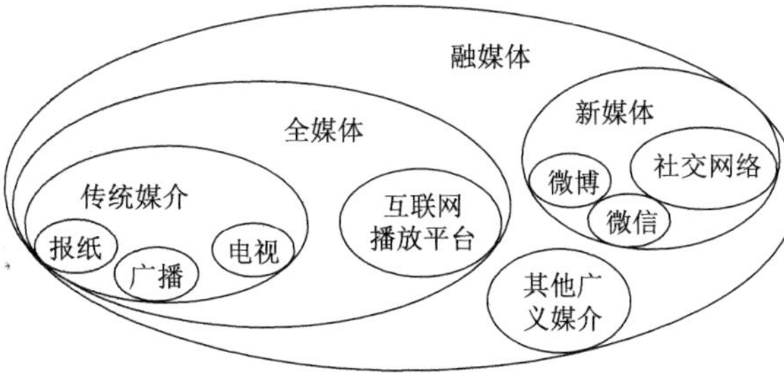

图 2-2　融媒体逻辑形态图

融媒体发展实际上是媒介融合理念的一次跃升：以追求媒介形态组合空间上的产业升级为目的的发展。这种以传统媒介为本位的思考方式，只能算是物理意义上的融合，因此从“多媒体”到“全媒体”再到“跨媒体”，媒介融合并未产生结构意义上的突破。“融媒体”是着眼于建构一种能使“各种各样的技术和媒介形态汇集在一起”的新型媒介，势必要完成一种化学反应，从这个意义上来看，“融媒体”是以“推动新旧媒介与各类信息媒介相互汇聚、渗透与交融，日趋融通一体化”为目标，向着超媒介时代迈进的必然。

2.2.2　融媒体的定义及其解读

那么，究竟怎样来定义“融媒体”的概念呢？根据近年的理论研究和实践，以及目前媒介生态演进的特征，本书将“融媒体”定义为：融媒体就是利用网络大数据技术赋能，通过广泛融合不同媒介形态而整合成的新型媒介总称。它利用赋能技术使万物皆媒，其中大数据技术是连接众媒介的核心纽带。它是通过泛化既往形态，形成的以场景为核心、以媒介形态为场景入口的新型媒介形态。

这个定义包括几方面的含义，可以从以下几个层次加以理解。

（1）融媒体是“互联网思维”作用下的新型媒介形态。互联网思维，也叫新媒体思维，是在新媒体科技的动态发展背景下，对新媒体生产、传播及形成的文

① 张成良. 2015. 新媒体素养论：理念、范畴、途径. 北京：人民出版社，第 69 页.

化价值乃至对整个信息生态进行重新审视的思考方式。用互联网思维谋划融合，就是强调以新媒体技术为起点，这与传统媒介的“媒介内容”主导的思路不相一致。可以肯定的是，融媒体要做的是“互联网+”，而不是“+互联网”。

（2）融媒体是建立在大数据技术模式下的。大数据强调的是多样性和价值链接，因为数据库的“打通”和“共融”，媒介间能够形成一种智能用户关系的计算与链接，以实现媒介语义指向的不断延异。在大数据支撑下，任何媒介形态都作为媒介内容而存在且相互间智能连接。

（3）融媒体的内容是广泛的媒介形态。这里的媒介形态是广义的，既包括广告牌、报刊、广播、电视、传统互联网、移动互联网、iPad 等媒介形态，也包括新兴媒介技术赋能后的类媒介形态，如智能手表、可穿戴智能医疗设备等，这些均可以归化为新兴媒介形态。融媒体就是通过技术赋能，不断形成新的融媒体形态。

（4）融媒体不是单一的媒介形态，也不是“全媒体”“新媒体”。融媒体并不是指称单一的一种媒介形态，它也不能被看作是媒介演进形态的一种新兴媒介。融媒体可以说“喜新而不厌旧”，是以技术为支撑的跨越符号链接的媒介形态集合体。与其说融媒体是一种媒介形态，毋宁说它是在现有媒介生态中形成的一种文化体验。

（5）融媒体传播中的人可以物化为媒介，媒介也可以人化。媒介是人体的延伸，人同时也成为媒介的延伸。融媒体本身就是一种总称，人物化为媒介并进一步与媒介融合的时候，人变得无形无象，并非社会关系中的人，而是媒介关系中的“人”，是媒介化存在，人与媒介互为彼此。

（6）融媒体形态下的全觉传受是将技术与环境都作为传播背景，突破了以往传播的感觉偏向。全觉传受的实现离不开技术赋能的影响，更离不开媒介生态环境的综合作用。全觉传受使人第一次实现了真正意义上的“在场”甚至“遥在”，这是传播形态演进的原始起点，也是媒介形态演进的终极目标。

（7）融媒体形态符合媒介“人性化趋势”，但人性化带来了人的“去社会化”。数字新媒体使人“重归部落化”并不意味着人的自由和解放。相反，人正在进入一个脱离物理社会而成为新兴媒介（以及融媒体）控制的“奴隶”的时代。究竟是人依附于技术而成其为人，还是技术依赖于人而成其为技术，这是很难解码的疑问。也就是说，人的媒介化和技术化过程使其丧失了作为“社会人”的功能。

融媒体传播中介质的“开放性”引发了媒介内容生产的融合，形成“嵌入与交融”态势[①]，由此带来系统边际的不断外延。媒介提供给用户的不再是单一的媒介介质，而是带有不同符号标记的媒介场景的入口。不同媒介提供不同的场景入

① 栾轶玫. 2014. 融媒体传播. 北京：中国金融出版社，第 40 页.

口。场景是一致的，符号建构更加丰富多彩。用户从不同入口进入场景，沉浸传播，智慧生存。

总之，融媒体传播是全新的革命性的传播方式。随着媒介形态的不断丰富和扩张，它不再因循既有的媒介形态演进规则，即媒介之间的线性的共进共存，而是在传播技术的影响和作用下，以新兴媒介技术为支撑，形成一种以系统为视角的全体媒介参与的融合作用。这种融合既是生态位的整合互动，同时也是媒介种群外溢形成更为广泛的社会影响的传播状态。借助大数据技术和云计算支撑的泛在网络和虚拟现实等技术、媒介种群之间的边界，以及存在于社会系统中的媒介系统的边际都呈现出软化乃至于消失的状态。从这个意义上说，融媒体不仅是狭义的媒介种群之间的关系作用，更是媒介种群与其他社会种群之间形成更为广泛的作用的过程。融媒体传播中的人，在全觉传受活动中与媒介互相转换，形成了人与媒介之间相互嵌套的“融合”“沉浸”传播，人就此被赋予了数字新媒体的种种特征，而人又不可避免地弱化了自己的物理社会特征，形成了不断技术化又不断“去社会化”的双重语境。

融媒体传播的目标不仅是媒介之间的关系作用，也是人与人之间的关系重构，以及人与媒介之间的互相转换。因此透过融媒体我们看到的，不仅仅是场景无处不在、媒介无限人性化的延伸发展，也必然包含人类在融媒体发展、演进中所不得不付出的一些代价。

本研究对于融媒体的定义在理论上有了新的突破，即将系统研究的视角引入研究，强化媒介关系作用是融媒体传播的动力之源。对于关系作用的研究，从作用形式来看，是从既往的媒介线性关系传播、非线性关系传播到如今的系统关系传播；从作用对象来看，是从初期的人-媒介关系，发展到现在的人-媒介关系、媒介-媒介关系、人-人关系。人-媒介关系推动的是沉浸传播，媒介-媒介关系推动的是狭义的融媒体传播，人-人关系推动的是泛化结构。

本研究对感官的模仿偏向理论加以演进，提出了全觉传受概念。在以往研究范式中，感官的模仿偏向是印刷媒介、声音媒介和视频媒介产生的主要原因。全觉传受强调在既有的媒介环境中，在技术赋能的影响下，人与媒介之间的交互关系是全觉化的，这也使人突破媒介边际，融入媒介环境中，成为全觉传播中的“沉浸人”[①]。

融媒体定义的理论价值还在于提出了媒介社会的未来影响。从技术影响看，融媒体形态演进将呈现高度的聚合化发展倾向。一切移动媒介的下一步发展方向就是新新媒介设备会越来越小型、轻巧。对此，R. 巴克敏斯特·富勒（R. Buckminster Fuller）的“迪马克喜翁原理”（Dymaxion Principle）认为，新技术设备越来越小

① 李沁. 2013. 沉浸传播：第三媒介时代的传播范式. 北京：清华大学出版社，第 128 页.

巧、强大——材料越来越少，功能越来越强。21 世纪的移动媒介已经完美地证明了这条原理[①]。从融媒体的社会影响看，媒介技术推动了媒介的人性化趋势发展，媒介的人性化实现了融媒体关系中的沉浸传播，与此同时，沉浸传播将会带来自然人的“去社会化”生存，也就是人际关系的泛化，这是媒介发展对于未来的相关影响。

2.3 融媒体传播特征

应该说，一切形态的媒介都处在一个不断演进的历史关系系统中，其历史性决定了新兴媒介出现的必然，其共在性决定了新兴媒介形态的丰富多彩和叠加演进。传统媒介可以看作是“‘按约定时间运行的媒介’（media by appointment）”[②]，而新兴数字媒介则摆脱了这一束缚，具有了鲜明的赋权特征。媒介形态的演进从线性关系发展为今天的非线性叠加关系，其显著的边际开放也促使系统本身变得日趋活跃。而时代性技术影响下的新兴媒介，除了具备媒介形态演进的一般性特征，还潜存着新兴媒介所独有的传播特征。

融媒体传播要强调的是多元素，包括文字、图片、音频、视频等的共意动员与传播。信息产品来自两个目标源，即传统媒介信息和民间信源，这两个信息源之间形成的交互关系为媒介融合提供内容资源。在渠道开拓上，融媒体不仅仅局限于先前的单介质，而是使同一信息客体以不同符号形式（文字、图片、音频和视频）编码后进行“跨介质”（广播、电视、印刷媒介、网络平台等）传播外，还将继续“跨平台”传播（有线平台、无线平台、卫星平台等）[③]。融媒体还强调场景式传播。通过手机、可穿戴设备等移动终端，形成不设时空约束的场景入口，场景入口化提高了传播效率。与此同时，场景的设置是以不同符号的立体式呈现加以建构的。场景出现后，融媒体传播改变了以往单一媒介内容定位传播的模式，使不同媒介介质之间可以随时随地切换、交互。最重要的是，融媒体的场景不仅仅是媒介传播场景，也是用户信息生产传播的重要平台。用户通过信息生产（在相关事件的物理环境中采集信息，包括拍照、摄像等）和传播与场景之间建立起稳定关系，一方面改变场景的时域空域，另一方面将虚拟场景的入口不断链接、传播。形成场景不断溢出物理环境，跨越媒介介质和平台的传播态势，由此构成了互联互通的网状扩张。

---

① 保罗·莱文森. 2011. 新新媒介. 何道宽译. 上海：复旦大学出版社，第 192 页.

② 保罗·莱文森. 2011. 新新媒介. 何道宽译. 上海：复旦大学出版社，第 3 页.

③ 栾轶玫. 2014. 融媒体传播. 北京：中国金融出版社，第 34 页.

除了多元融合和场景建构之外，在媒介融合语境下，融媒体形态传播中最突出的特征还是赋能技术对融媒体形态的影响、互联互通造成网络节点化的扩张以及融媒体传播带动全觉传受等几个方面。

2.3.1 赋能技术影响融媒体传播形态

融媒体形态传播的规律，实质就是传受技术的演变规律①。技术是促进媒介融合的原动力，赋能技术则是以新兴媒介为主导的融媒体形态所独有的使其得以生存的要素②。赋能技术是融媒体形态特有的必然变量，因此时代性技术对融媒体形态产生的决定性影响，明显高于前在的媒介形态。洛根将赋能技术阐述为 12 种③，这 12 种技术在拆分与组合后融合为不同的融媒体形态。实际上，洛根所划分的赋能技术从本质上来看都是时代性技术，是与历史性技术相呼应的存在。在技术的历时性发展阶段，每一种特定的媒介形态，总是以技术升级的方式呈现线性自我演进的特征，如电视从最初的黑白显影到彩色显影，再到各种高清电视，这一升级过程持续了近百年，其核心文化价值是稳定的，其基于视觉与声觉同步周期性的传播方式成为媒介形态认知的重要符号依据④。

与传统媒介的历时性技术不同，共在性技术成为融媒体技术的主要特征。这种共在性技术即是上文所提到的赋能技术，其碎片化的存在成为融媒体形态的演进变量，在既往“积势”所形成的强大的技术平台上，这些时代性技术拥有了强大的吸附能力，吸附对象既包括新兴媒介，也包括传统媒介，进而延伸到其他传统行业的非媒介。赋能技术的产业化持续发展，会形成以新兴媒介为主导的“互联网+”产业新格局，由此催生出丰富多彩的融媒体形态。如近年来兴起的支付宝、微信、美团等模块，作为媒介形态的聚合部分，每一种形态都显现出与众不同的技术价值。

与传统媒介形态的线性演进相比，融媒体形态呈现出高度的非线性演进与存在特点。这种非线性演进缘于多种时代性技术的交叉作用，即技术丛⑤的作用。如果说每一种独立赋能技术可以看作是一个变量，那么由技术丛排列组合作用的结果则千变万化，这正是融媒体形态演进的决定性构成要素。当然，赋能技术决定媒介形态，并不意味着所有的时代性技术都能够发挥立竿见影的作用，此外技术

---

① 杨保军. 2015. 再论“新闻规律”. 新闻大学，(6)：1-10.

② 罗杰·菲德勒. 2000. 媒介形态变化：认识新媒介. 明安香译. 北京：华夏出版社，第 7 页.

③ 洛根归纳的主要的赋能技术包括 12 种：①电子技术；②鼠标与图形用户界面；③触觉技术与嗅觉技术；④超链接、超文本与超媒介；⑤调制解调器与非对称式数字用户线路；⑥光纤；⑦通信卫星；⑧无线保真、蓝牙与火线；⑨开放源码技术与维基；⑩维基与维基百科；⑪普适计算；⑫简易信息聚合。

④ 杨保军，张成良. 2016. 论新兴媒介形态演进规律. 编辑之友，(8)：8.

⑤ 技术丛是指共同作用于媒介的多个技术集束，是融媒体所特有的融合状态的技术指称。

近视[①]以及技术存在的固有问题也不容忽视，而“积势”既可能成为融媒体演进的动力，反过来也可能成为融媒体传播与扩散的阻力，能够改变媒介“积势”的则是更加符合时代发展的不断进步的赋能技术[②]。

如果说赋能技术及其所累加的“积势”是时代发展物理性的物质基础，那么由技术影响所形成的观念则是时代发展的化学性的催化动力，要推动融媒体传播形态的演进，仅仅依靠单一的物质要素或观念要素恐怕不能实现，共同作用则是融媒体传播的重要保障。事实上，每一种物质的、观念的或社会经济的技术工具都会衍生出新的方式去组织信息，结果，每一种工具都需要新的认知技能[③]。布莱恩·温斯顿（Brian Winston）也倾向于认为，技术并不是决定新媒体技术发展的唯一引擎，推动新媒体技术发展的加速器是相互交织的各种社会需要，这种需要位于社会与技术之间的界面[④]。上述对技术、技术的认知以及社会环境需要的相互作用的论述，共同影响着融媒体传播过程，这完全有别于技术决定论的线性因果关系作用。从系统论视角方能更完整、更清晰地解读赋能技术的影响。

系统学中的熵理论或许为我们提供了一个很好的解释赋能技术的视角。

熵理论是复杂系统理论的一个重要方法，将熵理论引用到社会研究中，可以更深、更全面地分析和评价媒介传播系统在社会系统中的作用和意义。以统计物理学的观点看，熵是系统中微观粒子无规则运动的混乱程度的量度。熵理论中，熵增加原理的社会意义在于，孤立系统中发生的不可逆过程总是朝着混乱度增加的方向进行的[⑤]。熵值增加，系统进入热寂状态，导致系统崩溃。摆脱这一结果的唯一办法就是从环境中不断地汲取负熵，以抵消熵的增加，从而使系统维持在一个稳定的低熵水平。负熵不是简单的取负号之熵，而是对系统有序性的度量，负熵增加意味着事物朝着有序方向发展，是进化的标志[⑥]。丹尼尔·卡茨（Daniel Katz）、罗伯特·卡恩（Robert Kahn）和詹姆斯·汤普森（James Thompson）在 20 世纪 60 年代提出的“开放系统理论”中认为，系统具有负熵和多样性属性[⑦]。多样性（variety）指系统的内在运作必须和所处的环境一样复杂多元，只有对多样性进行

---

① Saffo 在 1992 年的文章中认为，新发明或新发现在大量新闻宣传以后，其最初的激情冲动会被失望所取代，进而用怀疑态度来对待其未来的成长，Saffo 把这种现象称为技术近视。

② 杨保军，张成良. 2016. 论新兴媒介形态演进规律. 编辑之友，(8)：8.

③ 罗伯特·洛根. 2012. 理解新媒介——延伸麦克卢汉. 何道宽译. 上海：复旦大学出版社，第 74 页.

④ Winston, B. 1990. How are media born and developed? In J. Downing (Ed.), *Questioning the Media: A Critical Introduction* (pp. 54-74). Thousand Oaks: Sage Publications.

⑤ 汪志诚. 1993. 热力学统计物理. 北京：高等教育出版社，第 59 页.

⑥ 李彩良. 2009. 基于熵理论的和谐社会评价与优化研究. 天津：天津大学博士学位论文.

⑦ 凯瑟琳·米勒. 2000. 组织传播. 袁军，石丹译. 北京：华夏出版社，第 41 页.

内部控制，系统才能应对环境带来的多样性的挑战①。

如果把融媒体传播看作是边际开放的系统，那么不断产生的赋能技术作为动力实质上为系统注入了“负熵”，使系统始终处在一个低熵水平的环境中。与传统媒介相比，融媒体传播最大的优势是赋能技术的不断升级注入，使融媒体环境始终处在充满创新活力的生态环境之中。多样性属性在于强调技术、技术的认知以及社会环境的综合作用等。多样性属性使融媒体系统内组织关系从既往媒介之间的线性、非线性关系跃升到了系统性关系的一个新的高度和起点。

2.3.2　融媒体传播造成网状节点化存在

当信息无处不在，充盈整个社会时空时，使用一种媒介所产生的社会影响，远远超过了具体媒介内容所产生的价值和影响，由传统媒介、新兴媒介融合所形成的融媒体形态更会萌生，并对人的社会生产、生活产生超乎寻常的积极影响。在时代性技术推动下，以新兴媒介为主导的融媒体传播呈现出网状的节点化扩张性存在。融媒体传播具有动态的共在性，这种共在性不是封闭的，而是边际开放的，媒介之间互联互通，形成一个巨大的不断扩张外溢的网状结构，每一种融媒体形态模块作为其中的一个节点而存在。媒介形态的互联互通实质上是一个整体融合的过程，这种融合表现为一种共在性的交互关系，没有哪一种媒介模块能特立于时代性技术环境，也没有哪一种媒介模块能独立对社会产生深刻影响。

如果孤立地从单一的融媒体节点来看，这些节点无疑可以作为媒介关系、社会关系的主体，它处在信息吸纳与释放的中心位置，然而从融媒体传播系统的整体视角来看，这种融媒体节点只不过是众多节点之中的一个，也是万千信息传播中心中的一个。对此，埃德蒙·卡彭特（Edmund Carpenter）、麦克卢汉、莱文森均提出过类似“处处皆中心，无处是边缘”的言论②。当然，这种言论在融媒体传播中所具有的语境与传统的广播、电视媒介显著不同，广播、电视强调的是复制相同信息的媒介内容无处不在，融媒体强调的则是媒介形态的发展与延异，而且“处处皆中心”状态本身就是动态不居的，按照德里达的理论，一种新兴媒介是延异中的另一种新兴媒介，一种新兴媒介是另一种新兴媒介的延异③。正是因为以新兴媒介为主导的融媒体传播的节点化动态扩张，融媒体系统的边际得以无限开放，

① 赵利，胡森林. 2006. 开放系统、负熵与界限沟通者——组织传播视野中的中海油竞购优尼科事件. 国际新闻界，(9)：36.

② 保罗·莱文森. 2014. 数字麦克卢汉：信息化新千纪指南(第 2 版). 何道宽译. 北京：北京师范大学出版社，第 172 页.

③ Dalton, C. 1985. An essay in the deconstruction of contract doctrine. *Yale Law Journal*, 94(5): 997-1114.

最终形成了“无处是边缘”的媒介奇观。作为“动态节点”的融媒体形态，其自身具有多重价值属性，而这种融媒体形态也开始呈现泛化的趋势，因为非媒介的媒介化（需要赋能技术的参与）突破了媒介内容叙事主体的存在，媒介形态由此开始了强势的扩张。媒介系统的边际趋向于消失，媒介也不再仅仅是作为信息内容生产的组织者而存在。

相比于独白式的大众传播，美国学者桑德拉·鲍尔-洛基奇（Sanddra Ball-Rokeach）等提出了“电子对话”（telelog），据此有学者提出新媒体本质上是一种“关系传播”，并明确提出了“新媒体即关系”的观点①。“新媒体即关系”强调媒介-媒介、媒介-人、人-人通过新媒体渠道的关系作用，其价值甚至超越了技术和信息本身，成为学者关注的焦点。前文的论述中提到，有关传播学的研究经历了从内容到形态、从形态到关系这样一个层次的研究升级。因此关注“关系”研究本身，是融媒体传播研究的重要视角。关于新兴媒介关系的价值，“梅特卡夫定律”（Metcalf's Law）认为，网络的价值等于网络节点数的平方。换句话说，网络价值不在于技术价值，而在于节点与节点之间的关系价值。新媒体的传播效果，不是来自信息，也不是来自技术，而是来自携带着信息、知识、技术的关系网络②。

事实上，融媒体传播语境下媒介的连接是强关系，而人与人之间的连接则表现为一种弱关系。弱关系理论是斯坦福大学教授马克·格兰诺维特（Mark Granovetter）提出的。他在调研活动中找到 282 人，然后从中随机选取 100 人做面对面的访问，发现 100 人中有 54 人是通过个人关系找到工作的。在依靠个人关系找到工作的人中，只有 16.7%经常能见到他们的这个“关系人”，也就是每周至少见两次面；而 55.5%的人用到的“关系人”仅仅偶然能见到，意为每周联系不到两次，但每年至少能见一次；另有 27.8%的人则一年也见不到一次“关系人”。也就是说大多数你真正用到的“关系人”，是那些并不经常见面的人。格兰诺维特据此认为，弱关系的使用在求职过程中比强关系更具优势，因为弱关系的社会关系网络更广泛，跨越不同社会团体和阶层，更有可能接触到关键性的求职信息，更能谋求到上层决策人士的协助，从而有助于求职的成功②。在《弱关系的力量》一文中，格兰诺维特提出了一个解释群体间信息传播效率的命题，即弱关系有利于以最经济的方式来传播信息，形成了“弱关系力量假设”③。

人与媒介之间的关系实际上也呈现出弱关系作用特征。作为网状节点的每一种融媒体形态又成为个体用户参与融媒体传播活动的虚拟场景。场景成为信息流、

① 陈先红. 2006. 论新媒介即关系. 现代传播，(3)：54-56.

② 马克·格兰诺维特. 2008. 找工作——关系人与职业生涯的研究. 张文宏译. 上海：格致出版社，上海人民出版社，第 34 页.

③ 马克·格兰诺维特. 1998. 弱关系的力量. 张文宏译. 国外社会学，(2)：40.

服务流和关系流的新入口①。这种场景入口具有不稳定性，在不同情境下容易产生随机的位移，由这种场景组织的关系也呈现出弱关系特征。因为人与媒介的弱关系作用，也使得人作为媒介，以及其他非媒介技术赋能后的媒介形态通过移动终端共在性地汇入其中，成为互联互通的网状节点，参与场景的信息关系互动。

2.3.3　融媒体传播带动全觉传受

任何媒介形态都不能离开与人的作用关系而存在，媒介技术在为人所驾驭的同时，也深刻影响着人的意识形态。莱文森根据达尔文进化论的方式演进，提出“人创造媒介，而且选择媒介”的观点。作为技术存在，媒介显然是人向自然的延伸，因此媒介形态的发展归根到底是媒介向着“人性化趋势”的抵近。人通过时代性赋能技术建构媒介形态，使人生活在一个拟态的社会环境中，媒介的拟人化延伸了人的感知器官，使媒介形态全觉传受成为可能。

全觉传受是在特定自然场景内完成的人的信息感知过程。传播活动的发展开始于自然状态下的人际传播，而人际传播过程中往往会伴随着全觉传受过程的关系作用。随着符号传播的发展，从口语传播到书写传播，到电子媒介传播，再到网络交互传播，我们身处于从声觉空间到视觉空间，再到视觉与声觉空间一体化的环境中。这一环境往往是拟态的呈现与媒介再造，融媒体形态无疑为这种呈现提供了可能。在以“人工智能”为主要特征的 Web3.0 时代，融媒体传播不再仅限于单一感官的抽象感知与呈现，而是通过传感器把物理世界数字化，进而通过虚拟现实、增强现实等技术手段，拓展受众在现实世界中的“感知阈”②，完成信息的全觉传受。事实上，虚拟现实和增强现实技术是人的“感知阈”的延伸，是在现有的机器-人、人-人交互关系基础上形成的“人+虚拟+现实环境”多维关系共同作用的复杂全觉感知过程③。

与传统媒介声觉、视觉趋向统一的发展趋势相比，融媒体形态建造的虚拟现实和增强现实空间则强调声觉、视觉、嗅觉和触觉全觉传受的统一建构。对于触觉，我们最熟悉的莫过于手机触摸屏的使用，对此麻省理工学院媒介实验室的可触媒介研究小组的目的是凭借可触摸的物体和放大的界面，将物体、界面和空间当作数字信息的互动，使之成为可以触摸到的体现，借以利用人的触觉和动觉③。与触觉同步发展的嗅觉体验作为虚拟现实技术的有机组成也正在融入融媒体形态，“数字嗅觉”公司将各种气味利用赋能技术融入电子游戏、网络广告、音乐

① 彭兰，杨影. 2015. 场景：移动时代媒体的新要素. 新闻记者，(3)：20-27.

② 史安斌，张耀钟. 2016. 虚拟/增强现实技术的兴起与传统新闻业的转向. 新闻记者，(1)：34-41.

③ 杨保军，张成良. 2016. 论新兴媒介形态演进规律. 编辑之友，(8)：9.

和电影等场景，形成了全觉传受的特有奇观。

传感器作为全觉传受的感知触角，应该说是媒介形态在功能上回归类自然的媒介模块组分，由传感器传受建构的空间不再是现实的简单重现，而是通过赋能技术创设一种超乎自然的“沉浸+参与”的“拟像”结构，这种看似回归类自然的技术塑造实质上是“反自然性”的存在，其反自然性的突出表现（或最典型的表现），就是人类可以发明创造出自然界并未自然存在的事物。离自然越远的发明创造，越是能够更为强烈地表明人类的反自然性。因此，人类看似回归自然的技术之旅，注定要走入一条远离自然甚至于反自然性的不归路①。

从符号学的视角看，全觉传受的实质是一个传播历时性过程中传播符号由简而繁，再进一步化简的逆转性发展趋势。相比于模拟传播时代的手势、体态语和面部表情，口语传播要复杂得多；而相对于口语传播，书写传播与稍后的印刷传播所承载的符号系统更趋复杂。与自然技能相比，人类掌握的技术显然带有垄断的意味：媒介最初的发展向度是朝着复杂符号使用方向，谁掌握了复杂符号系统，谁就拥有了社会话语权。因此在早期的书写印刷传播时代，社会话语权就掌握在能够支配文字符号的少数社会精英手中。大众传播可以看作是一次重要的话语权释放，然而在媒介承载符号系统没有做出调整的前提下，大众传播也只是扩大了信息传播的面向，无关话语关系调整。

在符号和技术交叠共生的融媒体生态系统中，融媒体形态随着二者的互动及结构关系的演化而演进。寓于媒介的语言符号系统日益复杂，其所产生的影响从符号本身向着社会生活的诸多方面推进，媒介承载的符号（不仅仅是语言）开始向着全能化和立体化的方向演进，承载全觉传播符号的媒介开始泛化。融媒体传播是以赋能技术为动力的符号系统的全能升级，融媒体传播环境下的符号系统正日益变得丰富而立体，媒介与人的接触界面也演进得更加富于人性。融媒体形态所承载的符号不再成为标榜权力的筹码，任何社会个体均可以通过接触界面参与融媒体的传播互动。

媒介技术决定了融媒体形态的发展方向，媒介符号则决定着媒介思维的深刻程度。在对媒介的符号域加以分析时，罗伯特·洛根认为符号域是心灵和媒介域的总和②。媒介承载符号的全能化和立体化，实质上就是符号域的全能化和立体化，进而是心灵到媒介域的全能化和立体化③。心灵域是抽象符号的组合，媒介域则是由心灵域指引的一切形式的物质表达，是抽象思维的产物。融媒体传播的符号域是数以千万计的语言、文化、观念的思维碰撞与组合，由此产生丰富而立体的符

① 杨保军，张成良. 2016. 论新兴媒介形态演进规律. 编辑之友，(8)：9.

② 罗伯特·洛根. 2012. 理解新媒介——延伸麦克卢汉. 何道宽译. 上海：复旦大学出版社，第80页.

③ 杨保军，张成良. 2016. 论新兴媒介形态演进规律. 编辑之友，(8)：10.

号展示。融媒体空间属于媒介域的组成部分，其既不完全是心灵的，也不完全从属于物质，而是立体符号在融媒体形态上的具体呈现，如此一来，赋有不同功能的融媒体形态逐渐开始生成。例如，互联网与百度之类的搜索引擎的结合是媒介与地图的创新，互联网与金融业之类的结合是媒介与财经的创新……

融媒体的全觉传受，既包含了全觉技术的绵延保障，也包含了全觉符号系统的不断升级。因此融媒体传播不仅意味着人与媒介关系的重构，还意味着传播符号系统的全面升级。生活在全觉传受系统中的人们，随时随地感受到全觉符号的影响作用，使用融媒体进行传播和创造的过程，就成为人们融媒体生活的一种全景式的体现：人沉浸在自我设定的狭小但又无所不至的空间内，参与或建构不同形态的场景，从物理空间与虚拟空间的交互使用，逐渐向拟态空间迁徙，最终建构出融媒体式生存状态。

融媒体传播所建构的非线性时空关系，逐渐延展到整体的社会生态环境中。其中全觉传受思维下的空间的重构，是对现实的空间的不断补充和延伸，也就是说把人作为媒介的存在融入其中，形成了包含物理空间、精神空间和智能空间的“三大空间”①。这三大空间与时间共同建构起呈现融媒体形态和内容的场景，使人能够不断穿梭其中。融媒体形态的边际也在这种作用过程中变得渐渐模糊不清，直到最后形成了一种“无边缘”状态。这种无边缘状态既包括融媒体形态内部媒介之间的边际打通与融合，同时也包含着融媒体系统与外部社会环境之间的界限的趋于漫灭。边际的开放，为融媒体开创了一个更为广阔的泛在空间，也使得系统保持在一个低熵的生态环境之中。

① 李沁. 2013. 沉浸传播：第三媒介时代的传播范式. 北京：清华大学出版社，第49页.

第3章 融媒体系统演化的动因

对媒介系统的研究，人们往往受限于经验论与本体论的范围。不论是对媒介内容的研究还是由内容而对媒介形态本身的研究，研究的外延在不断扩大，要素由信息本体向承载信息本体的媒介外溢，由此形成了一个脱离于媒介内容本身的，能够影响媒介内容生产、传播与收受的宏观视角的本体系统研究。当然，虽然对于传播活动中认知主体与客体的确定也存在一定的位移，但是对媒介本体论的关照是不可能离开认知论的。例如传播活动中的主体问题，传播学早期的“魔弹论”或“机械的刺激-反应论”，都在强调“受众主体性”的局限性。即便新兴媒介环境改变了受众的主体性特征，但这种“受众”范式显然没有突破具有主观能动性的参与者的主动认知地位。

数字新兴媒介的迅速崛起，改变了既有的大众媒体线性传播范式，带有交互特征的非线性传播成为媒介系统中新的动力结构，使得媒介生态向着复杂化趋势演化。非线性传播活动的出现，不仅仅意味着传播活动的复杂化，也意味着一种新的复杂系统传播由此开始形成。复杂系统作为所有复杂事物的一个总名称，以及作为物质的多样性统一而具体的基本形式，首先要明确其概念中的客体属性：复杂性。复杂性作为客观事物的一种属性，是客观事物层次之间的一种跨越，客观性也是不能够用传统科学学科理论直接还原的一种相互关系①。复杂性实质被定义为跨越层次的相互关系，因为跨越层次发生相互关系，复杂性事物必然会产生关系作用。这表明对于复杂系统而言，我们要厘清的不是简单的系统中的各个要素，而是各个要素借由彼此之间的作用形成的非线性关系。

媒介形态从报纸到广播，到电视，再到数字新兴媒介，这种共存共进的演进是一个不断丰富的媒介形态，使之形成一个不断复杂化的系统的过程。在这一过

① 颜泽贤. 1993. 复杂系统演化论. 北京：人民出版社，第50-51页.

程中，第一种前在媒介并未被新兴媒介所替代，而是与新兴媒介形成一种新的生态关系共存于同一个媒介系统中。媒介系统从线性关系演进到非线性关系（不仅仅是传播者和受传者之间的作用体现为非线性的关系，媒介形态之间也存在这种非线性关系）。媒介形态之间形成了需要跨越层次发生相互关系的媒介融合活动，媒介系统具有了突出的复杂性特征。因此考察媒介系统，应该从媒介之间的相互关系角度出发，将媒介系统作为复杂系统加以分析与研究。

对于媒介本体的研究，前文提到的本体论与认知论，已经无法深刻认知全部媒介系统生态。因此，从媒介内容到媒介形态研究，转入复杂系统的研究时，以关系研究为特征的新的研究态势由此出现。研究复杂系统的本身，就是研究存在于系统内部各要素之间的相互作用关系，这是目前媒介研究的最根本思路，也是融媒体环境下媒介研究的必由之路。

研究融媒体传播的动力结构，就要从关系研究入手，而研究关系作用，则必须对复杂系统的相关理论加以解析。

3.1　复杂系统下的媒介融合

媒介融合包含了从所有权、组织结构到信息采集、信息表达等各个层面的系统性的融合[①]。事实上，媒介融合是远超单一要素的多层次的关系作用。融媒体也并不意味着不同媒介的简单组合，而是一个无限倍增的媒介系统的整体。系统论认为，系统总体功能不等于各个孤立的部分功能之和，而是呈现出各个组成要素所不断延展的新的功能[②]。因此，融媒体的总体功能必然远远大于各媒介功能的总和，且这种功能随着融合的深入会不断延展出新的功能。

媒介融合关键要素不在于媒介形态本身的逻辑特征，而在于媒介之间，特别是传统媒介与网络媒介之间发生的关系作用。这种关系使媒介边际不断融解，媒介传播符号高度复合，场景入口化替代了传统介质且变得无处不在。媒介融合也推动了非媒介的媒介化，从而形成了媒介要素不断增加、层次不断升级、关系数众多且反馈回路复杂的复杂媒介系统。媒介要素是新兴媒介技术赋能后不断涌现的泛媒体形态；层次则指不同历史演进形态的媒介的代际层次；关系数则既包括媒介种群内的关系，也包括媒介种群之间的媒介的所有关系。这种媒介系统内的关系彼此交互，在打破种群边际后，每一种媒介都可能作为其他媒介的内容和符号而存在。在融媒体关系中，根本就没有独立媒介存在。而且，当媒介种群之间

① 张梓轩，韩雪莹. 2016. 媒介融合时代交互式符号的构成系统：基于 2013—2015 年荷赛奖交互式纪录片的研究. 新闻春秋，(1)：78.

② 牛冲槐，樊燕萍，张敏. 2006. 人才聚集效应系统研究. 系统科学学报，14(2)：99.

的界限被打破后，媒介作为介质的价值被不断消解，其作为内容和符号的意义得以提升，这些内容与符号呈现在不同场景中，媒介本身成为进入场景的入口。这如同一出精心排演的沉浸式舞台剧，人们欣赏的并不是现实中的单一个体，而是符号化的无数个体发生作用关系的综合结果。这其中，欣赏者也可以走上舞台，成为瞬间离开现实生活融入沉浸式舞台剧中的一个符号。

3.1.1 复杂系统理论

系统一词来源于希腊语 systema，原意是由部分组成的整体、集合。现在“系统”一词由英语 system 翻译而来，是指由若干相互联系、相互作用的要素所组成的、具有一定结构和功能的有机整体①。

就系统而言，有简单与复杂之分。对复杂系统演化论中有关复杂系统的表述，我们可以通过图 3-1 加以揭示。

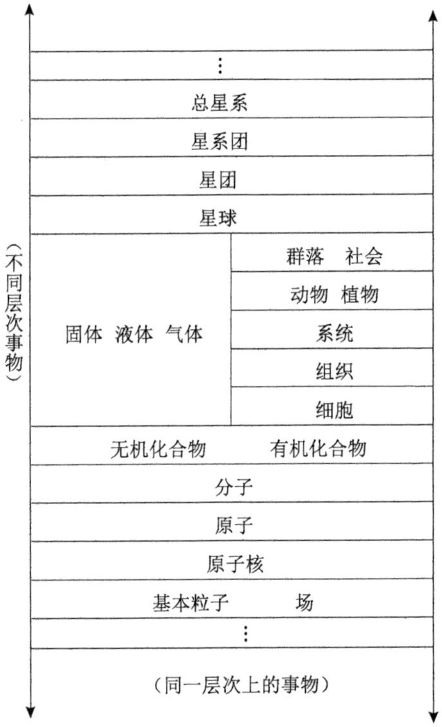

图 3-1 物质世界多样性统一的现实展现②

① 朱志凯. 1995. 逻辑与方法. 北京：人民出版社，第 367 页.

② 颜泽贤. 1993. 复杂系统演化论. 北京：人民出版社，第 41 页.

图 3-1 中概括了物理形态从宏观到介观再到微观的一切事物。它揭示出物质具有多样性或多质性的特定含义：横向上同行的各种事物具有同一层级性；不同行表现出层级之间的差异性存在。

从多样性统一的视角来看，不难看出同一层级之间的事物作用相对简单，不同层级的事物之间则很难形成关联，具体作用情况表现为：同一层级事物的统一是简单的统一，不同层次的事物的统一则是复杂的统一。

由上述论述可知，简单系统就是只具有同层次统一关系的物质的多样性统一的具体化形式所构成的系统，复杂系统则是具有不同层次统一关系的物质的多样性统一的具体化形式所构成的系统[①]。

学者于海飞根据中外科学家的研究，将复杂系统表述为以下几个方面[②]。

（1）系统中各组成元素之间的联系广泛而紧密，构成一个由无数要素组成节点的网络。这种带有空间特征的网络的节点之间不断发生着各种非线性的交互作用，而且也表明了复杂系统普遍联系所构成的整体特性。

（2）系统具有多层次性，且功能多样。不同层次之间存在着一定程度的包括和叠加的关系，层次的不断延展构成了系统层次的多样性，同时也延伸了不同层次的功能性存在。

（3）系统自身具有一定的开放性，且复杂程度越高，开放程度越大。系统本身具有的开放性使其置身于一个能够彼此作用的外部环境之中，形成了环境与系统统一协调的关系。

（4）系统处在一种动态的、不断演化的状态中。事实上，任何系统都不可能处在一个绝对的平衡态，要么是趋近于平衡态，要么是远离平衡态。就系统状态而言，主要存在着三种状态：平衡态、近平衡态、非平衡态。这三种状态本身不是静态的，而是动态不居的，时刻都在发生状态之间的动态演化。

（5）系统中的确定性与非确定性同时并存。由于世界的复杂性和随机过程的速度与加速度所引起的所有不确定性的存在，无论是人类精神、超强电脑，还是任何拉普拉斯妖[③]，都不能把握[④]。复杂系统中的确定性与非确定性并行存在，其主要源于系统内部各要素之间的交互作用。确定性作用强调系统内的约束性和组织性，而不确定性则容易诱发系统的突变。

---

① 颜泽贤. 1993. 复杂系统演化论. 北京：人民出版社，第 42 页.

② 于海飞. 2013. 新型量子逻辑：确定性逻辑的超越. 北京：中国社会科学出版社，第 123-124 页.

③ 拉普拉斯妖（Démon de Laplace）是由法国数学家皮埃尔-西蒙·拉普拉斯于 1814 年提出的一种科学假设。该假设认为，拉普拉斯妖知道宇宙中每个原子确切的位置和动量，能够使用牛顿定律来展现宇宙事件的整个过程、过去以及未来。

④ 埃德加·莫兰. 1999. 迷失的范式：人性研究. 陈一壮译. 北京：北京大学出版社，第 63 页.

（6）系统里的有序性和无序性同时并存。有序性和无序性在客观世界中是普遍存在的，二者之间的关系是辩证存在着的。有序性和无序性可以看作是客观事物存在方式的两个侧面，二者共存于一个整体之中，相互对立又相互依存①。系统里的有序性和无序性也正是促成系统演化的动力系统，使系统要么走向无序，要么走向组织。

（7）系统中精确性与模糊性同时并存。精确性和模糊性是描述复杂系统具有双重属性的重要思维。模糊性是现实生活的实际表现，精确性只是我们透过模糊性之窗所能窥见的复杂社会的偶然呈现。

通过上述有关复杂性的表述可以看出，复杂性具有如下四个基本特征：突变性、非线性、编码性和组织性。

（1）突变性是复杂系统演化最重要的原因，突变不断增加系统内部的复杂性，在耗散结构的形成过程中，当系统内部的复杂性到达一个临界状态，系统会面临着消解或跃迁到另一种形式的可能：系统输入一个敏感的初值，一个微涨落就会变成巨涨落，使系统结构发生质的变化②。

（2）非线性是复杂系统的主要特性。贝塔朗菲把非线性视为系统的本质；普利高津把非线性作用作为耗散结构形成的必要条件；哈肯则认为，非线性关系制约着自组织协同作用的模式③。非线性关系不但是复杂系统发生的前提条件，也是复杂系统动态演化，并形成更加复杂的关系乃至于混沌的重要条件。

（3）编码性由生物学遗传密码系统揭示出来，强调复杂性在自身演化过程中实际上进行着一种类似生物的编码工作。编码性突出了复杂性涌现与突变的随机性和目标性。事实编码性体现了系统内有序与无序之间辩证关系的基本属性，也是制约初值敏感性带来的系统突变的重要对应特征。

（4）组织性是用以维护系统层次结构稳定的行为特征。事物的组织程度与其物质层次结构的时空状态有关④。物质层次高的事物，往往会是自组织程度高的复杂性事物。任何复杂系统的发展，要么是无序化，要么是自组织性提升。如果编码是对系统要素的目标性作用，那么组织性则是对系统整体演化的抑扬。

突变性、非线性、编码性和组织性分别从四个方面刻画了客观事物跨越层次的相互关系，是事物复杂性的具体表现形式，也代表了复杂性过程的四种机制⑤。

---

① 埃德加·莫兰. 2001. 复杂思想：自觉的科学. 陈一壮译. 北京：北京大学出版社，第164页.

② 赵阳. 1992. 自然界的复杂性与复杂系统. 现代哲学，(1)：48.

③ 转引自申仲英，张强. 1985. 系统中非线性相互作用初探. 哲学研究，(8)：35.

④ 颜泽贤. 1993. 复杂系统演化论. 北京：人民出版社，第56页.

⑤ 颜泽贤. 1993. 复杂系统演化论. 北京：人民出版社，第58页.

3.1.2　复杂社会系统下的媒介系统

对于社会科学研究而言，运用自然科学方法的社会科学研究所关涉的，往往是自然科学研究对象与社会科学研究对象是否具有同质性。社会系统与自然系统的同质性[①]是复杂系统范式得以应用于社会科学领域的逻辑前提[②]。应该说，与传统牛顿哲学观的机械决定论及后来的进化论相比，复杂系统范式打开了认识社会系统本质的“第三扇窗户”[③]。人们通过这些窗户可以更好地观察社会，认知社会系统的复杂性及其演化机理。

根据前文中对于系统的定义，能够形成相互联系、相互作用，且具有一定结构和功能的人类社会必然是一个系统，那就是社会系统。显然，构成社会系统的要素之间具有复杂的层次关系，如构成社会的政治、经济、社会与文化等子系统下面又包含着更为细微复杂的小系统；与此同时，系统事件的发生是不可逆转且不具有时间的平移不变性的，而且并存着的突变性、约束性、编码性和组织性等基本特征共同表明，社会系统就是一个复杂系统。

与一般意义上的复杂系统相比，社会系统除了普适性的特征外，还具有区别于其他复杂系统的自在性特征，表现如下。

（1）社会系统是一个最复杂的系统。社会系统的最复杂性表现在它是由若干复杂子系统组成的，而复杂子系统中又嵌套了若干子系统，各子系统的要素之间发生着开放性的、非线性的相互作用。应该说，即便是复杂子系统，其往往也是由层次结构更为繁多的子系统接续建构而成的。人作为变量要素与各个子系统及其构成要素之间不断发生着非线性的作用关系。事实上，正是人的作用才使得社会系统不断向着更为复杂的方向演化。

（2）社会系统具有历时性且不断发展的特征。社会系统是一个随着人类历史发展不断演化的过程。人类文明的进步与社会系统演化之间存在着一定的相关性，因此，可以确定的是，社会系统的演化是永恒的，其动态性与具体在各个时间点位上的静态性之间形成的是一种统一的关系。对于社会系统的认知，“既要把动态社会系统分解为它的各个静态要素，又要把握这些静态要素与动态整体间的关系，并在思维的具体中把这些静态要素还原为动态整体，以获得对动态社会系统

---

① Malcolm Alexander 认为，宏观自然系统的演化过程包括新层次产生、分化和多样性的出现，以及新聚合而成的更大主体的出现等。笔者考虑到社会性系统基本构成要素（社会主体）的自主性、适应性和自反性，以此揭示微观要素及其环境之间的交互作用，这样一来便可以推动整体有序的宏观社会结构的构建。此外，系统动力学分叉和突变行为也可以解释社会危机和冲突的可能性。由此可以看出，在系统构成的基本属性及宏观系统演化的关系作用方面，复杂社会系统与复杂自然系统具有一定程度的同质性。

② 殷杰，王亚男. 2016. 社会科学中复杂系统范式的适用性问题. 中国社会科学，(3)：67.

③ Jörg, T. 2011. New thinking in complexity for the social sciences and humanities. *Springer Netherlands*, 16 (4): 498-500.

的总体把握”[①]。

（3）社会系统是随机性、动态性最强的开放系统。依据耗散结构理论，社会系统本身就是一个具有耗散结构的巨大的开放性系统。开放的社会系统几乎与周围的一切系统，包括自然生态、宇宙空间等无时无刻不在发生着物质、能量和信息的相互作用。而且，社会系统作为具有耗散结构且随机性和动态性最强的巨大开放系统，不仅与其他开放系统存在着同一性，也就是物理性质、化学性质和生物性质的相互作用，其演进更是以人为活动主体的具有不可调适的社会性过程[②]。

应该说，在对社会复杂系统有了初步认知的基础上，当我们把视线转向媒介系统就会发现，作为传播系统的一个子系统，它存在于传播系统乃至于社会复杂系统之中。媒介作为复杂传播系统的一个构成部分也是一类复杂系统。对此宣宝剑认为，由于媒介系统的子系统种类繁多、有层次结构并且彼此之间的关联关系较为复杂，所以它可以被称为“复杂巨系统”[③]。宣宝剑进一步指出：“……它和周围环境有着信息、物质与能量的交换，如他要听从宣传部门的指导、要反映社会的变化、为受众提供娱乐等等，所以，大众传播媒介组织又是一个‘开放的复杂巨系统’。”[④]虽然，这种论述混淆了媒介组织和媒介之间的不同指称，而且复杂系统本身就具有开放性特征，这种开放性是其作为一个复杂社会系统的子系统的必然要求，我们还是可以认定，媒介系统是一个有着开放性特征的复杂系统。其复杂性表现为系统内部各要素与其他系统的要素形成的非线性的跨越层级的关系作用。

根据媒介系统的分析，我们不难看出，作为社会复杂系统子系统的媒介系统，也呈现出复杂性特征，与其他社会复杂系统子系统相比，具有如下几点特征。

首先，媒介系统演化具有复杂性。早期媒介形态稀少，形成的是线性的简单作用关系，因此媒介系统也并不复杂。随着媒介系统的演化，除了外部环境的力量外，媒介系统内部也出现了不断变迁的力量。在技术创新驱动下，媒介系统内部要素的非线性作用关系开始出现，特别是新兴媒介与越来越多的人直接发生交互作用后，导致了需要的可感知性处于不断变动之中，逐渐远离了曾经的平衡态势，系统内不断创生出创新与变迁力量，使媒介系统产生出突变、分岔、混沌等多样性和不可预知性行为，系统由此变得更为复杂。

其次，媒介系统是最开放的复杂系统。与其他社会系统不同，媒介系统是受到政治环境、经济环境和文化环境等社会因素与技术因素的影响最大的，也是最

---

① 陈章龙，龚廷泰. 1986. 社会系统分析方法初探. 求是学刊，(3)：12.

② 于海飞. 2013. 新型量子逻辑：确定性逻辑的超越. 北京：中国社会科学出版社，第125-126页.

③ 宣宝剑. 2008. 媒介形象系统论. 北京：中国传媒大学博士学位论文.

④ 宣宝剑. 2008. 媒介形象内涵分析. 中国广播电视学刊，(3)：27-28，24.

为开放的。媒介从周围环境中不断吸收能量、获取信息，经过系统内部编码后释放到环境系统中去，使之与外部环境存在着须臾不可分离的开放作用关系。随着新兴媒介的兴起，以新兴赋能技术为动力系统的系统开放使媒介周围环境发生了同质化倾向，表现为“互联网+”作用下非媒介的媒介化，这不但增加了媒介系统的突变性，也使得媒介系统演化变得越来越复杂。

再次，媒介系统非线性作用具有复杂性。非线性意味着无穷的多样性、差异性、可变性、非均匀性、奇异性、创新性[①]。媒介系统中存在着随机的涨落，这些涨落不断地通过各种非线性作用机制形成巨大的涨落，进而推动新兴媒介形态的生成，导致突变的发生[②]。当下传统媒介种群与新兴媒介种群内部各要素的非线性关系作用，增加了媒介系统各要素涨落的随机性，由此带来的突变作用为融媒体形态的演进提供了准备。

最后，媒介系统构成要素的作用具有复杂性。媒介系统与其他社会系统的最大不同在于人的参与性。作为一个开放的系统，媒介系统不仅仅在发生着系统物质、能量与信息的交换，也把人作为媒介内容加以驱使作用。人的复杂性体现在意志、思想、意愿、心理、智慧、价值观等多重能动性对于周围环境的影响上。作为媒介内容的人其非理性是复杂性产生的重要驱动，由此形成媒介系统的要素之间的复杂性关系作用。

3.1.3　媒介系统内部的沟通与开放

媒介融合，从根本上说是不同技术的一种结合，是两种或更多种技术融合后形成新的传播技术。由融合产生的新传播技术和新兴媒介的功能大于原先各部分的总和[②]。以半导体和软件技术为起点，计算机、电信、图文印刷和广播电视几个系统之间出现的交叉、融合趋势，推动传统媒介种群与新兴媒介种群的内部要素发生非线性作用，产生出一个媒介场景化呈现且无处不在的新媒体融合形态。

媒介融合过程实质上是系统的优化过程，其间系统演化的各个方面（生态位之间的关系作用）将重新建构，但这并不意味着一种关系替代的发生。富勒认为，每种媒介都有自身的优势与劣势，它也会将这些强加在所携带的信息上。新媒介通常不会替代旧媒介，它们只是将旧媒介推到它们具有相对优势的领域[③]。媒介融合过程，实质上是媒介系统演化过程。系统中任何要素的非线性作用结果都不是整体意义的消失，而是在要素拆分与聚合动态中的一种功能性的重新赋能。赋能

---

① 苗东升. 2000. 论复杂性. 自然辩证法通讯，(6)：87-92.

② Doranda, D. & Sun, D. C. 2004. The thinking of mediamorphosis's complexity (Paper presented at the 13th Annual Conference of System Engineering Society of China). Beijing, China.

③ 杰克·富勒. 1999. 信息时代的新闻价值观. 展江译. 北京：新华出版社，第 224 页.

结果使得媒介各要素具有了不同于前在价值的新的功用。莱文森针对媒介演进提出的过时的媒介以艺术的形式存在，以及富勒认同的旧媒介被推到相对优势领域，这两种观念都是前述系统内部要素非线性作用的结果。

从媒介系统角度来看，媒介融合是怎样一种活动呢？系统，特别是复杂系统从来不可能是静止不动的，其动态性决定了其时时刻刻处在一种非平衡态，这一过程就是系统的演化。因此，媒介融合过程实质上就是媒介系统内部演化的过程。因此对媒介融合的系统性分析，就是要对媒介系统演化过程加以分析。

颜泽贤确定的系统演化标度判据体系，大致通过下面八个方面对系统演化加以衡量[①]：

（1）系统演化的起点；

（2）系统演化的方向；

（3）系统演化的各个方面或方位；

（4）系统演化的路线；

（5）衡量系统演化的尺度或标度；

（6）评价系统演化的范围；

（7）考察系统演化的范围；

（8）各种判据与各种标度之间的关系。

媒介融合是媒介系统演化的一种方式，尽管演化过程是一个动态过程，我们仍然可以将媒介系统的时间箭头指向一个相对清晰的断面。这个断面处在传统媒介生态面临的刚刚兴起的新兴媒介与传统媒介之间的生态位竞争的开端。

对于媒介融合的方向，可以参考时间箭头来确认媒介融合的特定意义的时间箭头。媒介融合作为社会系统演化的表现形式，其时间箭头的指向具有多能性和高效性。也就是说，时间箭头对媒介融合的影响是多元而高效的，非线性时空关系强化了媒介融合的作用效度，而随着系统突变的出现，媒介融合的阶段性语境将宣告终结，一种更加高端的媒介系统环境开始出现。

在系统演化的路线与标度上，结构、属性和形态作为基本方面，影响着系统演化进程。系统的结构主要是指系统内各要素之间产生的主要关联，也就是说，能够使系统特性及对外功能产生主要作用的要素之间的关系作用。系统演化是动态与渐进的，因此系统内部结构也存在着绝对意义上的动态性与相对意义上的静态性。融媒体的结构性，是媒介生态位作用关系中能够主导媒介融合的媒介之间的关系作用，显然融媒体的结构主要依托于新兴媒介技术的作用。

如果说系统结构变化是系统内部的演化量度，那么系统属性的演化就是系统外部的表征。系统属性的实质就是系统与周围环境或外部其他系统之间的关联，

---

① 颜泽贤. 1993. 复杂系统演化论. 北京：人民出版社，第 87 页.

根据对象的关系性可以确定为属性、功能和价值。从系统属性的演化来看，媒介融合是媒介人性化、智能化的演化，它与其他系统的关系是使其他系统智能化并与之产生“强关系”作用，以形成泛化的媒介环境，人则深陷到“沉浸传播”的信息洋流。

系统的演化不仅体现在结构与属性上，形式、形态对于揭示系统演化规律、动力也起着重要作用。系统的形态、形式及其演化也可以从不同视角加以衡量并得出相应结构，但其实质仍然离不开系统的外形、构型和轨迹形态这三方面的判断。其中，外形是外在形态的演化，构型是结构形态的演化，轨迹是时间意义上的形态演化维度。融媒体作为媒介形态的总称，其不论是外在形态的演化，还是内在结构（场景的广泛运用）以及媒介融合的系统推进，均使我们清晰感受到媒介融合的层次与质感。

显然，系统演化的要素之间会发生关系作用，其作用过程与程度影响着系统演化的秩序。系统内部要素存在关联的数量、强度以及性质，会造成系统内部不确定程度、混乱程度、有序程度和组织程度的变化，通过量化的标度研究，不但可以清晰地把握系统内在结构及演化状态，也能够对系统的演化规律给出一个明确的分析和判断。这需要一系列的测量指标来加以标度。在此，我们引入熵理论、耗散结构理论、协同理论和自组织分析等自然科学分析视角，了解媒介融合演化过程中媒介系统各要素之间的作用关系，以期掌握融媒体的属性及演化轨迹。

3.2　熵　理　论

1850 年，德国物理学家鲁道夫·克劳修斯（Rudolf Clausius）提出的热力学第二定律对宇宙发展规律所提出的“宇宙热寂”学说[①]引起了学术界的强烈反响。其意义在于一方面终结了传统牛顿力学的可逆性诊断，强调时间在系统演化过程中的影响和意义；另一方面熵理论将生命出现与演进乃至于社会系统也依次纳入

① 热力学第二定律是“热量不会自动从低温物体流向高温物体，相反，热总是从高温处流向低温处，直到整个系统温度均衡”。热力学第二定律强调在温度趋于平衡的过程中，能量失去了可以做机械功的机会，因此又被称作耗散定律。1865 年克劳修斯引入“熵”的概念，对热力学第二定律进行了更为简洁的表述：孤立系统的熵总是趋向于增大，直到一个最大值，即温度完全均衡。物理学家亥姆霍兹在 1854 年提出，根据热力学第二定律，宇宙中所有能量都将转化为热的存在，使宇宙处于温度均匀状态，最终导致所有的自然过程都将停止，“自此以后，宇宙将陷入热寂状态”。热寂说的前提是热力学第二定律，也就是说，这一假说的前提是宇宙处在一个孤立的系统之中，这种观点显然是保守和孤立的，遭到了后来的宇宙演化理论的不断质疑和驳斥。

其中，提出了封闭系统中熵增即系统从有序[①]到无序的必然性。熵增加原理的意义在于，孤立系统中发生的不可逆过程总是朝着混乱度增加的方向进行的[②]，毫无疑问，这一过程是不可逆的。这也是系统演化的初始性条件。我们用数学公式表达孤立系统的自然过程，以符号 S 代表熵的数值：

$$\Delta S > 0$$

我们运用热力学第二定律表征熵值量度，得到如下的熵的定义数值：

$$\mathrm{d}S = \mathrm{d}Q/T$$

随着熵增概念的推广与普及，熵作为无序与混乱程度量度的观点逐渐深入人心，由此建构起熵的理论体系。熵理论的发展始终处在一个疑问与解析相伴而生的过程中，如同系统中有序与无序总是同时出现一样。1871 年，物理学家詹姆斯·克拉克·麦克斯韦（James Clerk Maxwell）在《热的理论》一书中提到了“麦克斯韦妖假设”，对热力学第二定律提出了挑战。“麦克斯韦妖”（Maxwell’s Demon）是一种具有智能的假想物，设想她在封闭系统内掌握一个连通不同容器的阀门，阀门控制着两个充满同样温度空气的容器。在“妖精”智能控制阀门的情况下，允许速度较快的分子从前一个容器进入后一个容器，与此同时，让较慢的分子回流到前一个容器之中。这样一来，前一个容器温度会降低，而后一个容器温度则会升高。这显然与热力学第二定律产生了矛盾。

关于“麦克斯韦妖”的探讨影响了物理学界半个多世纪，直到 1951 年才由著名物理学家布里渊给出了一个相对令人信服的回答。在求解“麦克斯韦妖”的过程中，信息开始被引入系统中来，通过量化得出“妖精”传给系统的熵值与系统所产生的熵值相等的结论，从而说明：“妖精”若想控制开关，必须获得信息，而为获得信息则必然付出代价，就是系统内熵的产生[③]。因此，“妖精”不能够平白无故地创造出负熵来。利奥·西拉德（Leo Szilard）认为，信息的获取是以消耗能量为代价的，如此缺少能量，信息就会失去价值[④]。

“负熵”概念是 1944 年薛定谔在《生命是什么？》中首先提到的，这一概念

① “序”是一个极其普通而又蕴含哲理的概念，是指宏观可辨的异度（有秩序）。一个系统的有序是指该系统的质、能状态存在宏观可辨的不同形式。可见序强调的是系统内的“多”状态的存在和作用，单一状态和两个状态（或事物）不能看作是“序”，三个或三个以上的事物之间的作用才能称得上是“序”。可以看出系统演化中的“序”的本质是系统关系作用的一种特殊存在方式，它体现出系统整体上的不平衡的内部结构。媒介系统发展经历了从孤立到封闭，再到开放的过程，媒介融合就是媒介系统内部多种媒介之间发生非线性关系作用的过程，媒介融合也必然存在着“序”，且强调的是媒介竞争从无序到有序的发展过程。

② 汪志诚. 1993. 热力学统计物理. 北京：高等教育出版社，第 59 页.

③ 张锡纯. 2000. 二熵——源事理. 北京：北京航空航天大学出版社，第 19 页.

④ 转引自布鲁诺·雅罗森. 2000. 科学哲学. 张莹译. 北京：北京大学出版社，第 210 页.

是从系统学视角对熵增原理加以补充。继之而来的普里高津的耗散结构理论以及哈肯的协同学理论，在不断深化熵理论的同时，获得了宏观上对自然环境的认知。

此后，将熵值增减引入社会环境中，以评价社会事物的发展与变迁成为一种新的研究思路。法国的里夫金甚至认为熵本身就是一种“新的世界观”[①]。1948 年，克劳德·艾尔伍德·香农（Claude Elwood Shannon）和诺伯特·维纳（Norbert Wiener）提出了信息熵的概念，这是熵理论的一个里程碑似的概念。信息熵认为熵代表了系统与外界进行交换的东西，表征了消息的不确定性程度。传播通信带来系统信息的流动，从而减弱了信源的不确定性。因此，信息熵的减小度可以作为信宿获得信息的量度。香农、维纳和费希尔从不同理论角度出发进行的定量研究，都得出了“信息即负熵”的结论。

布里渊（L. Brillouin）正是借鉴了“信息即负熵”的理论破解了“麦克斯韦妖”的谜团。他认为，若“妖精”能够分辨分子的快慢，则必须设法照亮分子，这就需要引进光照或热量，从而引起熵的增加。熵增不但会抵消“妖精”带来的负熵流，甚至整体上还有盈余。如果没有外来能量照亮分子，则“妖精”缺乏足够的信息量来控制分子的运动。从根本上说，“麦克斯韦妖”只能是一种被赋予智能的信息。据此布里渊确认了“人的智能是负熵之源”[②]。

正因为人的智能是负熵之源，社会系统才能随着科学技术发展而不断吸收负熵，由“麦克斯韦妖”所控制的系统之间的边际才能得以持续开放，社会系统演化进程才能日益深化下去。

从哲学的视角分析，科学技术的发展经历了从简单到复杂、从存在到演化的过程。这一过程中人们对于系统的认知从孤立系统开始，随后进入封闭系统，这一过程正是从经典牛顿物理学到熵理论的发展，随后复杂系统的研究视野提升了科学研究的层次，形成了一场伟大的科学革命，具体表现为从“存在”研究到“演化”研究，从“简单性原则”到“复杂性原则”，从线性到非线性等[③]。与当代科学发展相呼应的，是社会复杂系统的演化理论的探讨，作为社会系统的复杂子系统，媒介系统借新兴媒介技术发展的动力，通过媒介融合形成的媒介系统演化必然成为人们关注并深入探讨的重要课题。

3.2.1　负熵与耗散结构

熵值增加，就意味着系统将进入热寂状态，最终导致系统的崩溃。摆脱系统崩溃的唯一办法就是从周围环境中不断汲取负熵，以使得系统维持在一个低熵状

---

① 杰里米·里夫金，特德·霍华德. 1987. 熵：一种新的世界观. 吕明，袁舟译. 上海：上海译文出版社.

② 黎鸣. 2005. 恢复哲学的尊严——信息哲学论. 北京：中国社会出版社，第 8 页.

③ 颜泽贤. 1993. 复杂系统演化论. 北京：人民出版社，第 6 页.

态。负熵并不是简单的取负号的熵，而是对于系统有序性的标度。负熵增加意味着事物向着有序的方向发展，是进化的标志。相对于传统意义上的“热熵”概念，薛定谔提出的负熵概念更加抽象。它并不是系统内产生的“热熵”的对应存在，而是物质、能量、信息综合转化而形成的具体的抽象“秩序”。唯其如此，“负熵”才能从物理学概念体系中脱离出来，形成了一个对于生物学、社会学等复杂系统均有所涉及的系统演化的重要标度。

耗散结构理论是在熵理论基础上提出来的。1969 年，伊利亚 · 普里高津（Ilya Prigogine）在研究了多年非平衡热力学和非平衡统计物理学后提出了耗散结构理论。耗散结构指一个系统在非平衡和开放条件下，在与外界环境交换物质和能量的过程中，通过系统内部的能量耗散过程产生和维持的某种宏观的时-空有序结构[①]。耗散结构理论强调的时-空有序结构，正是生命世界赖以依存的特性。生物有序性既着眼于宏观自然系统中生命体的生态位关系联结，以使生物系统形成有序的结构秩序，也关注微观生物个体体内的新陈代谢，以维持和发展生命的有序行为。

耗散结构理论主要存在着以下几个基本概念：一是孤立系统，指与外界环境不发生任何关系作用的系统，根据熵增原理，系统熵值将不断增加至最大值，现实世界中并不存在这种理想状态的孤立系统。二是封闭系统，强调系统与外界环境存在能量交换但不发生物质交换。这种系统除实验系统外，现实世界也并不多见。三是开放性系统，强调系统与外界环境随机发生物质、能量和信息交换[②]。

耗散结构理论指出，生命体维持宏观有序结构的必要条件是开放性与非平衡态，开放性强调的是物质与能量交换的介质属性，非平衡态则突出了系统演化的动力特征。只有保证了这两个条件，生命体本身才能与周围环境进行积极的能量耗散。除了开放性与非平衡态，系统内部的动力学过程必须满足非线性特征，这是系统负熵供应的前置性条件。耗散系统要维持内部秩序，就要引入开放条件下的负熵，这里的负熵具有广义性，是一切能从周围环境中获得的、可以利用的物质、能量和信息。

耗散结构不是一种静止的平衡状态，而是一种系统与外界不断进行物质、能量和信息交换的动态过程，其内部运动格局将随着交换的进行而不断改变，形成近平衡态或非平衡态的系统结构，这就要求系统具备开放性。卡茨和卡恩的开放系统理论认为，每一个组织都是相互关联的各个子系统的整合结构系统，同时又是一个接受外界影响的开放系统，因此开放系统理论强调系统的负熵和多样性属

① 张锡纯. 2000. 二熵——源事理. 北京：北京航空航天大学出版社，第 33 页.

② 刘卫平. 1999. 创新思维. 杭州：浙江人民出版社，第 216-217 页.

性[①]。多样性指系统的内在运作必须和所处的环境一样复杂多元，只有对多样性进行内部控制，系统才能应对环境带来的多样性挑战[②]。多样性的内部控制，实质上就是系统的自组织行为。系统内部的自组织行为，实质上是一个不断输入负熵的过程，包括了与其有序化作用过程相关的所有物质、能量和信息综合转化物质条件，被称为负物熵。负物熵是相对于物熵而言的概念，它与信息熵一起构成了负熵。为了更好地说明耗散系统中的熵流关系，本书借鉴张锡纯的耗散系统的统一熵流图[③]（图 3-2）反映出耗散系统的耗散功能。耗散结构的功能就是把引入系统的负熵通过赋能、滞留作用，以物熵的形式向系统外输出，与此同时也有一部分负物熵和信息熵作为输入代偿而排出系统。由于系统处在开放状态，在输入负熵的同时不可避免地会把一些自然物熵裹挟着进入系统之中。以生物个体为例，个体的人为了存活和发展，每天要摄入一定的负物熵，并吸收一定的信息熵，在摄取食物时，食物中的农药残留等污染物也同时以自然物熵的形态被摄入体内，经过体内消化吸收，形成人体所需要的能量，支持生命体的成长、运动和思考。然而，人在摄取食物等行为活动中必然要偿付一部分能量（负熵），连同这些负熵一起排出的，还有一部分物熵。熵流过程中，一部分对人体有害的病毒等会存留在体内，不断积累形成熵增，驱使生命体呈现出老、弱、病、死的自然状态。

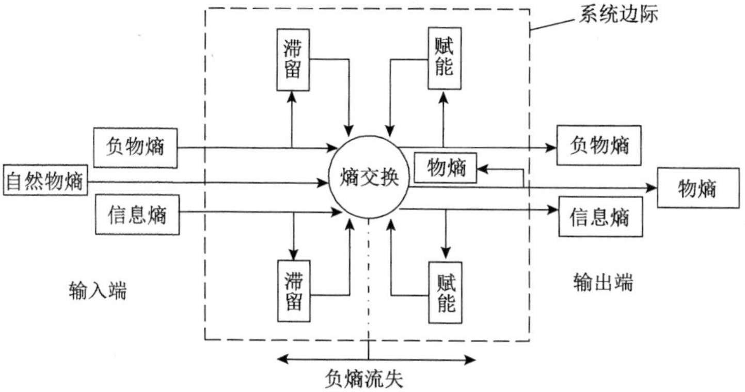

图 3-2 耗散系统的统一熵流图

对于一个复杂系统而言，各个子系统之间产生的非线性作用在确保系统多样性的同时，也可能因为子系统之间作用的各种误差而带来随机扰动，由此形成系

① 凯瑟琳·米勒. 2000. 组织传播. 袁军，石丹译. 北京：华夏出版社，第 41 页.

② 赵利，胡森林. 2006. 开放系统、负熵与界限沟通者——组织传播视野中的中海油竞购优尼科事件. 国际新闻界，(9)：35-39.

③ 张锡纯. 2000. 二熵——源事理. 北京：北京航空航天大学出版社，第 159 页.

统内部关系的涨落，这是系统演化的不确定性变量。以哲学的角度来看，没有涨落就没有熵的增减流动，进而也不会带来系统质的飞跃[①]。

从研究系统演化的视角来看，耗散结构理论提供了一系列有价值的理论观点。首先，耗散结构理论强调了系统的开放性，开放系统有别于以往的孤立系统和封闭系统，强调了系统之间物质、能量与信息的交换的开放条件。开放性也成为系统有序演化的必要条件。其次，耗散结构理论强调系统内部的自组织行为，作为系统内部的非线性的动力作用，自组织行为解释了自然界从低级有序到高级有序的演化过程。再次，耗散结构理论对于解释复杂系统及其演化具有重要意义。因为对于复杂系统演化的理论价值，耗散结构理论为物理学、化学和生物学以及后来的社会学提供了全新的研究思路和借鉴，为揭示自然界与社会自组织现象提供了有价值的方法论启示。

3.2.2 社会系统中的熵

熵理论从产生的那一刻开始，就以极强的解释性进入各个学科领域，从不同学科、不同角度阐释和概括熵的实质[②]。

（1）从物理学角度看，熵是关于分子紊乱程度的表征。分子越紊乱，熵值越大。

（2）从数学角度看，熵是随机过程中模糊或不确定性的量度。模糊性越高，熵值越大。

（3）从控制论角度看，熵是对系统无组织性程度的描述，无组织性程度越高，熵值越大。

（4）从信息角度看，熵是系统失去信息的量度，信息的缺失意味着系统混乱程度增加。信息是负熵，它的进入能够使系统内趋向于有序化发展。

（5）从资源角度看，熵是不可再生资源化程度的量度。资源越枯竭，意味着熵值越大。

（6）从环境保护角度看，熵是环境污染程度的量度。污染越失控，熵值越大。

（7）从系统论角度看，熵是表现系统无序程度的量度。无序性越大，熵值越大。

（8）从社会学角度看，熵是社会行为混乱程度的表征。社会越是混乱，熵值就越大。

被爱因斯坦誉为“自然界一切定律中的最高定律”的熵定律，一经在社会系统中得以应用，就引起广泛的社会关注。事实上，社会作为一个复杂的巨系统，

① 李彩良. 2009. 基于熵理论的和谐社会评价与优化研究. 天津：天津大学博士学位论文.

② 刘勇. 2003. 道路交通系统的熵理论应用研究. 西安：长安大学硕士学位论文.

从来都不是孤立的，而是与自然环境、社会经济、文化、政治、技术等系统密切相关的，具有复杂系统所具有的全部特征。对于社会复杂系统而言，社会系统诸要素之间的非线性作用关系是导致其演化的根本原因。人类社会的发展历史也一再表明，社会复杂系统的演化是必然的、不可逆转的。

对于人类社会自然属性的熵理论，有学者总结了如下三个结论[①]：一是若没有负熵输入，人类社会将变得越来越混乱；二是人类社会要变得更进步，必须要有能量输入，而这种“能量输入”最好来自地球以外的环境（比如太阳）；三是如果只是使用地球上的能源，就意味着在人类社会变得更有序的同时，地球的某个部分必然变得更加无序。

事实上，从社会人口的增长与能源使用方面也能够看出，人类社会正面临着熵增加剧的现实问题。从人口上看，1804 年，世界人口达到 10 亿；1927 年，达到 20 亿；1974 年，达到 40 亿；1999 年，达到 60 亿；2011 年 10 月 31 日，达到 70 亿；预计 2025 年将达到 80 亿[①]。人口的迅速增长带来了一系列问题，包括能源消耗的剧增、社会秩序的适应性建构、自然环境的污染与破坏等，这些都将是人类社会发展过程中面临的实际问题。若没有能源输入，人类社会必然变得越来越混乱，直到彻底失序。

从系统能源的使用来看，人类能够维持社会发展主要还是依靠地球环境系统内的能源，包括化石能源、核能和风能。但不可避免的是，这些能源的利用必然引入新的自然物熵，如核废料、煤炭燃烧带来的大气污染等。最要命的是，根据熵理论，如果仅仅使用系统内的能源，则必然会增加系统内的熵。这样看来，如果人类不能走出地球系统的边际，从系统外输入能源，地球的熵增是必然且无可逆转的，地球环境将日益恶化。大气污染、核泄漏、冰川融化，甚至于生物灭绝，这些结果都是系统熵增的结果。

关于人类社会关系属性的熵理论，则首先要考虑的是人类社会作为自组织系统的发展与演化。对动态的社会关系、社会互动和社会发展进行分析，可以确定社会熵分布及其演化的特性，由此揭示人类社会的发展规律[②]。人类社会发展，催生了人际关系的复杂化作用，人际关系的非线性增加，使得社会阶层之间的关系和联系程度均在发生变化，主要是走向和谐的自组织环境。

社会发展存在很多随机性和不确定性。人是社会的主体，人的理性和非理性行为的共同作用，使社会运行既不是完全有序也不是完全随机，而是有序、随机和混沌共存[③]。从人类社会发展的整体大方向来看，社会系统的演化还是走向有序

① 阮一峰. 2013. 熵的社会学意义. http://www.ruanyifeng.com/blog/2013/04/entropy.html [2016-11-14].

② 李俊奎. 2014. 社会熵：元思想政治教育学的基石. 甘肃理论学刊，(6)：26.

③ 李彩良. 2009. 基于熵理论的和谐社会评价与优化研究. 天津：天津大学博士学位论文.

的，尽管随机与混沌也必然时常出现，使社会陷入混乱之中。人的理性的集合就是自组织性。自组织行为本身就是促使社会关系弥合分歧、增加透明度的过程。因此，自组织行为与负熵输入密切相关。自组织行为增加意味着负熵传播能力的不断增强和范围的不断扩大，具体体现为：首先，人类社会的智能信息流通加速及社会教育程度提高；其次，社会的开放程度不断增加，促使人与人之间的沟通日渐通畅，社会阶层之间的不确定性减少；再次，人类的自我科学管理能力与社会民主参与程度不断提高，以确保社会系统的低熵运行。

3.3 信息熵与媒介系统的演化

信息熵是熵族中的重要组成，是反映信息清晰度的表征。它除了具有信息的一切特征以外，还有平均信息量的特征。信息包含着两个层次的含义：一是自然进化过程中动植物所禀赋的遗传信息；二是社会生活中人类智能创造出来的对于人的精神世界起到积极作用的信息。唯物主义认为，信息是物质的普遍属性，它表征着它所从属的物质系统。这说明信息不同于物质与能量，而是反映物质属性的独特存在，因此信息具备使系统获得更为清晰的呈现和秩序化的功能，因此信息本身就是负熵存在：信息量越大，系统内的认知秩序越清晰，系统的负熵也越高[①]。信息的定义如下：信息是认识主体所感受的或所表达的事物运动的状态和运动状态变化的方式。信息是人们在适应外部世界和控制外部世界的过程中，同外部世界进行交换的内容。

我们从上述对信息的定义中可以看出如下几点。

首先，信息是物质的普遍属性，这里的物质并不特指具有形态意义的生命物质。有机的客观存在也包含于其中，它们共同赋予普遍存在以物质属性。

其次，信息的负熵属性不是静止的，而是存在于物质系统非线性相互作用的关系之中。信息的价值在于非线性相互作用，静止的信息意味着系统的孤立与封闭。

再次，信息是物质系统的（质、能）结构、状态和历史的表现形态，必然与质、能之间存在着确定的关系，事实上，质、能、信息是物质须臾不可分离的属性[②]。

最后，信息与质、能之间存在确定关系，表明信息过程是不可逆转的过程。信息系统也必然是不同层次统一关系的物质的多样性统一的复杂系统[③]。

我们从上述解读中可以看出，考虑到信息在人类社会中的作用，媒介系统中

---

① 香农、维纳等科学家提出“信息即负熵”，严格来说存在语病，其所指并不是信息本身，而是信息量增殖意味着负熵。负熵既然是信息量的增殖，显然只有通过系统增殖才能成为负熵。

② 黎鸣. 2005. 恢复哲学的尊严——信息哲学论. 北京：中国社会出版社，第 16 页.

③ 黎鸣. 2005. 恢复哲学的尊严——信息哲学论. 北京：中国社会出版社，第 17 页.

的信息均是人类智能创造出来的文化信息，是能够发挥传播作用的动态信息，与静态的自然信息显著不同。

融媒体从本质上说是媒介介质同体异构的符号式全觉呈现。同体异构是说每一种媒介都被赋予了双重身份：既是一般性媒介信息的载体，同时也是场景的一个入口。融媒体就是要创设一种媒介信息无远弗届、无处不在的环境景观。因此，如果把媒介系统看作是社会系统下的一个复杂子系统，那么媒介融合本身就是一个复杂系统演化的过程，而演化过程则是一个不断输入负熵的过程。前文中提到负熵包括负物熵与信息熵，媒介系统作为信息熵的生产主体，在生产信息熵的同时也必然消耗一部分信息熵。负物熵在媒介融合系统中的物质条件性为技术所取代，形成了系统内的技术熵。技术系统作为社会系统的子系统，其协同性、自组织性和突变性等特征与社会发展特性之间呈现为个性与共性的关系，由此可见，"熵"这个具有普适性的量度同样适用于技术系统[①]。

技术系统是典型的耗散结构，需要与外界交换能量以达成有序状态。尚未发挥作用的技术处在一个封闭稳定的平衡态，系统内混乱无序，熵值较大。当媒介系统对技术提出需要，赋予技术新生命时，技术反过来对媒介系统赋能。从技术的本体视角来看，政治、经济、文化、人性化需求等环境因素以熵流进入技术系统，使技术系统形成熵增或熵减。从媒介融合的本体视角来看，赋能技术为媒介系统输入了负熵，媒介融合的进程也由此加快。

3.3.1　信息传播的熵特征

1. 信息传播系统的熵特征

在信息传播的活动中，熵特征作为信息不确定性的表征影响着信息的清晰度：高信息度的熵值显然是较低的，低信息度的熵值则会较高[②]。具体说来，能够导致随机事件集合的组织性、确定性、法则性或有序性等增减变量活动的过程，都可以用信息熵改变量这一有效量度加以标记与测量。

（1）信息传播系统由多要素组成。传播活动的上位主体、本位主体、信息内容、传播介质以及受众等多个要素形成共同的关系作用，构成了信息传播的功能。在媒介融合的话语体系中，信息传播系统要素的作用关系呈现出非线性特征，提高了系统内复杂性作用的程度。

（2）信息传播系统是一个动态系统。信息传播存在着发展、演化的自然过程，信息从无序演化到有序进而无序而又达到高层次有序，信息传播始终处在一个动态

---

① 侯剑华，郭爽，房鑫. 2014. 技术熵理论及其专利模型构建研究（第十届中国科技政策与管理学术年会）. 长春，吉林.

② 朱松析. 2010. 基于信息熵理论的高校校报编辑研究. 新闻知识，(3)：80.

的非平衡态。非平衡态本身就是复杂系统的一个必要条件，是系统演化的动力基础。

（3）信息传播系统是一个开放的自组织系统。信息在传递、接受、输出等交互作用关系中，始终处在一个边际开放的、与周围环境不断发生信息交换的状态。系统内部的自组织性使媒介要素之间的非线性关系变得协调有序，媒介关系也得以重构。

（4）信息传播存在一定的随机性和不确定性。人类的智能是负熵之源，但人的理性与非理性行为又使得信息传播过程具有了不确定性：既不是完全有序，也不是完全随机。人类作为复杂性的、不确定的游戏的始作俑者，又恰是游戏的产物，这一游戏关涉的有序和无序、永恒的解体和永恒的重组、信息和“噪声”、熵和负熵之间的游戏本身，被推到了我们现在所认识的复杂化、开放性、不确定性的最高峰[①]。

2. 信息熵与信息传播效果

所谓信息熵，是一个数学上的抽象概念，可以理解为系统中某种特定信息的出现概率[②]。从熵族的关系作用来看，信息熵与热力学熵密切相关。根据查尔斯·H. 班尼特（Charles H. Bennett）对“麦克斯韦妖”的解释，信息的销毁被看成是一个不可逆的过程，因此信息销毁必然符合热力学第二定律，反过来看则是系统内输入负的热力学熵的过程，因此信息熵的符号与热力学熵的符号相反。

一般而言，当一种信息出现概率更高的时候，说明这一信息的影响更为广泛，或者说，被社会采用的概率更高。因此可以看出，从信息传播范围和效度来看，信息熵表示的正是信息的价值。

从热力学熵理论引申到信息学、社会学等领域的信息熵，其量化数值源自信息量的确定。根据系统中事件发生的概念，设定一个事件产生的概率是 p，则它的信息量 I 为：

$$I=-\log_2 p。$$

由此可见，事件发生的概率越小，其所含信息量就越大。信息的特征包括以下几点。

（1）受传者在获得信息之前，对信息的了解是模糊的，受传者与信息之间没有发生相互关系，此时的信息可以看作是新知识、新内容；

（2）信息自身是能够对未知的事物加以认知或减少其不确定性的有用的知识；

① 埃德加·莫兰. 1999. 迷失的范式：人性研究. 陈一壮译. 北京：北京大学出版社，第 177 页.

② 张红亮. 2008. 人为因素对网络 BBS 系统的信息熵增的影响. 科技创新导报，(8)：31.

（3）信息既可以产生，也可以消失，而且能够被物、能所携带、贮存及处理；

（4）信息是可以量度的，信息量可以用数学公式加以表达。

在由 n 个事件构成的概率系统中，其每一事件产生的平均信息量为：

$$H=-\sum p_i \log_2 p_i \ (i=1, 2, \cdots, n)。$$

H 为信息熵。信息熵的大小用以表示概率系统不确定性的程度。

对于信息熵增与信息传播效果之间存在的效果关系，用函数关系式 $HS=f(T)$ 表示，根据函数关系推导，确定这是一个单调递减函数。其中 HS 为信息传播效果，T 表示系统的有序度，有序度是信息熵增的反函数。

根据 $HS=f(T)$ 的函数关系可知，信息熵增效应实质上又是信息传播可靠性递减的规律。信息传播系统内部自发熵增或外部条件作用引发的熵增，都能引起传播效果的下降。

具体的函数关系参考图 3-3 信息熵增与信息传播效果的关系。

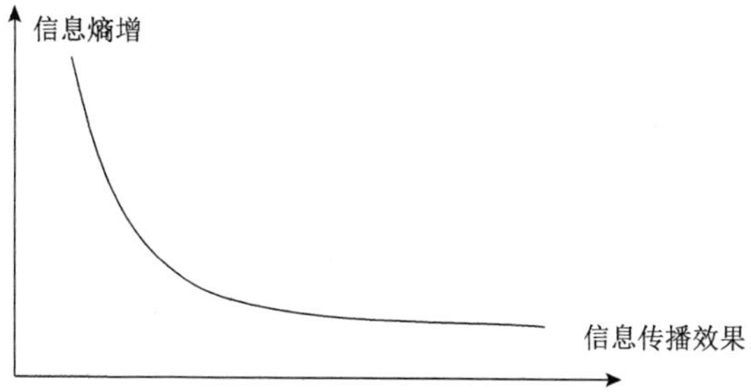

图 3-3　信息熵增与信息传播效果的关系

3. 信息熵的减增

热力学第二定律强调：一个孤立系统的熵一定会随时间的延长而增加，不管这个孤立系统初始状态如何，其物质自由能的下降趋势，如同水的自然流动，将逐渐演化为最无序、最混乱的状态。也就是说，熵增过程是一个自发的由有序向无序的自然过程。由于熵减过程是一个必须消耗能量的过程，其不可自发进行的特点决定了熵增具有不可逆性①。

从信息传播的过程来看，决定信息熵增的来源包括来自社会系统的政治势力干扰、媒介无序竞争、传播周期缩短、冗余信息增加、信息剧增等，如图 3-4 所示。

① Roth, G. S. 1993. Are free radicals causes or effects of aging? The entropy theory. *Aging Clinical & Experimental Research*, 5(3): 241-242.

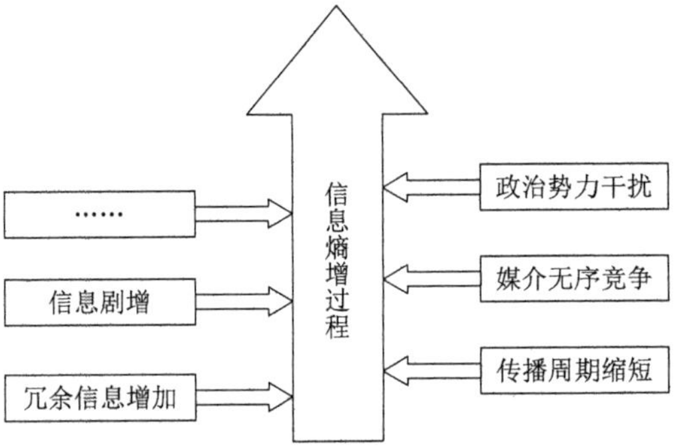

图 3-4　信息熵增来源

图 3-4 中的信息熵增来源说明：随着社会发展，特别是近些年来冗余信息激增的情况下，媒介间的无序竞争、政治势力干扰以及信息传播周期缩短等问题的不断出现，造成了信息熵增，引发信息传播系统相对无序发展的态势。

要解决信息熵增问题，就必须在引入开放系统的前提下，通过与外界环境交换，引入负熵，从而降低熵增。实际上，熵减的过程就是系统边际开放的过程，也是系统演化过程中的积极响应过程。

对于传统媒介的传播而言，组织传播的过程中，“可渗透边界”吸收负熵进入系统，从而延缓熵增过程。“可渗透边界”指称的是促进社会耗散结构的物料与能量基础，以及与之相匹配的受众交流网络的建设。对于新兴媒介而言，“可渗透边界”是指与互联网平台交互连接的每个电脑终端接口。由新媒体与传统媒介的“可渗透边界”可以看出，传统媒介的负熵输入受限于媒介自身的组织与控制能力，与拥有巨大数据且能够进行非线性交互的新兴网络媒介相比，两者的负熵输入能力不可同日而语。对于媒介融合过程而言，“可渗透边界”是所有智能化的媒介场景和入口，显然媒介融合作为媒介系统演化过程中的具体行为，其开放性、非线性、扩张性不断增加，负熵的输入能力也更加强大。这也正是媒介融合近年来能够获得迅速发展的重要原因。

3.3.2　媒介系统的演化

媒介系统是人造的社会系统，它是由多个要素共同建构而成的具有一定层次结构、以实现信息传播为目的的人造系统[①]。媒介活动作为一种社会活动，其必然需要人的参与，因此从系统结构到运行方式，都渗透着人的主观能动性，包括人的控制、理念与协同作用，因此，媒介系统具有复杂社会系统的种种特征，是一

① Doranda, D. & Sun, D. C. 2004. The thinking of mediamorphosis’s complexity (Paper presented at the 13th Annual Conference of System Engineering Society of China). Beijing, China.

个复杂社会系统。媒介系统的演化外在地表现为媒介形态的演进，媒介系统作为社会过程和社会行为的重要组成部分，其内在的演化既遵循着普遍意义上的媒介系统演化规律，同时还具有自己的特征。了解媒介系统历时性发展的重要演化规律，能够清晰地掌握媒介融合的内在动力支撑，更好地实现融媒体生态的建构。

对于媒介系统的演化，从本体论的角度出发，我们需要弄清楚媒介系统的结构，以及媒介系统为何会发生演化等问题。事实上，媒介系统的结构并不是静态不变的，而是在形态上不断丰富着媒介系统的元素，进而形成复杂的作用关系。从认识论的角度出发，媒介演化是主体，人类对演化的认识是客体。主体是基础，正是主体不断突破客体的限制才在促使媒介系统不断发展的同时也促使客体不断开发新的智能化技术，推动媒介演化进程。从关系论的角度出发，媒介演化涉及系统内部媒介之间的非线性作用关系，以及媒介系统开放边际条件下与其他社会系统发生的关系。复杂系统演化的核心问题，就是系统各要素之间的关系作用问题。关涉到媒介系统，泛在传播时代“传播的偏向”，依然是无处不在的“关系”。

媒介系统，作为向社会系统输入信息熵以提高社会秩序的复杂系统，其自身的熵流关系以技术熵为主要动力输入源，以媒介关系的有序协同为目标，建构一个可以影响社会系统的低熵运行环境。

媒介系统作为一个人造系统，与自然系统等其他系统存在着诸多不同。从系统演化的动力视角看，其他系统强调的负熵输入包括了负物熵与信息熵（图 3-2），人造系统中技术熵替代了负物熵，它与信息熵一起构成了系统负熵流。说到技术，其本质就是人类在利用自然、改造自然的劳动过程中所掌握的各种活动方式、手段和方法的总和[①]。对系统熵的认识，人们从物质形态的物熵到自然形态与文化形态高度融合的信息熵，是一个由自然到社会系统的渐进的过程，也是一个系统复杂化不断强化的过程。布里渊认为“人的智能是负熵之源”，从技术的定义可以看出，技术本身就是人智能的形态化反应，那么技术必然能够作为负熵输入系统，以降低系统的熵值水平。因此用“技术熵”这一概念描述和表征特定的技术系统的内部关系在某一特定时间中的无序程度，进而推导出技术系统演化的趋势和成熟程度[②]。技术是人的智能产物，因此技术的无序程度取决于人的需求程度。就此可以看出，媒介融合过程中，传统媒介与网络媒介的技术关系并不存在何者过时、何者更新的问题，而是何者更加适合人的需求，因为信息价值取决于接收信息的人[③]。技术不是一个封闭系统，而是受到政治、经济以及技术使用经验等主观因素

① 刘大椿. 2000. 科学技术哲学导论. 北京：中国人民大学出版社，第 228 页.

② 侯剑华，郭爽，房鑫. 2014. 技术熵理论及其专利模型构建研究(第十届中国科技政策与管理学术年会). 长春，吉林.

③ 布鲁诺・雅罗森. 2000. 科学哲学. 张莹译. 北京：北京大学出版社，第 211 页.

的影响作用的开放系统。传统媒介系统熵增一方面来源于人的需求程度的降低，另一方面来源于技术系统演化受限所引起的技术熵增。要降低传统媒介系统的熵值，就要引入技术熵，而技术熵主要来源于新兴媒介的技术环境，这正是媒介融合的动力源泉。

媒介系统的演化是一个以关系为特征的动态研究对象。媒介系统的不断演化，带动了媒介形态的变化，作为演化动力的技术熵，其主要的技术革新成为负熵输入的重要来源。近年来的技术主要包括大数据技术、云计算技术和信息传播技术。

（1）媒介业是信息产业，在大数据技术时代拥有了得天独厚的优势。大数据应用以“数据回报”为导向，在数据的收集、管理上取得了重大成功。

在数据收集上，传统线性传播过程中的信息具有弱关联性，信息动态传播与静态呈现共态存在，传播具有线性、稳定性和权威性，因此在不可逆的系统环境中，无法进行有效的收集和管理。在新兴的媒介系统采用大数据技术进行的非线性传播中，消息具有高度关联性，信息表现出动态传播与增殖呈现的特征。原初信息与不断附着于信息上的评论一起构成动态信息统一体。

（2）云计算技术主要体现在对数据的分析与应用，是以大数据为资源的个体交互式服务，是媒介智能化、产业化的主要动因。

美国国家标准与技术研究院（National Institute of Standards and Technology，NIST）定义云计算为：云计算是一种按使用量付费的模式，这种模式提供可用的、便捷的、按需的网络访问，进入可配置的计算资源共享池（资源包括网络、服务器、存储、应用软件、服务），这些资源能够被快速提供，只需投入很少的管理工作，或与服务供应商进行很少的交互。云计算不仅是新兴媒介成为媒介形态演进的主要动因，还通过技术赋能推动了非媒介的“媒介化”，使媒介系统结构迅速增殖扩张。在这一过程中，它本身也成为最普及和最重要的媒介[①]。

（3）信息传播技术突破了信息传播的种种障碍，堪称这个时代最具影响力的技术形态，开创了媒介融合新时代。

信息具有不灭性。一条信息产生后，其载体可以变换，如书本、报纸、光盘等可以被毁灭，但信息本身不会被消灭。这是媒介融合的前置性条件，也是传播介质不断得以发展的重要原因。随着光纤、卫星通信，甚至量子卫星的高调亮相，将所有媒介终端混合起来的新装置将不断出现，其所形成的覆盖全球的高速化多媒体信息传输和处理系统，将为每个人提供信息交互、购物、娱乐及其他个体服务虚拟体验的全新世界。

---

① Doranda, D. & Sun, D. C. 2004. The thinking of mediamorphosis's complexity(Paper presented at the 13th Annual Conference of System Engineering Society of China). Beijing, China.

在媒介系统输入技术熵流的演化环境中，所有传播技术都将快速地融合成一种普通的计算机可读的数字形式。事实上，媒介系统演化的本质是几种强大的信息技术把各种媒介推向融合，由这种融合而裂变出更多的新兴媒介形态。对此，尼古拉斯·尼格洛庞帝强调，所有传播技术正在遭受联合变形之苦，只有把它们作为单个事物对待时，它们才能得到适当的理解[①]。

对于媒介系统而言，不论是系统不可逆转的客观发展规律，还是技术发展的客观需要，以及由人的需要所形成的主观推动，媒介融合都存在着一定必然性。它是现阶段媒介系统演化的必由之路。

---

① Brand, S. & Crandall, R. E. 1998. The media lab: Inventing the future at M.I.T. *Computers in Physics*, 2(1): 239-256.

第 4 章
熵理论下的融媒体传播模式[1]

熵理论下的融媒体传播模式，是指在熵理论环境下发生的媒介融合过程，在技术、政治、经济、文化、社会系统的动力作用下形成的系统中信息的非线性多媒体生产、传播、收受、增殖与再传播的种种方式和路径，以及由此形成的媒介开放系统中的同一所指信息通过不同能指完成全觉性表达。前文讲到，融媒体是一种动态的媒介形态，其传播具有显著的动态性、开放性和全觉性。因此对于融媒体传播模式的建构，就是要充分考虑媒介动态融合过程中系统内各要素的动态链接与作用。

融媒体传播模式，是媒介融合过程中形成的近平衡态的传播模式。在国内既有的媒介融合模式建构中，要么是将传统媒介与网络媒介拆开来分别加以建构，要么是通过多要素共同作用建构，如媒介融合的动因模式等[2]。事实上，媒介系统处在其他社会系统环境中，对媒介融合的影响既有来自外部系统的非线性作用影响，也有来自系统内部的动力支撑。从系统的视角来看，外部动因主要包括政治、经济、社会与文化系统的影响，内部动因则主要来自技术与组织方面。从系统的整体动力结构看，技术与组织系统决定了媒介融合的演化方向，外部系统则影响着媒介融合演化的进程和效率。

本书对融媒体传播模式的探讨，开始于媒介融合的内部动力组织与推进，并在此基础上，建构起多维度的融媒体系统的传播模式图。

---

① 本章部分内容曾见于笔者的硕士论文《媒介融合语境下的“抛体-涡轮传播模式”研究》，山东大学，2009年；以及笔者早期发表的论文《基于熵理论的“抛体-涡轮传播模式”研究》，中国传媒报告，2011，(3)：30-44.

② 黄金在对媒介融合的动因模式加以建构时，尝试通过多元化共同作用的形式，提出了经济因素主导动因模式、政治因素主导动因模式、技术因素主导动因模式和社会与文化因素主导动因模式等组合模式。参见黄金. 2011. 媒介融合的动因模式. 北京：中国书籍出版社，第 20-31 页.

4.1 传播模式

所谓“模式”，就是以图解的形式，有意识而公式化地描述一项事实。模式一般被用来表达任何结构或过程的主要因素，以及这些因素的相互关系①。对于传播学领域而言，传播模式就是简洁地体现和表述各种传播理论，使人们透过现象的遮蔽，快捷、清晰地观察到传播过程、性质和效果的本质和其深层部分②。

4.1.1 现有传播模式

传播学诞生至今，各种新观点、新理论不断涌现。仅就传播模式而言，目前可供参考的传播模式数以百计。丹尼斯·麦奎尔（Denis McQuail）等人曾整理、分析了 66 种主要传播模式③。由于传播模式过于庞杂，因此有学者根据传播学模式的研究结构及建构过程，把传播学模式分为三种主要类型：“线性”模式、“控制论”模式和“社会系统”模式④。其中，“线性”模式强调传播过程中各要素之间的线性作用关系，代表者是哈罗德·拉斯韦尔（Harold Lasswell）的 5W 模式，即：谁（Who）→说什么（says What）→通过什么渠道（in What channel）→对谁说（to Who）→有什么效果（with What effects）。5W 模式也是传播学史上最早提出的传播学模式，也被称作“拉斯韦尔模式”，见图 4-1。

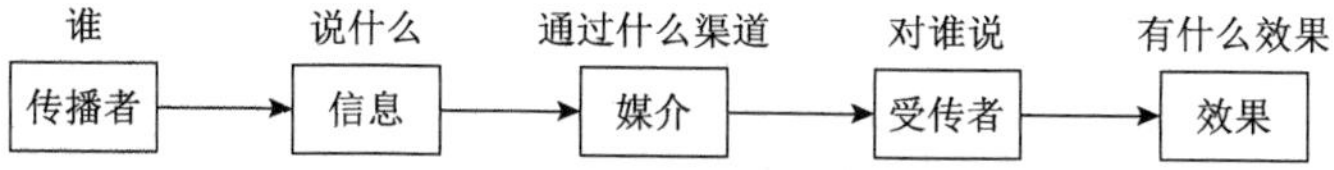

图 4-1　拉斯韦尔模式

“控制论”模式明确引入了“转换”和“反馈”机制，弥补了拉斯韦尔 5W 模式的缺陷，强调信息传播从“单向直线性”向“双向循环性”转变，突出传播过程中传播者与受传者之间的互动关系过程，如图 4-2 所示。

① 杨志弘，莫季雍. 1988. 传播模式. 台北：正中书局，第 2-3 页.

② 张国良. 2009. 传播学原理. 上海：复旦大学出版社，第 37-38 页.

③ 丹尼斯·麦奎尔，斯文·温德尔. 2008. 大众传播模式论. 上海：上海译文出版社，第 20 页.

④ 张国良. 2009. 传播学原理. 上海：复旦大学出版社，第 36 页.

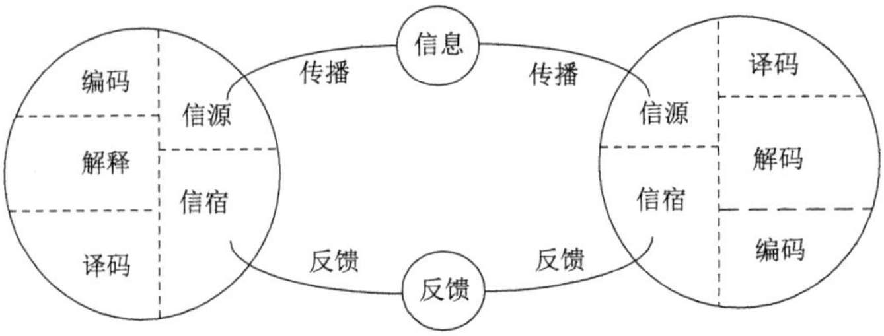

图 4-2 新型“控制论”模式

可以看出，在传播学早期发展视野下，研究者往往通过传播过程中各要素之间的关系设计出相对直观的传播模式。一般而言，任何一种模型都是以某一实际应用领域为基础的，但是这些模式也都有各自的不足，即缺乏通用性，不能抽象成为各交流领域的共同模型[①]。

一直以来，研究者在对传播活动的研究中，努力尝试有助于使证据系统化和引导理论的各种传播新模式。与西方学者相似，有中国学者根据传播过程把目前已经建立的传播模式细分为“直线模式”“循环和互动模式”“韦斯特利-麦克莱恩 ABX 模式”[②]。有关韦尔伯·施拉姆（Wilbur Lang Schramm）的直线控制式传播模式在其演进过程中也在不断考虑系统要素的作用与影响，美国学者约瑟夫·R. 多米尼克（Joseph R. Dominick）从动力学的视角，对施拉姆的传播模式加以改编，如图 4-3 所示[③]。

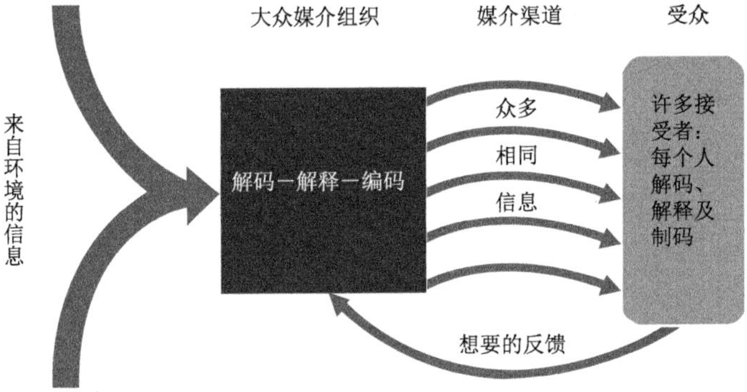

图 4-3 多米尼克建构的施拉姆大众传播模式图

① 何巧云，金洁琴. 2008. 网络环境下信息交流的理论与模式. 南昌：江西科学技术出版社，第 31 页.

② 赵建国. 2008. 传播学教程. 郑州：郑州大学出版社，第 26-29 页.

③ 约瑟夫·R. 多米尼克. 2004. 大众传播动力学：数字时代的媒介. 蔡骐译. 北京：中国人民大学出版社，第 22 页.

图 4-3 所示的是多米尼克根据施拉姆的大众传播模式建构的示意图，图中以线性的方式解构了传播过程，其中，来自环境的信息（新闻及娱乐）被大众媒介组织过滤，这一过程中，媒介充当了把关人（gatekeeper）的角色，信息大量复制后（如报纸、CD）被送到合适的渠道，经由渠道传递给受众[①]。总的说来，传统媒介传播模式突出了“少数对多数”（few-to-many）的世界，在这一传播模式里，只有极少数组织能够充当这样的信源，对信息进行解码、解释、编码，并发布和发送信息，这些媒介组织处于统治性地位。

麦奎尔的线性传播模式曾引起广泛的社会关注，事实上，要保证信息交流的实现，需要充分考虑到现有的复杂的社会系统，以此来疏通通道，减少障碍。

目前，国内一些传播学教程在对传播模式的理论研究中，还倾向于对大众传播过程中各要素之间形成的线性关系加以论述。随着媒介系统的不断演化，特别是新兴媒介的出现，传统媒介与以网络媒介为代表的新兴媒介之间逐渐呈现出一种高度融合发展的超媒介演化特征，媒介系统演化日趋复杂化，新闻传播也呈现出开放式的非线性传播特点。在媒介融合的现实条件下，若以前在的线性传播模式作为考察对象，研究视线无疑是单一的，缺少对现实环境中媒介复杂系统的关照。正是基于这样一种现实语境，“线性”模式与“控制论”模式在经过一段时间的发展后，逐渐演化为一种更为复杂的传播模式：“社会系统”模式。“社会系统”模式充分考虑信息传播系统内在与外在的影响要素，强化传播与社会活动过程之间各要素之间的非线性作用关系，即认为信息传播只是社会系统的有效组成部分，将信息传播置于总的社会系统演化过程之中。这一模式的代表是马莱茨克模式。马莱茨克模式“代表了数十年期间从社会心理学角度研究大众传播之总结”[②]，反映出大众传播是一个“心理学上非常复杂的社会过程”，见图 4-4。

4.1.2　现有传播模式的优缺点

事实上，目前所有的传播模式都是在拉斯韦尔模式的基础上发展起来的。从传播模式的价值来看，拉斯韦尔的传播模式强调了控制分析、内容分析、媒介分析、受众（对象）分析和效果分析，这种模式在大众传播中获得了广泛的运用。继之而来的施拉姆“控制论”模式强调社会传播的互动性，并把传播的双方都看成是传播行为的主体，信息传播强化了这种主体关系之间的互动。施拉姆模式在一定程度上关注了传播过程的相互作用关系，这充分说明其已经初步具备了系统模式特征。

---

① 约瑟夫·R. 多米尼克. 2004. 大众传播动力学：数字时代的媒介. 蔡骐译. 北京：中国人民大学出版社，第 25 页.

② 丹尼斯·麦奎尔，斯文·温德尔. 2008. 大众传播模式论. 上海：上海译文出版社，第 42-49 页.

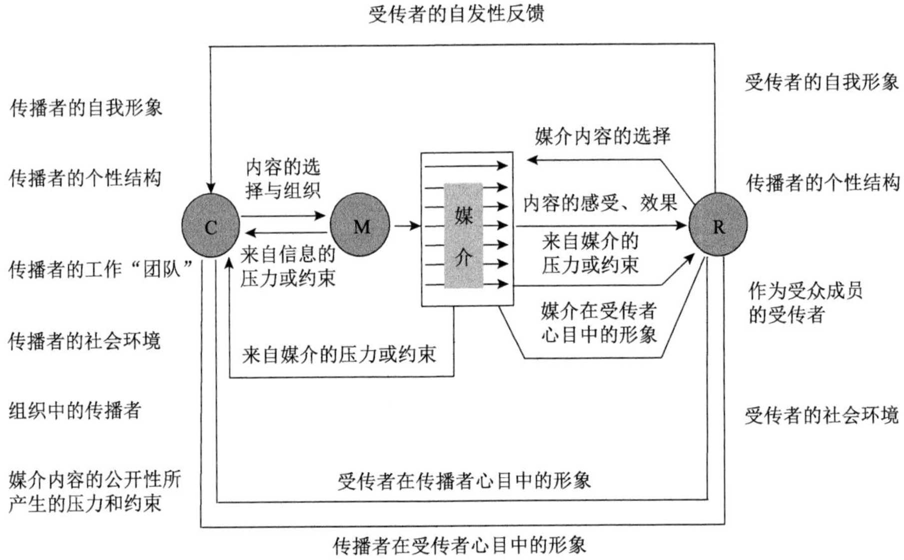

图 4-4　马莱茨克模式

注：C 代表传播者；M 代表信息；R 代表受传者

格哈德·马莱茨克（Gerhard Maletzke）的大众传播模式应用了“场论”的研究思想，强调从环境与物体的关系作用角度把握物体的特征与环境特性。因此，马莱茨克模式实际上考虑到“社会磁场”对传播活动的影响与作用。从这个角度上看，传播活动不是简单的线性作用，而是关涉到社会系统内各要素之间的复杂作用，这显示出传播模式的分析已经跳出传统要素关系视角，具备了初步的复杂系统分析思维和理念。

上文提到的三种模式主要立足于传播的结构与过程分析，不可避免地出现模式演进的复杂化，从而脱离了模式建构的现实。根据传播过程中的特点，我们借鉴麦奎尔的研究成果，把传播学模式分为“结构性模式”和“功能性模式”两个类型，将立足于传播学模式结构与过程研究的模式，指称为“结构性模式”，将从能量、动力及其方向等角度来描述各系统、表征各部分之间关系和相互影响的模式，指称为“功能性模式”。后文所建构的“抛体–涡轮传播模式”即属于“功能性模式”。

之所以选择“功能性模式”进行研究论证，是因为充分考虑到社会复杂系统内部要素的作用关系及动力特征。为此，以媒介融合的传播模式演化来强化信息系统的复杂性发展，这一研究主旨的确立主要基于以下两个立论前提：一是信息传播在现实新兴媒介技术环境中得以强化且媒介融合使得传播模式需要重新加以分析建构；二是自然界中信息转化必然要考虑复杂系统的关系作用，遵循熵增原理。按照熵增原理，一个孤立的系统总是要朝向均匀、简单、消灭差别的方向变化[①]。熵增原理体现了系统结构的动力给予，对信息传播而言，熵增过程体现了信息碎片化有序散布到无序化传播的动力过程。上面两个立论一方面有其需要，另一方面转换视角即可完成，两方面的相互兼顾确定了本书的研究主旨。

传播不是一个简单的线性作用过程，而是由传播者、传播渠道、信息、受传者、传播者与受传者之间的关系、传播发生的场合，以及信息所涉及的一系列事件构成，是一个复杂的传播系统[②]。由于传播环境所处系统受到多种因素影响，传播不可能以简单的线性方式完成，因此研究传播过程，必须加入其他影响因素，动态地予以考虑。

从系统论的角度，以熵增理论考察线性传播模式，发现上述的信息传播系统只强化了信息传播过程中的几个要素，忽略了系统内复杂运动的相互作用，未能从动态、发展的角度解答信息传播过程中影响熵增和引入负熵等变量的问题，以此模式研究传播过程，容易流于平面的、线性的认识，缺少整体性的思考认知。

随着新兴媒介的强势发展，研究者开始意识到传统大众媒体传播模式存在的问题，以网络新媒体传播为特点的传播模式研究开始大量出现：美国学者埃弗雷特・M. 罗杰斯（Everett M. Rogers）敏锐地意识到一场"传播研究的革命"已经来临，提出"辐合传播模式"；中国传播学者邵培仁在《传播学》一书中提出了"阳光模式"，随后又在此基础上提出了"整体互动模式"[③]；美国学者多米尼克也提出了类似于"圆心辐射"的互联网大众传播模式。

上述的网络新媒体传播模式，都具有相似的结构特征，即以互联网设备环境为核心的圆心状辐射结构，且在传播过程中没有组织者和把关人。辐射传播模式改变了既有的单向模式——传播并不是线性的结构过程，而是内向流动的。新的传播模式很好地解决了新兴媒介提出的挑战，但不可忽视的是，这个模式本身也存在着一些问题，具体表现为以下两方面。

（1）以新兴媒介为中介环境核心的设计思路弱化了个体传播的能动性。在"圆心辐射"模式中，个体为新媒体中介的环境提供了信息原料"内容"，新媒体中介环境为个体及相关组织提供了"不同讯息"。事实上，在互联网大众传播模式中，对信息的解码、解释和编码都是由个体实现的，人在传播过程中充当着主体角色，富有创造性并能够贮存信息的网络中介环境提供的只是人机交互参与作用下的人造环境。许多模式忽视了这一点，只把人描述成被动的授受者。

（2）在媒介融合的语境下，采用以上两种传播模式都无法解释媒介之间，特

---

① 彭新武. 2003. 复杂性思维与社会发展. 北京：中国人民大学出版社，第 23 页.

② 于馨燕. 2007. 信息熵理论在广告活动中的应用研究. 企业经济，(3)：78.

③ 邵培仁. 2000. 传播学. 北京：高等教育出版社，第 53 页.

别是传统媒介与网络媒介之间融合互动的传播过程。新的网络传播范式往往都沿袭了传统媒介传播模式的建构思路，如整体互动模式中就突出了构成传播活动的四大圈层因素：核心因素、次级因素、边际因素和干扰因素①。以传播要素的作用关系链接而形成的整体互动传播模式，显然还缺乏对于传播渠道的整体关照。若考虑到系统内熵增等相关变量的影响，以及系统负熵输入所需提供的能量、信息、技术等因素，那么，既有的网络新兴媒介传播模式则仍有待于进一步完善。

4.2 融媒体传播模式

融媒体传播模式，是媒介融合过程中传统媒介与网络媒介在相同社会环境中的作用关系的简化形式，本研究将在总结既往传播模式的基础上，提出一种功能性模式：抛体–涡轮传播模式。

在对传播模式的分析与建构过程中，研究者根据不同时期的发展形式，倾向于建构一种趋向于整体表述的传播模式。从发展的视角来看，这些传播模式考虑到系统内部各要件之间的关系作用，强调环境的作用与影响。显而易见，任何整体性的传播模式，其内在结构一定是极其复杂的，结构元素的增加以及相关要素的不断输入都在一定程度上增加了人们对于模式解读的困难程度，这与“有意识而单纯化地描述一项事实”的模式定义背道而驰。传播模式是现代科学对传播过程和状态进行具体观察和描述的手段，目的是再现事物的运动过程，将千变万化的传播现象进行归纳和简化，使人们能够认识、观察和理解②。在目前的大众媒体传播模式中，传统大众传播模式与互联网大众传播模式往往被单独建构，在媒介融合语境下，笔者在吸收以往研究成果的基础上，试图提出一个关于新旧大众媒体传播的新的传播模式，即“抛体–涡轮传播模式”，以此来强化媒介融合环境下的简化的传播模式的建构。

关于传播的概念内涵，不同的人有不同的解释，诸如“信息共享”“劝服影响”“刺激反应”“交流互动”“传递信息的过程”等，不下数百种。我国传播学者郭庆光把传播定义为“所谓传播，即社会信息的传递或社会信息系统的运行”③。笔者更倾向于这一定义，从传播者的角度看，大众传播的实质是大众媒体对信息赋予动力使之在社会系统中形成流动。

对于传播模式的功能，卡尔·多伊奇（Karl Deutsch）于 1966 年在《政府的

① 毕耕. 2007. 网络传播学新论. 武汉：武汉大学出版社，第 44 页.

② 戴元光，邵培仁，龚炜. 1988. 传播学原理与应用. 兰州：兰州大学出版社，第 67 页.

③ 郭庆光. 1999. 传播学教程. 北京：中国人民大学出版社，第 5 页.

神经》一书中曾论述模式在社会科学研究中的作用①。根据他的理解，传播模式主要存在以下几个方面的功能。

（1）解释功能。用它观察和分析传播活动中呈现的种种现象，根据这些现象的外在表征加以文本性的解释，以此获得符号意义上的广泛支持。

（2）构造功能。不论是结构性模式还是功能性模式，都以揭示传播过程中各个系统或要素之间的排列方式、先后次序、形态、结构及其与外界环境发生的种种联系为立足点。

（3）简化功能。对于模式的概念，可以理解为具有理论特征的一种再现现实的简化形式。模式本身的因繁就简说明了其传播推广的价值所在。

（4）引导功能。传播模式可以引导人们对复杂理论的认知，并由此了解传播模式的特点及实践中的作用。

（5）预示功能。好的模式应具备一定的前瞻性，传播模式对于传播过程的演进，特别是现阶段媒介融合的特殊背景能够提供一定的演化的预示。

为了更加形象直观地表述信息流动的过程，本书提出“抛体-涡轮传播模式”的构想，这一构想缘于对媒介融合演化过程的考虑，既强调了作为大众媒体传播所需要的“抛体传播模式”，也顾及了新兴媒介网络传播所涉及的“涡轮传播模式”，媒介融合的演化过程就是上述两种模式的一体化过程（图 4-5）。也就是说，“抛体传播模式”和“涡轮传播模式”在一定的社会环境影响下②，最终演化成“抛体-涡轮传播模式”的一体化传播模式。与其他传播模式对于作用要素强调的建构方式不同，“抛体-涡轮传播模式”建构本身就带有强烈的“隐喻”性，其实质是融媒体传播模式，通过引入物理学两种物理运动模型，将复杂的信息传播过程简

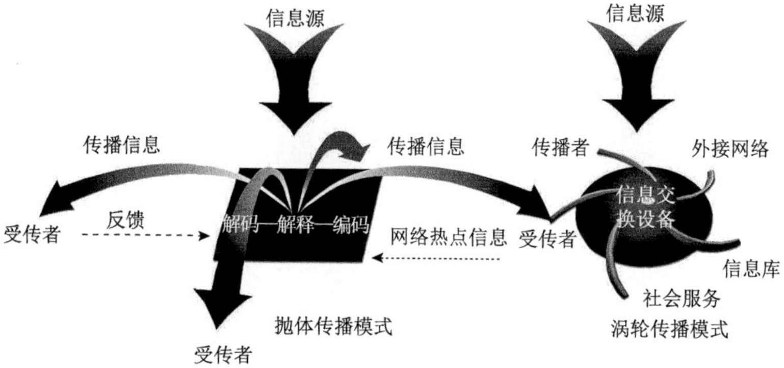

图 4-5　抛体–涡轮传播效果图

① 转引自吕杰，张波，袁浩川. 2007. 传播学导论. 北京：科学出版社，第 24 页.

② 需要的社会环境包括技术、政治、社会、经济、文化等系统的关系作用与影响，它们共同完成了对于“抛体传播模式”和“涡轮传播模式”融合建构的动力支撑。

单化、形象化，弱化传播过程中各种作用因素的干扰。与此同时，考虑到社会环境的影响和系统的开放性条件，“抛体-涡轮传播模式”将在引入影响要素并加以赋值的前提下，形成具有简化意义的融媒体模式结构，具体的传播模式参见图 4-6。

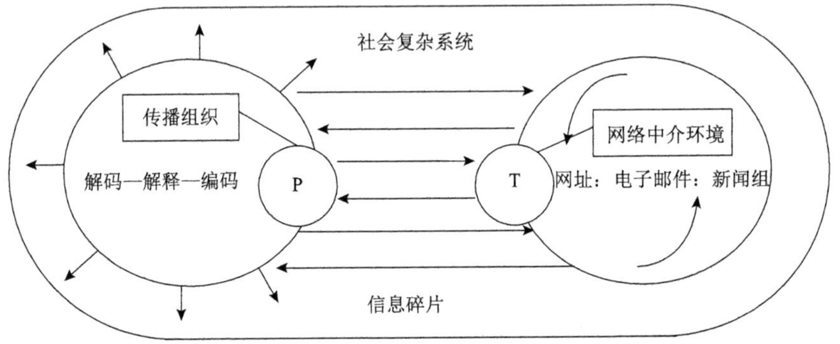

图 4-6 融媒体传播模式简图

注：P=抛体传播模式；T=涡轮传播模式

4.2.1 抛体传播模式

“抛体”是借用物理学一种运动模型的隐喻，意指大众传播过程中组织作用的意义。随着大众传播时代的到来，各种媒介信息裹挟着组织者的议题框架，散布在我们的生活之中。从组织的角度看，这些信息如同经过精心组织策划后不断抛向空中的“物体”，经过空中的短暂滞留后，纷纷落向地面。散落在一定区域的“物体”有的直接吸附在地面上，完成传播作用使命；有的由于惯性而自动弹起，形成次级的上抛与散落，这类似于“从人到人的面对面传播”，即人际传播；有的“物体”在落地瞬间获得了外部动力，经过了多次元的抛落过程，这类似于“在机器辅助背景中，一人或多人利用一种机械设备同一个或多个受传者沟通”，即机器辅助的人际传播[①]；还有的“物体”落到地面后，地面系统通过对物体形态加以处理，产生出众多同一形态的“物体”，有组织地抛向空中，落地后产生一定的溅落面，一些经过加工并被赋予动力的“新物体”落到地面后，可能后续还会弹起，形成多个波次的起落，这类似于一个复杂组织通过一个或更多的机器的帮助，生产和传递公共信息的过程，这些信息被送到庞大的、异质的及分散的受众那儿[②]。这种传播即传统的大众传播。正如“抛体”落地后只有极少部分能得以有效回收一样，传统媒介传播的反馈也是非常有限的，生产与传播的组织化过程不

① 李晓华，田智辉. 2009. 媒介研究：传媒学子论坛 2008. 北京：中国传媒大学出版社，序言第 2 页.

② 周庆山. 2004. 传播学概论. 北京：北京大学出版社，第 98 页.

能影响反馈过程的组织化。

在大众传播动力结构中，组织传播为传播活动助力。组织传播分为不同的层级结构，既包括了大众媒体的组织行为，也包括了信息传播过程中的后续传播中的组织活动。也就是说，推动大众传播过程的，主要是媒介机构和个体的组织程度。组织程度越高，信息生产效率越高，传播的范围越广，传播的影响也越大。"抛体传播模式"中，抛体者作为组织核心，为抛物赋予的动力促使物体抛射成为可能。此外，媒介系统具有的非平衡性，与抛体抛落过程的非平衡性也具有很大的相似性。从抛体传播模式来看，组织传播的动力作用不可忽视。

在大众传播关系中，传播过程体现为组织者-信息-受传者之间的线性关系。这种线性关系中缺少反馈机制，因此主要作用关系表现为组织者与信息之间的人-物关系、信息与信息之间的物-物关系、信息与受传者之间的物-人关系。相比于复杂系统的作用关系，这种关系无疑是简单且具有非长程关联性的。"抛体传播模式"的过程性关系恰恰说明了这样一点。

4.2.2　涡轮传播模式

相对于"抛体传播模式"，互联网大众传播建构的"涡轮传播模式"强调的则是互动与反馈，"涡轮传播模式"的提出借鉴了弗兰克·E. X. 丹斯（Frank E. X. Dance）的"螺旋形模式"①，同时也考虑到网络媒介所具有的"圆心辐射"等传播特征。"涡轮传播模式"作为物理学运动模型的隐喻，强调了信息的遍在性和去组织化。模式由"轴心""叶片"以及内容的"流体"共同组合而成。作为重要组件的"叶片"引申为系统外接网络、信息库、社会服务、传播者和受传者等子系统。当信息以流体状态输入"涡轮"，"涡轮"就会在信息交换设备提供的技术动力下运转起来。与"抛体"运动相比，"涡轮"形成的漩涡运动要复杂得多，而且系统始终处于一种相对开放的运动状态，时刻都保持着对信息的强大吸附能力。从组织传播的角度看，在这个信息漩涡系统内，并不存在组织者和把关人，所有信息可以即时存储和提取。

由于"涡轮传播模式"作用的复杂性，系统内往往会出现漩涡甚至湍流，这与互联网新兴媒介传播过程中出现的热点、网络极化等现象相对应，据此能够解释在新兴媒介传播环境中舆论的生成机制与动力属性。

在网络新媒体传播的动力结构中，去组织化与技术赋能成为"涡轮传播模式"的重要动力来源。技术赋能过程是互联网传播的重要动力，技术赋能与去组织化同时完成，共同作用于互联网传播系统。处在高速旋转状态的信息运动是离心的，

① 丹斯的"螺旋形模式"被看作是施拉姆循环模式的一种发展，强调了传播的动态特征，并描述了传播过程随着时间发生变化的动态过程。

而离心运动的信息群组所形成的中心化聚合过程最终形成了“处处是中心，无处是边缘”的新兴媒介传播奇观。

在互联网新兴媒介传播关系中，信息与信息之间存在着非线性关系作用，传播者与受传者的身份高度统一，在“涡轮传播”环境下，他们也成为信息的一部分，共同参与信息传播。这种传播模式中，信息要素之间呈现出弱作用关系，即信息之间会随时发生作用关系，又随时可能结束这种关系。

关于传统大众传播模式与互联网新兴媒介传播模式的区别与对比，一些学者认为传统大众传播模式是一种“推”的模式，而互联网新兴媒介传播模式是一种“拉”的模式。在“抛体传播模式”中，大众传播是一种“推”的模式（传播者把信息推给受传者）；在“涡轮传播模式”中，互联网新兴媒介传播是一种“拉”的模式（互联网系统吸纳各类信息，为传播者、受传者提供即时传播、存储与提取服务）。“抛体-涡轮传播模式”则是同时兼具“推”与“拉”的动态作用模式。

4.2.3 融媒体模式的功能性分析

若融媒体传播模式假设成立，那么就需要满足传播模式的一些基本条件，我们尝试以功能性为分析要件，在充分考虑媒介系统熵理论的前提下，通过对“抛体-涡轮传播模式”进行大众传播特性分析，确定该模式的可行性和可信度。

1.“抛体传播模式”的分析

1）传播要素及传播过程分析

传统大众传播过程主要包含以下要素：信源、编码过程、信息、渠道、解码过程、受传者、反馈的可能性和噪声的可能性等。这些要素形成了线性的关系作用。在“抛体传播模式”中，从接受信源到信息编码加工，再到“抛出”“溅落”，这些过程充分体现出信源、编码过程、信息、渠道、解码过程、受传者、反馈的可能性等大众传播要素的关系作用。其中，噪声主要来源于“抛物者”对于落体预期的偏差、受传者所处位置即环境等影响。“物体”在运动过程中，经历的“下落—抛出—飞行—落地”持续过程与信息传播过程高度相似，其时间的延续与空间的发布与信息传播过程也相吻合，因此抛体传播模式能够反映大众传播的基本过程。

2）传播模式的特点分析

麦奎尔对大众传播特征的描述，与“抛体传播模式”极其相似，具体包括如下几个方面。

（1）传播的公开性与开放性。在“抛体传播模式”中，信息以半球状向四周抛射，不针对特定对象开放，具有环境公开与开放等特点。

（2）接近“发送”设施的有限性和可控性。传统大众传播媒介一般采用点对面的交流方式，受众很少能获得与媒介直接对话交流的机会，虽然大众可以接受传播机构“抛来”的信息，但由于实际接触过程中受到条件限制，大众对信息的反馈也只是零星的、不具普遍性的。

（3）传播者与受传者之间的关系的非人格性。在大众传播过程中，大众媒体会“抛射”大量复制过的信息，由于受传者个体行为极其复杂，大众传播的信息无法全部满足所有受传者的个性化需求，因此难以认定传播者是在针对有统一人格特点的对象进行传播。

（4）传播效果的熵增与熵减。在信息熵理论中，当一种信息出现概率更高的时候，表明它被传播得更广泛。以“抛体传播模式”加以解读，“抛体”在空中滞留的时间越长（通过媒介给予能量，连续抛出，或多个媒介接力上抛），其受到的关注度越高。与其他“抛体”相比，它出现的概率越高，说明其传播的范围越广泛，所产生的信息熵值越小，传播效果也更加突出。

根据信息传播系统熵增来源分析，政治势力干扰、冗余信息增加、信息剧增、媒介无序竞争与信息传播周期缩短等因素作用于“抛体传播模式”，成为影响信息“涨落”和在空中迟滞时间的重要因素。这其中包括了“抛体”组织者的素养、对“抛体”的选择，以及“抛体”受到的重力、风速、空气阻力等的阻挠，这些都能成为影响“抛体”在空中滞留时间长短的主要因素。根据“抛体”过程中各要素的作用关系可以看出，“抛体”达到的空间高度及其空中滞留的时长等，均成为影响信息传播效果的熵增来源。

3）传播效果分析

在研究大众传播的宏观效果方面，目前比较重要的理论有“议程设置论”“社会说服论”“知识沟理论”“沉默的螺旋论”等[①]。其中“知识沟理论”提出者蒂奇纳认为，流入社会系统的大众媒体传播的信息一旦增加，那些具有较高社会经济地位且受过较好教育的人们，将比社会经济地位较低、受教育较少的人们更好地吸收信息，这样，信息的增长导致了知识沟的扩大而不是缩小[②]。从复杂系统的视角看，媒介系统处在一个非平衡状态，“抛体传播模式”强调的也是非平衡态和非理想态。接受抛体的地表不可能如镜面一样平坦光滑，而是存在着复杂的坑洼起伏。造成这种坑洼的原因是多个方面的，其中，接受落体缓冲的不同是一个重要原因，即凸起的地表比凹陷的地表更容易接受抛过来的带有黏滞性特征的物体（媒介信息）。这种积累随着落体数量的增加会变得日趋明显，地表的凸凹变化处在非平衡的动态结构，凸凹变化始终在发生着。也正是如此，部分落体接触

① 毕耕. 2007. 网络传播学新论. 武汉：武汉大学出版社，第 51 页.

② 转引自石庆生. 2001.传播学原理. 合肥：安徽大学出版社，第 180 页.

地面后，会形成漫反射的后续弹起，后续溅落方向则变得更为复杂。这类似于大众传播过程中包含着人际传播等的复杂传播过程。

2. 对“涡轮传播模式”的分析

互联网作为一种新兴的传播媒介，既有一般传媒所具有的单向传播的特点，同时又兼有非线性信息传播优势，因而成为汇聚人际传播、组织传播与大众传播为一体的传播模式，传播活动因此进入更为广阔、多元的媒介融合新时代。

1）“涡轮传播模式”的特点分析

同既往的大众媒体传播相比，网络传播具有交互性强、信息量大、传播速度快捷以及全觉传受等诸多特点。这些特点与“涡轮”工作的物理过程相互吻合，具体表现如下。

首先，资源丰富，信息量大。互联网被誉为“数字化图书馆”，各类信息资源在互联网上无所不包。从“涡轮传播模式”来看，信息进入“涡轮”系统后，在“叶片”带动下旋转起来，系统内处于流动状态的信息可以随时提取，系统内因此蕴藏了巨大的信息资源。

其次，即时沟通，双向互动。互联网的传播方式通常是非线性的，编者和读者、观众之间可以随时随地进行双向互动。在“涡轮传播模式”造成的信息漩涡中，信息既在整体上随涡轮旋转，流体内部也产生一定的位置变化，即位移，位移变化形成了网络与网民之间、网民与网民之间的非平衡关系，这使得关系各方的即时沟通与交流成为可能。

再次，信息定制，持续传播。只要信息交换设备静止不下来，网络传播就会一直持续下去。传统的大众传播过程以周期的方式存在与运行。互联网媒介则不需要任何周期，如同处于旋转状态的“涡轮”，其所带动的漩涡始终处于传播与接受的状态，除非设备完全停止，否则就不会突然中断。此外，互联网媒介传播与传统大众媒体传播的不同之处还在于，流向每一个受传者的信息并不是相同的，受传者可以进行信息定制。漩涡中的流体也处在自由运动状态中，作为“受传者”的叶片可以随时接触不同的流体，这在一定程度上增加了传播的效度。

最后，系统演化，负熵制约。以互联网为代表的新兴媒介信息传播过程中，系统熵增来源包括信息剧增、虚假信息泛滥、存在大量冗余信息、人为操控（网络推手与水军）以及监管不到位等。随着时间推移，互联网熵增会不断增加，对于传播效果的影响也会相应地发生变化。在“涡轮传播模式”中，大量信息流体的输入、叶片间的磨合、流体内杂质的存在以及流体运转形成的反向阻力等，这些因素的存在都将影响到涡旋形成的效果，即互联网传播效果。向系统内输入能量、引入负熵，是解决系统内自然熵增的主要途径。

2）网络传播效果分析：以沉默的螺旋论为例

沉默的螺旋论是德国学者伊丽莎白·诺埃尔-纽曼（Elisabeth Noelle-Neumann）在 20 世纪 70 年代提出的传播效果理论。她认为，大多数人都有被孤立的恐惧，于是人们便会在观察哪些观点占有优势后，采取相应的应对策略。如果有人的观点属于大多数一方，他就会侃侃而谈，而属于少数派者就会倾向于沉默，这种一方强势表达而另一方沉默应对的倾向便开始了一个螺旋过程，结果表现强势的舆论会更强，弱势的舆论会更弱。在具体的网络传播过程中，如果有的信息具有一定的传播价值，则很多人都会受其影响，并把它作为次级传播内容在人际间传播，并附上自己的赞辞[①]。这一理论提示人们，网络传播中受关注的信息，经过有效的策略传播后，会受到更为广泛的关注，否则就会沦为“沉默的螺旋”沉向另外一端，就此沉寂下来。以“涡轮传播模式”来分析沉默的螺旋论，涡轮转动带动网络信息流体快速旋转，形成一个巨大的漩涡，在这个漩涡里，持续运动使流体形成两个发展趋势：大部分流体不断下沉，运动变得缓慢停滞，最终陷落到漩涡的下端，除非再次被动力激活，否则这部分流体终将成为“沉默的螺旋”[②]。还有极少的一部分流体，在漩涡中逐渐变得活跃，在连续获取网络载体、网络“与众”所提供的能量等外界给予的负熵的基础上，流动速度逐渐加快，在旋转的同时不断向外跃迁，最终从漩涡中溢出，抛向系统以外的空间。在这一过程中，熵值会迅速减少，传播效果随即增加，成为人们广泛关注的网络热点或网红，随着社会系统持续的负熵供给，熵值会继续降低，传播效果持续增强，最终可能发展为受到社会广泛关注的新媒体话题。

3. 两种传播模式的对比分析

与早期传播模式不同，“抛体-涡轮传播模式”以物理运动为隐喻原型，建构起“功能性”研究模式，模式的突出特点是对传播过程的简化，这样更便于理解和识记。而通过对两种物理运动过程的对比，可以建构起相应的传播模式的对比分析路径。

在“抛体传播模式”中，组织传播者大量复制同一信息后在系统内抛出，抛出过程中，溅落面积的大小决定了传播范围及其影响；“抛体”角度决定了上抛的高度数值越大，水平的位移越小。根据熵增与传播效果的单调递减的关系，上抛过程意味着熵增的过程，在克服熵增的同时，增加水平方向位移，传播效果则愈加明显。抛体的溅落面，可以看作是媒介的信息接受群体的范围，溅落面越大，受众的群体越大。从“抛体传播模式”中也可以看出，信息接受者只能被动地接

① 雷跃捷，辛欣. 2001. 网络新闻传播概论. 北京：北京广播学院出版社，第 211 页.

② 张成良，甘险峰. 2011. 基于熵理论的“抛体-涡轮传播模式”研究. 中国传媒报告，(3)：37.

受媒介抛来的信息，反馈的渠道却无法充分体现。

在“涡轮传播模式”中，信息以流体的方式旋转，形成舆论漩涡。漩涡形成过程中，传播者和受传者彼此结成互动的关系体，他们在传播活动中的传受身份高度统一：传播者往往也是受传者。但与“抛体”强调抛出及其覆盖面积的特点相比，涡旋并不强调外抛效果，所以影响范围相对较小。为了更加清晰地说明两种模式所呈现的传播优缺点情况，下面把两种传播模式的对比分析列入表 4-1 中。

表 4-1 两种传播模式的对比分析

传播属性比较	抛体传播模式	涡轮传播模式
运动及信息传播特征	强调“外抛”，突出信息的覆盖	强调“旋转”，突出信息的互动
信息传播中的优势	（1）信息生产标准化，信源可靠 （2）传播范围广	（1）信息个性化传播，信源不确定 （2）柔性传播，互动性强
信息传播中的不足	（1）缺少与受众间的互动 （2）受到信息生产条件和各种框架的制约	（1）信息的真实性 （2）传播范围相对有限

基于表 4-1 的对比可以看出，两种传播模式在传播效果上均存在着一定的不足，而这些不足可以通过二者之间的融合得以完善。因此，如果两种传播模式能够得以融合，建立起相互补充的融媒体传播模式，则显得尤为必要。

4.3 融媒体传播模式的演进

4.3.1 融媒体传播的运行系统

媒介融合预示着更加广泛发掘和深度调用社会整体信息资源。在这一过程中，媒介融合实质上既不是媒介形态的扩张性增长，也不是媒介形态的简单替代，而是推进个性化信息需求的发展①。在目前多媒体共存的泛媒体时代，媒介融合是信息的最优化传播路径的必然选择，而不是孰优孰劣关系中的排斥与替代。

1. 媒介融合下传播模式的演进

一般系统论认为，系统的性质功能和运动规律只有从整体上才能显现出来，而系统的整体呈现出各组成要素所不具备的新特征，因此，复杂现象大于因果链的孤立属性的简单总和②。在媒介融合语境下，媒介融合所带来的因果链与其独立

① 高纲. 2007. 媒体融合：追求信息传播理想境界的过程. 国际新闻界，(3)：54.

② 魏宏森. 1983. 系统科学方法论导论. 北京：人民出版社，第 21 页.

的单一系统相比较，不单单是其简单的形态关系的交集。事实上，美国密苏里大学新闻学院（School of Journalism in University of Missouri）的布莱恩·布鲁克斯（Brian Brooks）甚至认为，“媒介融合是一个新闻学上的假设”[①]。然而，近年来随着理论研究与产业实践的发展，媒介系统内部整合日趋取得成效，媒介融合下的传播模式也在悄然间发生着变化，根据媒介融合假设获得的开放性思路建构一个特定的理想模型，可以更好地突显媒介融合语境下传播模式的演进。

在媒介融合过程中，“抛体传播模式”与“涡轮传播模式”经过渐进式接触和叠加，信息“外抛”或“旋出”的轨迹在一定程度上出现拟合。拟合后的运动，既表现出抛体的“抛物线”属性，又表现出“涡旋”向心运动的特征。基于上述要求，对于媒介融合下“抛体传播模式”与“涡轮传播模式”的复合运动，我们通过建构一个数学模型加以描述，这一模型就是“抛体-涡轮传播模式”，即融媒体传播模型。

2. 媒介融合的信息传播运行系统

信息传播系统有多种建构方式，不同研究者会从各自的研究需要出发，建构出不同的系统模型。相比于早期建构的传统信息传播系统，本书在前面已经建构出“抛体-涡轮传播模式”，随着媒介融合理想模式的进一步演进，在借鉴国内外专家学者研究成果的基础上，本着定性研究与定量研究相结合，以定性研究为主导的原则，笔者将媒介融合状态下的信息传播系统划分为信息生产系统、文化认同系统、组织传播系统、技术创新系统和资源影响系统等五个子系统，下面对这五个子系统逐一加以分析。

1）信息生产系统

对于媒介融合状态下的信息传播系统而言，要形成优化的传播效果，就要使每一条信息的生产做到全觉符号生产。信息传播最重要的基础是信息生产，离开信息生产的传播是没有意义的，事实上，目前的媒介融合思维也往往强调媒介的内容生产与传播，甚至有人提出了“内容为王”的观点。复杂系统中，媒介内容虽然不可能产生绝对的传播话语权，但至少全觉符号的信息生产能够对媒介融合产生最积极的影响。根据熵理论，信息熵本身就是负熵，信息流动就是开放系统边际，输入负熵以使系统保持在一个低熵的高秩序状态。

2）文化认同系统

任何传播都是一个说服与认同的过程。就传播主体而言，既包括本位传播主体，也包括上位传播主体和收受传播主体。不论是传统媒介的信息采编人员、受众，还是新兴媒介个体，都是影响传播的本位主体。传统媒介的组织传播中，媒

① 高钢，陈绚. 2006. 关于媒体融合的几点思索. 国际新闻界，(09)：51.

介的行政管理者、新闻政策的制定者共同构成传播的上位主体。传统媒介的组织强调了说服的价值，而新兴媒介则以寻求文化认同为共同体建构的基准。在新技术条件下，传播主体倾向于一体化，文化说服与认同也倾向于一体化。“人人即媒介”表明人人都可以发布他或她所希望发布的信息，并有可能产生大众传播效果，从而改变传统传播组织内部及其与外部的关系[①]。这种改变意味着传播主体与客体关系结构的改变，强化了社会环境中自我主体与收受主体之间的主体间性，拂去媒介组织的遮蔽而强化了文化认同意义。

3）组织传播系统

所谓组织传播，是指媒介组织凭借组织和支配性力量所进行的有领导、有目的的信息传播活动。融媒体传播中的组织并不等同于产业环境下的上述传播活动，而是基于互联网的信息时代组织管理的新观念、新方法[②]。信息传播特别是大众传播主要取决于系统的秩序化，组织传播在其中起到至关重要的作用。组织传播在海量信息参与传播的情形下，是消除冗余信息的前提和基础，从这个意义上说，融媒体传播实质是解除支配性力量的自组织传播活动。

4）技术创新系统

传播技术的迅速发展、传播新手段的不断涌现，使信息在全球范围内流动的水平日新月异。采用传播新技术、新手段，是推进信息传播现代化进程的关键[③]。新传播技术的出现不仅创造了新的作品形式，而且提供了前所未有的作品使用手段[④]。这一切都离不开技术系统的运行，技术系统所提供的技术熵是打造融媒体传播范式的重要动力结构，通过技术赋能，融媒体系统才能得以正常运转。如果说信息存储在一定程度上增加了信息的历时性作用，那么大数据技术则把融媒体传播推向时代发展的王座。

5）资源影响系统

媒介融合离不开社会资源的供给与调配，高科技创新从来不能离开各种社会资源的支持而独立存在。对于媒介融合而言，技术的升级、资金的保障、信息的存储，都能够对媒介融合产生积极影响。在媒介融合语境下，信息存储与提取被无限前置，甚至与信息传播同步交互进行，信息的实时存储也将信息传播背景加以延伸。随着融媒体传播的广泛普及，当代人类生活场景、最新事件、各学科学术成果记录和重视达到前所未有的高品质的速度、海量，这些毫无疑问都是拜高科技发展所赐[⑤]。资源影响归根到底还是社会环境的影响，也就是社会的重视程度，

① 刘正荣. 2007. “人人即媒体”与大众传播要素的质变. 国际新闻界，(4)：46.

② 顾伟泉. 2005. 网络环境下高校组织传播系统的构建. 黑龙江高教研究，(2)：29.

③ 闵大洪. 1998. 传播科技纵横. 北京：警官教育出版社，第 21 页.

④ 吴汉东. 1996. 现代传播技术中的合理使用制度. 南京大学法律评论，(2)：151-160 .

⑤ 王维胜. 2010. 数字媒介的断代之虞——关于信息时代文化存储媒介面临断识危险的思考. 传媒，(6)：154.

既包括由上而下的政府效能的发挥，也包括自下而上的融媒体传受采用。

4.3.2　由信息传播运行系统建构的模型

媒介融合状态下信息传播中的信息生产、文化认同、组织传播、技术创新和资源影响五个子系统，是确保媒介复杂系统负熵运行的关键因素，这五个子系统持续为系统注入动力，确保复杂系统处在一个熵增绝对值相对不高的环境下。为了建构“抛体–涡轮传播模式”的演进模型，本书将这五个子系统对应为信息维、文化维、组织维、技术维、资源维，这五个维度影响着媒介融合下的信息传播的熵值变化。

笔者将融媒体传播中传统媒介系统与新兴媒介系统彼此交叉接触进而融合为同一系统的过程与系统熵增、负熵流入等因素加以综合考虑，引入信息维、文化维、组织维、技术维和资源维等五个维度作为变量，借鉴天津大学李彩良博士建构的“和谐社会的锥体模型”①，建构出基于熵理论的融媒体传播系统的数学模型，模型外形状如流线型锥体，如同“陀螺”，所以将其命名为陀螺体模型，如图 4-7 所示。

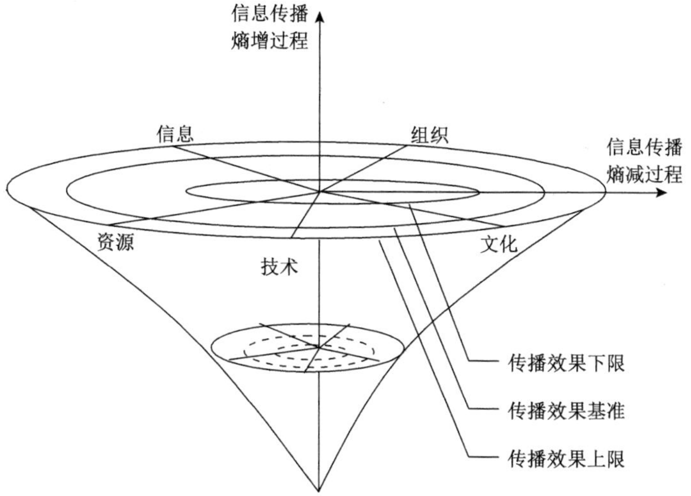

图 4-7　媒介融合下信息传播效果陀螺体模型

1）模型的数学表达式

$$E=K\cdot f(t,o,l,i,g)$$

其中，E 表示信息传播的总熵值，K 表示信息传播过程中的媒介差异系数，$f(x)$

① 李彩良. 2009. 基于熵理论的和谐社会评价与优化研究. 天津：天津大学博士学位论文.

表示信息传播系数的函数关系，t、o、l、i、g 分别代表媒介融合系统中的技术维、组织维、文化维、信息维、资源维等。

2）模型的纵坐标

纵向坐标表示媒介系统的自然熵增过程。包括生命体在内的万事万物都会随着岁月流逝，出现自然熵增的现象，逐渐走向衰亡。媒介系统也不例外，如果没有外在技术、信息和能量干预，没有“负熵”流入系统，那么信息传播的发展就会趋向于平衡，最终走向灭寂。以融媒体的“抛体-涡轮传播模式”来看，在“抛体”上升过程中，随着高度增加，其速度会逐渐降低，直至降为零。

3）模型的横坐标

横坐标表示在信息传播过程中负熵的输入。信息传播之所以能够在自然熵增的过程中得以不断发展，根本原因是媒介具有耗散结构发挥的作用，系统边际开放带来负熵输入，负熵输入则消减了熵值。陀螺体模型的横截面由几个子系统协同建构而成，决定着负熵流入的量度，即随着技术、文化、组织、信息和资源系统的不断升级完善，流入系统的负熵增加，信息传播的效果就会显著增强。五个维度相互影响、彼此制约。越靠近圆心位置，自然熵值越大；越远离圆心位置，由于负熵持续流入，熵值就变得越来越小。因此模型的横坐标越向外侧延伸，表明信息传播效果越好；越往里面延伸，传播效果则越差。

在陀螺体的横截面上，我们还可以看到，距离圆点越远，信息做离心运动所获得的速度越大，信息溢出的可能性也就增强。反之，信息很可能就此沉淀黏滞，失去溢出的动力和活性，就此沉默下去。

从信息运动的视角来看，同时参与“抛体”与“涡轮”融媒体传播 r 信息体的单向运动速度有三个：竖直向上速度 v_1、水平轴向速度 v_2、水平切线方向速度 v_3，如图 4-8 所示。

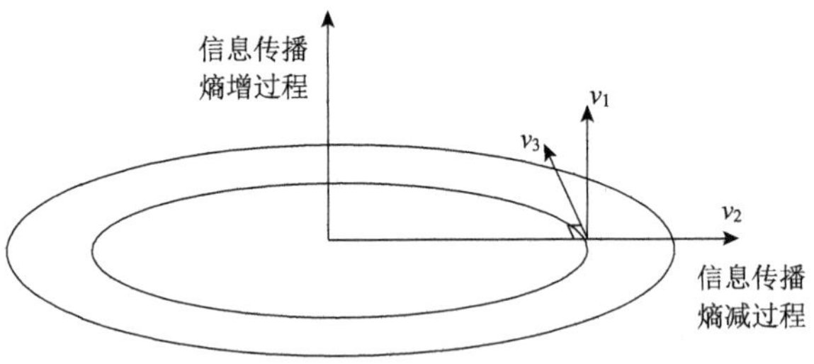

图 4-8 信息体运动速度示意图

根据矢量计算，三个速度矢量的拟合速度最终是斜向上方的，也就是说，信息在媒介融合语境下的传播的运动轨迹为从原点出发渐次向上伸展的螺旋状运动。这一螺旋状运动区别于丹斯提出的控制论传播模式的螺旋形模式，其与控制论模式的区别在于，本书提到的是信息截体的运动轨迹，而不是模式本身，是对单一信息体在媒介融合状态下的考察，主要强调了信息传播的过程、传播结构之间的关系。控制论的螺旋模式恰恰没能解释出传播结构、过程及其与社会结构、过程的紧密联系[①]。根据坐标的熵增、熵减变量，在信息体的运动过程中，竖直向上速度 v_1 越小，水平轴向速度 v_2 和水平切线方向速度 v_3 越大，信息体距离圆心越远，陀螺体水平方向所覆盖的面积越大，这一信息体的传播效果越好，引起的社会关注度越大；反之，竖直向上速度 v_1 越大，水平轴向速度 v_2 和水平切线方向速度 v_3 越小，上旋运动形成的陀螺体水平方向覆盖面积则越小，这一信息体的传播效果越小，引起的社会关注程度也就十分有限[②]。

根据前文提到的数学表达式 $E=K\cdot f(t,o,l,i,g)$，若根据媒介融合系统五个子系统的各维进一步确定二级量化目标，对媒介（或某一信息组合体）各项考察指标赋分，其中系数 K 可以在模拟计算过程中加以修正来获得，信息传播的总熵值 E 是可以量化得出的，但由于量化标准、数据处理等实际问题，具体量化过程还有待进一步处理。

抛体传播模式与涡轮传播模式虽然存在着显著的差异性，但是在技术动力作用下，如果将二者融合在同一场域内，那么抛体-涡轮传播模式将以一体化的模式形态得以呈现。在这种传播模式下，传统媒介的内容生产将得以保留，新兴媒介的特有的传播方式将在交互传播过程中不断发挥重要作用。实际上，抛体-涡轮传播模式指向的正是媒介融合的传播模式，通过系统控制确定融媒体传播模式，使媒介系统处在一个边际开放状态，既能够制造信息漩涡，同时也能兼顾信息标准化生产和传播，保证了信息传播的质量。这也是融媒体传播模式优于传统媒介和新兴媒介传播方式的优势所在。

4.4　媒介融合过程中信息的优化及应用

新兴媒介的强大生命力来源于其传播效能的无限化、需求上的个性化和时间上的即时性以及沟通上的互动性，也正是基于这些信息时代的新特征，新兴媒介才会在传统媒介的基础上有所继承和发展。正是考虑到自身的不足，传统媒介才主动寻求改变，整合传播方式，与新兴媒介融合发展[③]。目前，融媒体发展的趋势下，传统媒介在内容生产、品牌传播中有独特优势，新兴媒介则凭借技术和渠道优势占据着强势地位。在新的融媒体环境下，两者是一种相互依存、相互借鉴、

① 张国良. 2009. 传播学原理. 上海：复旦大学出版社，第 43 页.

② 张成良，甘险峰. 2011. 基于熵理论的“抛体-涡轮传播模式”研究. 中国传媒报告，(3)：40.

③ 石磊. 2009. 新媒体概论. 北京：中国传媒大学出版社，第 16 页.

共同发展的互补关系[①]。

4.4.1 融合媒介间的信息与能量交换

融媒体中“抛体传播模式”与“涡轮传播模式”都有各自固定的信源，两种模式必然存在着信息能量的自组织交换。交换过程中，有一部分信息能量经过“抛体传播”后溅落在“涡轮传播”系统附近，参与“涡轮传播”。互联网在进入中国的早期，主要以传统媒介为其信息来源。随着互联网技术的不断发展，传统媒介为延续其媒介环境中生态位的宽度，提高媒介复杂系统中的竞争能力，必然倾向于融媒体关系的作用与发展。融媒体作为媒介融合下产生的新兴媒介形态，既不同于既往的传统媒介，也不等同于新兴媒介，而是经由媒介信息融合并进行能量交换后形成的新的媒介形态。

近年来，信息由传统媒介刊发播出后，在互联网上引起舆论漩涡的个案屡见不鲜。相比于互联网从传统媒介吸收的信息能量，传统媒介从网络媒介吸收的信息能量还比较有限。一方面是因为传统媒介有着确定的信息来源和固有的组织传播范式；另一方面还在于互联网中充斥着大量无法确认来源的信息，可信度不高。笔者发现，传统媒介从新兴网络媒介中吸收的信息负熵，大都已经在网络媒介中广泛传播并引起过一定的反响。在“涡轮传播模式”中，极少数信息经过网络系统内的流动和跃迁，最终从系统内溢出，为传统媒介所采用。

按照融媒体的演化过程，随着大数据技术的兴起和云计算的不断升级，非媒介的媒介化过程加速，泛在传播的时代即将来临。在融媒体传播活动中，传统媒介与网络媒介系统既可以看作是独立运行系统，也可以看成是整体协同作用的大系统。前文中提出的陀螺体模型，就是融媒体环境下的理想数学模型。然而，在融合渐进的过程中，这一模型还无法对位表达，因此讨论融合媒介间的信息与能量交换，还需把两个系统区别开来。在媒介融合不断演进的状态下，对于传统媒介与网络媒介两个系统而言，均有社会负熵流入。负熵流入过程缓释了系统内熵增的积累。由此看来，融媒体传播的实质，并不是单一媒介系统的信息传播，而是聚合了传统媒介、新兴媒介和媒介化的“非媒介”形态的泛在传播形态。

4.4.2 融媒体传播的动态优化过程

融媒体是人类在信息传播过程中追求的到达信息传播理想境界的集合形态。即便是融媒体本身，也不是一个静态过程，而是一个动态的不断优化的过程。实际上融媒体形态并不是传统媒介与网络媒介间信息的交互作用，而是泛媒体时代

① 赵文君. 2007. 新媒体与传统媒体的变迁趋势. 科学新闻，(10)：13-15.

向媒介高度融合的超媒介时代的动态发展的具体操作过程。在这一过程中，传统媒介与网络媒介之间关系的竞争置换，而非排斥或消亡①，这势必导致一种更为复杂的演化关系：传统媒介的优势在于“抛”，即组织传播和把关人作用，传播信息的可信度高；网络媒介的优势在于“动”，突出的是即时互动，传播者和受传者可以随时通过网络终端机参与传播。两者互动时，网络媒介可以增殖传统媒介的信息并动员网络受传者参与互动，为传统媒介信息增加同质或异质的反馈声音；传统媒介则以其主流身份对网络热门信息加以辨识与认同，增加这些信息的可信度。

传统媒介与网络媒介的互动过程，正是相关信息议题传播的升级过程。顾明毅和周忍伟认为，媒介升级和受众升级具备正相关性，同步推动了舆情阶段的升级②。现阶段在新媒体得到长足发展的背景下，媒介融合带动了媒介的升级，媒介升级推动了受众的参与及传播模式的优化，推动了媒介融合与舆情发展的动态优化过程。本书以网络传播为起点，分析了网络信息在媒介融合的动力影响下对于传播模式起到的优化作用，如图 4-9 所示。

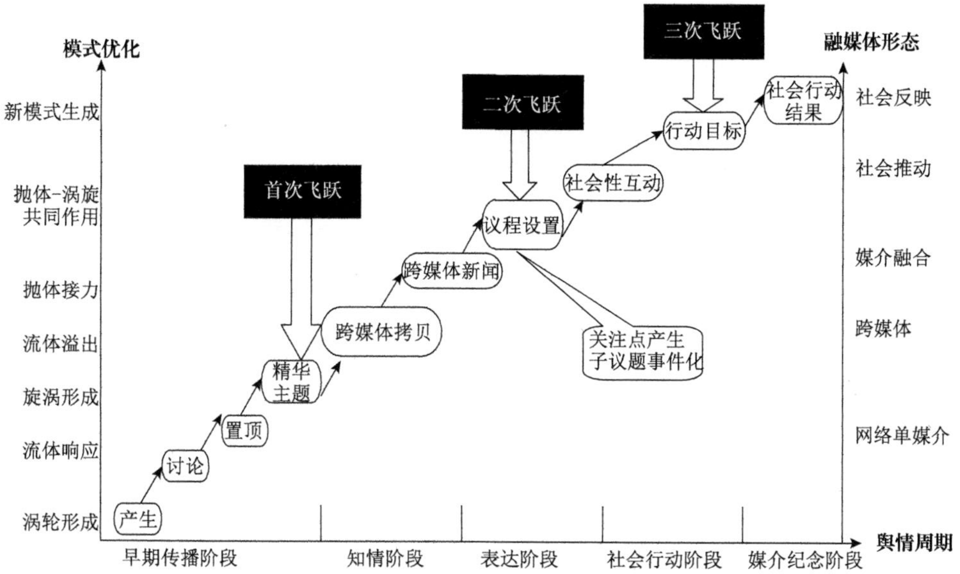

图 4-9　融媒体传播与传播模式优化示意图

在现有的媒介融合传播案例中，以网络媒介发布信息，传统媒介接力传播，并最终形成舆论的事件不在少数。以 2010 年 1 月引起国内外强烈反响的歼-20 隐

① 约翰·W. 迪米克. 2013. 媒介竞争与共存：生态位理论. 王春枝译. 北京：清华大学出版社，第 210 页.

② 顾明毅，周忍伟. 2009. 网络舆情及社会性网络信息传播模式. 新闻与传播研究，(5)：71.

形战机事件为例，实际上，网友们津津乐道的歼-20隐形战机在信息传播初期，只是几张并不清晰的图片，随着网民的不断围观，由图片衍生出的有关歼-20隐形战机的真伪、各项作战参数推算以及首飞时间等议题逐渐形成，实现了信息传播的第一次飞跃。受此影响，有更多的网民参与进来，更多的现场清晰图片出现在互联网上，引来更大场面的网上围观，最终引起了传统媒介的关注，实现了信息传播的第二次飞跃。传统媒介在网络传播的基础上设置新的媒介议程，并通过社会性互动（军事发烧友等远赴成都探访、拍摄军机照片视频）、相关部门的证实，形成了更大范围的传播，由此实现了信息传播的第三次飞跃。

在融媒体“抛体–涡轮传播模式”中，随着传统媒介与网络媒介的融合，两种模式相互接收整合对方信息的能力不断增强，图 4-5 所示的两种模式间的位移变小。二者之间生态位趋向于生命，整合对方信息的能力增强，传播的效果也就愈加明显。当两者无限接近，甚至达到完全重合时，这一传播模式兼具了“抛物体”和“造漩涡”的能力。两种传播模式最终合而为一，其运动过程得到最大限度的优化，运动轨迹也呈现出螺旋向上延展的趋势，信息聚合最终形成理想的陀螺体运动轨迹。多媒体信息在同一平台上形成能量互补，原有的模式也将演进成“抛体–涡轮”一体的融媒体传播模式，这正是超媒介时代的融合模式，而超媒介时代就是建立在诸多媒体相互叠加并且高度融合基础上的多维传播时代[①]。

随着网络媒介传播研究的发展和深入，区别于传统媒介的网络传播新模式正不断地被推出，但是经过对这些模式的对比与思考不难发现，许多传播模式只考虑到传统要素的相关性，由此建立起单一的传播模式。在媒介融合已日渐成熟的今天，基于熵理论建构的融媒体传播模式，动态描述了媒介系统的演化过程，强调了媒介在传播中的动力特征。本书通过对传统媒介与网络媒介的分别建构，并寻求二者之间的融合的演进，形象地模拟出大众传播的完整过程，解释了融媒体形态下传统媒介与网络媒介之间的交流与互动。

---

① 张君昌. 2003. 超媒介时代. 北京：新华出版社，第 3 页.

第5章 熵理论建构的媒介融合指标测评[①]

媒介融合是融媒体形态演化的具体过程。那么从影响融媒体的结构要素来看，主要存在哪些影响的动力性因素呢？从近年来关于媒介融合动力的相关研究中可以发现，技术影响与产业化发展影响受到更多的关注。关于技术影响的论述，如“媒介融合先知”，普尔认为“媒介融合是各种媒介呈现出多功能一体化的趋势”[②]。率先将“媒介融合”译介到国内的蔡雯也认为：“‘媒介融合’就是在数字技术与网络传播推动下，各类型媒介通过新介质真正实现汇聚和融合。”[③]美国新媒体研究专家约翰·V. 帕夫利克（John V. Pavlik）以及布鲁克斯（Ryan Brooks）、吉莉安·道尔（Gillian Doyle）、多米尼克（Joseph R. Dominick）等学者均认同媒介融合的技术价值影响。基于产业需求认知的观点也不在少数。凯文·尼曼（Kevin Nyman）提出的“大媒介产业”、雪莉·贝尔（Shirley Baer）提出的媒介产业相互作用等观点都是基于媒介融合产业化发展的思考。在对传统传媒业的策略调整及产业影响的研究上，喻国明提出了传媒产业的重构策略。陈力丹、郑保卫、杜骏飞、谷虹、黄升民、费菲、朱羽君等学者从产业融合、产业格局调整等层面加以论述[④]。

---

① 本章内容曾发表于《新媒体与社会》2018年第18辑，第93-116页.

② 转引自张利平. 2013. 新媒体时代传统媒介融合渠道与路径选择——以《华尔街日报》为例. 湖南大学学报（社会科学版），27(1)：157.

③ 转引自李晓芳，路晓. 2014. 从媒介融合看新闻学子应具备的能力. 新闻世界，(04)：298.

④ 以上参考的学者文献包括：喻国明，戴元初. 2008. 媒介融合情境下的竞争之道——对美国电视的新竞争策略的观察与分析. 新闻与写作，(2)：18-20；陈力丹. 2014. 用互联网思维推进媒介融合. 当代传播，(6)：卷首语；郑保卫，樊亚平，彭艳萍. 2008. 我国媒介融合研究的回顾与前瞻. 新闻传播，(2)：8-11；杜骏飞. 2007. 新媒介策略：“长尾”时代的双重博弈. 国际新闻界，(5)：65-69；谷虹. 2010. 我国媒介产业融合研究的核心话题——2005～2009年相关论文综述. 新闻记者，(6)：44-47；黄升民. 2010. 三网融合：构建中国式“媒·信产业”新业态. 现代传播，(4)：1-4；费菲. 2009. 广播业：行进在与网络的互动和融合中. 现代传播，(1)：42-44；朱羽君. 2009. 创新与现代媒体的核心竞争力——CNN 2008年美国大选报道策略分析. 现代传播，(2)：95-98.

事实上，来自社会系统的影响是多元且复杂的，在不同地域、时域所造成的影响均有所不同。在不同体制内，媒介融合的推动力也有着显著的差别。比如，我国政府层面的政策推进和议程设置，就成为媒介融合发展的一个主要动力。2017年1月5日，时任中共中央政治局委员、中央书记处书记、中央宣传部部长刘奇葆出席推进媒体深度融合工作座谈会时指出，推进媒体深度融合，要重点突破采编发流程再造这个关键环节，以“中央厨房”即融媒体中心建设为龙头，创新媒体内部组织结构，构建新型采编发网络。确立移动优先战略，创新移动新闻产品，打造移动传播矩阵①。从媒介形态发展规律来看，媒介融合是媒介系统演化过程中的内生性要求，是客观必然。也就是说，政策推动不是决定媒介融合的全部动力，而是能够影响媒介融合进程、强化媒介融合主体关系的组织性基础。

看得出来，作为复杂系统演化的一个缩影，媒介融合发展受到的影响比媒介融合本身更加复杂，希望以单一维度加以框范的做法势必不能对媒介融合做出合理的解释。这也是目前媒介融合发展中人们必须面对的现实问题。那么，如何对媒介融合进行指标测评，以及怎样的测评结果才能更好地反映出媒介融合的现状?

熵理论主要用以评测一个系统的有序程度，是具有量化性的系统环境的考察方法。在具体的指标考察过程中，面对眼下新兴媒介迅速崛起，传统媒介尚存有主流话语权和竞争力的现实条件，我们有必要考虑并建构一套评测融媒体态势下各融合媒介形态的指标体系，以期对不同融合态媒介加以评测分析。本书准备通过因子模式，采用熵理论知识对媒介融合加以指标性评测。

前文中提到，随着媒介融合理想模式的进一步演进，在借鉴国内外专家学者研究成果的基础上，本着定性研究与定量研究相结合，以定性研究为主导的原则，本书将媒介融合状态下的信息传播系统划分为技术创新系统、文化认同系统、组织传播系统、信息生产系统和资源影响系统等五个子系统。这五个系统中，技术创新系统作为显现的动力支撑系统，起着重要的影响作用；文化认同系统则强调人们对媒介融合中信息传受的认同；组织传播系统则包括了政府、媒介产业组织的协同作用；信息生产系统则强调媒介的内容生产与融合渠道传播的能力；资源影响系统强调了相关资源对系统的影响。

5.1 指标体系建立原则和目标

准确评价媒介融合的发展状态的关键点就是要选取一整套有利于操控的评价指标。选取的指标能够从所代表的不同的侧面反映出媒介融合的内涵和本质特征，

---

① 新华社. 2017. 刘奇葆：坚定不移推进媒体深度融合. http://cpc.people.com.cn/n1/2017/0105/c64094-29002239.html[2018-10-15].

且指标之间一定要确保具有独立性、可测性、可比性，以及指标的数据具有可得性。指标的系统组合能够从不同视角、不同侧面系统反映出媒介融合演进的具体情况。

5.1.1　评价指标综述

从媒介产业化发展至今，对于媒介传播的相关指标评测方法可以说层出不穷，从评价主体来看，一般分为官方或相关科研机构进行的评价和专业公司的市场评价。其目标往往强调对媒介产业化程度的衡量，因此广告额度、发行情况、收视情况以及市场份额等成为主要考察目标。

1. 市场行为的评价指标体系

媒介作为一种产品，应以信息的商品价值作为产业发展的基础前提，然而在我国，现实的媒介产业化驱动力主要还是以广告投放为主导。以报纸为例，发行量、平均期印数、总印数、出版定价总金额等指标均成为早期报刊市场地位的衡量尺度。随着市场的细化与专业程度的提高，广告业主在投放广告时，已不仅仅把发行量作为报纸影响力的唯一评价指标，阅读率成为广告价值的核心指标之一；在具体的操作层面，又把平均每期阅读率作为主要考核指标[①]。平均每期阅读率强调某报纸刊物在某一时间或时间段平均每期读者人数在调查总体中所占的比例。它量化了平面媒介的阅读情况，因此受到广告业主和公司的青睐。此外，广告千人成本、媒介的读者特征、读者消费形态和生活形态、读者的交叉重叠等也是广告业主非常关注的指标。

电视的评价指标则相对比较丰富。前些年电视台广泛使用的央视索福瑞评价指标，主要强调的是收视率和市场份额指标。一般来说，电视台往往在强调收视率的基础上强调综合评价体系的建立。作为中国电视旗舰频道的中央电视台 2002 年推出的综合评价体系方案，通过“三项指标”即客观评价指标、主观评价指标和成本指标对具体栏目加以评测。其中，客观评价指标是以收视率为基础，兼顾其他影响因素，强调节目收视表现情况的指标；主观评价指标强调了相关专家、领导对结果的综合评议情况；成本指标则反映出节目的投入与产出情况。这一体系通过对三项指标加权处理获得综合评价指数，作为最终的电视节目（栏目）质量高低的评测标准。中央电视台的综合评价体系方案曾作为国内许多地方电视台的节目评估标准，影响比较广泛。

总体来说，上述相关评测指标体系曾经对媒介产业化水平评估发挥过积极作用，推动了媒介的产业化发展。但不得不提的是，仅以媒介信息的到达率作为评

---

① 虞国竹. 2002-11-12. 关于报纸评价的几个指标. 中华新闻报，8.

测标准，而未能对媒介内容本身的影响做出评测，其评测的数值无疑是模糊的，难以准确、全面地反映媒介内容的影响效度。

2. 媒介融合下的融媒体指标评测

随着媒介融合的深入发展，以及内容、技术、模式等全方位、全面化融合，原有的评价指标体系已无法完成对于融媒体形态的评测，建立一个系统性、动态性和可操作性的有机测评体系成为时代之需。对此，有人以报纸为例提出建立媒介融合背景下新域评估、领域评估、跨域评估相结合的“三域”影响力评测体系[①]。新域评估强调报纸内容在新型媒介平台上的影响和作用，包括“两微一端”（微博、微信及新闻客户端）的综合影响。微博二级指标中把发博数、原创发博数、粉丝数、点赞数、转发数、评论数等多项评估指标量化综合形成 BCI（微博传播力指数）。领域评估强调的是媒介原渠道的传播与发行，线下通过纸媒的内容和市场指标的统计进行考核，线上则通过对网上内容传播影响力的评估获得。跨域评估是基于新域评估和领域评估基础上的综合评估，既包含对报纸本身的评价，又包含对“两微一端”三大移动产品平台的传播力的评定。

应该说，“三域”影响力评测体系考虑到了媒介融合产生的跨媒体影响，这相对于传统的一维测评视角无疑是一个突破。

媒介融合指标测评正日益引起全社会的高度关注。2016 年底，由人民网研究院研发编制，由人民网舆情监测室采集相关数据、人民在线完成的《2016 中国媒体融合传播指数报告》正式发布。该报告通过对我国报纸、杂志、电视、广播等媒介在多种渠道的传播力进行评估，推出了四类媒介的融合传播力榜单，并对国内媒介融合传播的发展现状、特点进行了分析。这是我国首次发布媒介融合传播指数的报告[②]。

笔者在对指标体系进行分析后发现，《2016 中国媒体融合传播指数报告》指标评测思路与“三域”评测异曲同工，即通过对报纸、杂志、广播、电视等媒介在线上、线下传播数据的分析，确定这些媒介的传播力，从而获得不同媒介融合传播指数的排序。

应该说，《2016 中国媒体融合传播指数报告》是一个良好的开端，在媒介融合系统环境中，第一次把单一评测指标放置于不同的媒介形态中加以测量并获得量值。在媒介融合日益深化发展的今天，这种评测办法无疑具有积极的影响力。

从系统论视角看，有关媒介融合传播指数的评测还存在着一定问题，具体表

---

① 郝雅婕. 2016. 媒体融合背景下纸媒影响力评价——“三域”影响力媒体评估体系的建构. 青年记者，(32)：67-68.

② 人民网研究院. 2016. 人民网总编辑余清楚发布《2016 媒体融合传播指数报告》. http://media.people.com.cn/n1/2016/1215/c120837-28952077.html [2019-02-11].

现为以下两个方面。

首先，媒介融合评测需要考虑主体性问题。

目前关于媒介融合传播指数的评测，基本思路是以传统大众媒体为考察主体，新兴媒介作为大众媒体传播的渠道或工具，也就是说，媒介融合的前提是传统大众媒体主导下的渠道延伸。在这样一种语境下，新兴媒介作为工具处在被支配的地位，只能作为媒介内容传播的一个渠道，这实际上强调了“大众媒体+互联网（移动互联网）”的思路，与国家战略的“互联网+”政策有所区别。关于互联网连接，“互联网+”强调的是以互联网思维为导向的媒介连通关系。“借用‘信息熵’的概念来说，‘互联网+’生态中，实现连接的层级单位越小，熵就越低，商业活动、社会经济的耗费就越少，效率就越高，确定性就越强，有序程度就越高，生态体系也越有活力。”[①]除了层级连接单位，连接的主体和方式也影响着“信息”的量度，主体越是多元，熵值越低，有序程度也就越高。

从媒介融合发展实践来看，目前我国媒介融合形成了两种发展路径：一种是在政府引导下主流媒介推动的自上而下的媒介融合，其着眼点是主流媒介的产业链的延伸与扩张，以形成适应社会传播话语体系的新型传媒生态，上文中提到的媒介融合指标评测体系就是基于这样一种逻辑起点；另一种是自下而上自组织形态下的媒介融合，这种融合方式渠道多元，主体也多元。如今日头条在具体运营过程中强调信息传播平台的建设，建立一个大数据支撑的媒介内容平台，并通过运算方式有目的地推送新闻，形成定制态的信息载体。比如微信公众号，是聚合无数媒介发布平台（包括主流媒介）的信息运营端。“三域”影响力评测体系与人民网的媒介融合传播指数评测均在强调前一种融合路径，而忽视后面一种自下而上的融合路径。因此，这种评测并不全面完整，当然，出于主流媒介本位的视角考虑，这种融合的借鉴意义仍然存在。

其次，媒介融合评测应该考虑主要导向问题。

关于媒介融合的主要导向，要充分考虑内容主导和技术主导、服务主导和新闻主导、模式主导和影响力主导等问题[②]。从系统构成的视角看，上述要素是构成融媒体系统不同维度的要素，这样的要素具有“二象性”哲学特征，因此在媒介融合测评系统中均应予以赋权考虑。前述测评体系强调的仍然是单向度的：在强调内容主导性的同时，将技术作为工具和渠道；在强调新闻主导性的同时，忽视了媒介所应提供的服务；在强调媒介形态主导性的同时，忽视了关系作用。严格意义上说，《2016 中国媒体融合传播指数报告》是狭义的评测指标体系，不是媒介融合，而是

---

① 马化腾，张晓峰，杜军. 2015. 互联网+国家战略行动路线图. 北京：中信出版社，前言第 3 页.

② 三个主导并重借鉴了东方网总裁、总编辑徐世平在第六届山东文化创意产业博览交易会上进行的题为《风停了，摔死的肯定是猪——关于媒介融合若干问题的思考》的主旨演讲，他提出了“模式主导和影响力主导并重、技术主导和内容主导并重、服务主导和新闻主导并重”三个主导并重的观点。

新闻融合。媒介融合过程中的技术价值、服务价值和关系价值，恰恰是互联网思维的核心指向，忽视了这些价值，就等同于在媒介融合过程中弱化了新媒体的作用。

媒介融合从本质上看是复杂系统演化的过程，因此从单一维度寻求影响因子显然是不可取的，忽略了其他因子的协同作用。事实上，媒介融合形成的生态位的竞争，并非来自主流媒介之间的席次之争，而是放眼整个融媒体系统，从多层次、多视角选取评测指标，确定出来的媒介融合传播指数，这正是本书希冀建构的媒介融合评测指标的出发点和落脚点。

5.1.2 指标体系建立原则

评价媒介融合过程与状态必须要有一套明确的量化指标，指标体系的建立是媒介融合指数评价的核心部分，是关系到评价结果可信度的关键因素。构建科学合理的媒介融合指标评价体系应遵循科学性、系统性、综合性、协同性、动态性基本原则。

1. 科学性原则

媒介融合指标评价体系首先要遵循信息传播规律和认知规律，采用科学的方法和手段，确立的指标必须是能够通过观察、测试、评议等方式，经过系统检测后得出明确结论的定性或定量指标。结合融媒体传播的各项指标，采取定量和定性调查研究，指标体系应能够较为客观和真实地反映媒介融合的发展过程与状态，从不同角度和侧面对新媒体与众的媒介融合水平加以衡量。指标体系过大或过小都不利于做出正确的评价，因此，首先要采取科学态度选取指标，把握科学规律，以便真实有效地做出评价。

2. 系统性原则

融媒体系统作为媒介系统的组成部分，是社会复杂系统的重要组成部分。从系统开放角度来看，考虑到融媒体的系统性才能更好地把握新媒体处于媒介系统，乃至于社会复杂系统中受到的不同因素的影响。与此同时，融媒体系统作为子系统也必然影响到媒介系统及社会复杂系统内部各要素之间的相互作用。“系统性”要求媒介融合测评坚持整体观念，把融媒体系统看成社会复杂系统中的一个子系统加以对待，指标体系要综合反映不同社会复杂系统中各子系统、各要素之间的相互作用方式、强度和方向等各方面的因素，是一个受多种因素相互制约、相互作用以期达到一个系统平衡态的量。因此，必须把融媒体视为一个系统问题，并基于多重因素来加以综合评估。

3. 综合性原则

任何整体都是由一些要素为特定目的综合而成，媒介融合作为一项系统性、综合性极强的产业活动，是由媒介传播、产业发展等多种要素构成的复合过程，这些要素通过结构联系、领域交叉、跨学科综合形成了复杂系统，仅仅根据某个单一要素进行分析判断，极容易做出不符合规律甚至错误的判断，媒介融合指标测评过程中应综合考虑各要素，通过多参数、多标准、多尺度分析、衡量，从整体的视角出发，注重多因素的综合性分析，获得一个足以满足媒介融合评价要求的综合性指标体系。

4. 协同性原则

在建构媒介融合测评体系的过程中，不但要考虑新媒体与传统媒体之间的区别与联系，更要重视传统媒体与新媒体之间的积极互动。也就是说，既要考虑二者的相干性，又要考虑二者的相关性。因此，不能不考虑传统媒体产业对新媒体产业产生的正面迁移作用。这就涉及系统内的协同性问题，协同性要求不以概念的不同对相关系统加以区别。协同性不仅是一种操作手段，也是一种指标体系的建构原则。

5. 动态性原则

整体性的相互联系是在动态中表现出来的。作为现实存在的系统、联系和有序性是变化的，不变的东西是不存在的。融媒体系统是一种时域性很强的系统，融媒体系统由于社会突发事件等动因以及人际作用而时刻都可能发生变化，媒介融合过程中的变量可能不断被打破，因此，媒介融合本身就是一个动态发展的变量，随着新兴媒介技术及个体的适应性选择的不同而随机变化，呈现出非线性变化规律，媒介融合评价指标就应该反映出评价目标的动态性特点。这与以往对于媒介融合的解读有所不同，也就是说我们建构的评测标准只是系统动态发展过程中的一个相对静止呈现的镜像。

5.1.3　融媒体的指标表征

建立指标体系首先选定能够客观充分表征每个子系统的指标。我们按照社会系统的构成，从五个方面选取指标，表征的社会特征如下。

1. 信息维

媒介融合，融合的是什么？人们首先想到的就是内容，推进内容融合传播是媒介技术创新条件下的必然选择。推进媒介内容融合，能够不断挖掘媒介的品牌资源，形成具有广泛的受众资源与品牌影响力的品质传播；推进内容融合是满足人们不断提升的信息需求，以此形成个性化、多元化、移动化的内容供给；推进内容融合是提升媒介竞争力的必然选择，从媒介的社会功能本位来看，媒介之间的竞争本质上还是媒介内容的竞争，这是媒介得以生存发展的核心竞争力。也正是因为媒介内容的价值，传统主流媒介的融合往往以内容的多元化、全觉式生产为基本思路，开展媒介融合产业活动。事实上，传统主流媒介能够在不断涌现的新兴媒介环境中保留核心竞争力，就是指主流媒介的话语权问题。在今后很长一段时间内，主流媒介的话语权都将成为其在媒介融合中具有主体性关系的重要保障。

在推进内容融合过程中，也存在着一些需要解决的问题。

（1）内容融合的主体关系问题。眼下，推进媒介融合的主体主要还是国家，由此形成传统主流媒介以内容融合为基点的融合思路。这种自上而下的融合主体关系不清晰，媒介融合的处理往往被弱化，要么机关作风严重、管理行政化，要么放任不管，仅抓主流媒介的内容生产。

（2）内容品牌意识较差。品牌化的内容是媒介最可宝贵的资产，是媒介的核心竞争力，是开拓和维护受众资源的重要途径[①]。但是，一些传统主流媒介缺乏品牌化意识，不能科学策划品牌定位，在网络原著版权纷纷崛起的当下，仍然没有树立起品牌意识。

（3）内容生产方式不合理。传统媒介的内容生产的线性模式，在媒介融合语态下并没有改观，媒介融合的内容往往还是传统媒介生产的固有形态，不能符合人们日益增长的对于全觉符号的需求。

2. 组织维

融媒体形态的演进过程，实质上就是系统负熵引入的过程，从组织意义上看，意味着有序化和组织性增强。融媒体形态结构是研究媒介融合环境中不同媒介形态参与融合而形成的趋于稳定的结构模式。在具体的演进过程中，主导融合的媒介种群往往能够成为融媒体的核。从结构意义来看，具有吸聚、协调与支配其他节点的功能，并因其衰败而使系统局部或整体招致衰退甚至于瓦解的节点媒介或种群被称为融媒体的核。根据现有的媒介融合发展状态来看，媒介融合是一个发展演进的概念，同时作为不平衡态也是一个随时间、区域与行业不断调适的动态过程。一些本着产业发展意识的融媒体核心根据产业发展需要，被谋划为一个个中心强“势”而周围其他媒介在不同“位”上配置关联的微小系统。很显然，这些微小媒介融合系统并非是孤立的，而是不断寻求扩张或收敛变化的。不同融合形态的微小系统组成的复杂系统群落最终成就了媒介融合的复杂系统。

我们首先运用熵理论的数理评价来确认一下融媒体演进过程中，单核心作用与多核心共同作用的有效程度如何。

我们根据熵理论先确定评价媒介融合结构的两个量度：效度熵和质量熵。前者是衡量组织媒介的有效性和时效性；后者考察的是信息经由不同媒介节点在传

---

① 刘亮. 2015. 媒介内容融合的主要问题及研究对策. 现代传播，（11）：156.

受过程中的准确性。这里我们借鉴网络组织结构的信息传播的熵值计算办法，对媒介融合过程加以评析①。

下面给出两组媒介关系结构图，图 5-1 为单核环状结构图，图 5-2 为立体多核网状结构图。图 5-1 中节点 1 为核心，它作为四个环形结构（微小系统，可以表示同一种媒介形态的种群，如不同报纸构成的种群）的共同核心，显然与共建系统内的各节点均能够发生作用。图 5-2 中节点 1 和节点 2 共同作为核心，处在立体结构的核心位置，与其他各个节点均能够产生交互作用。

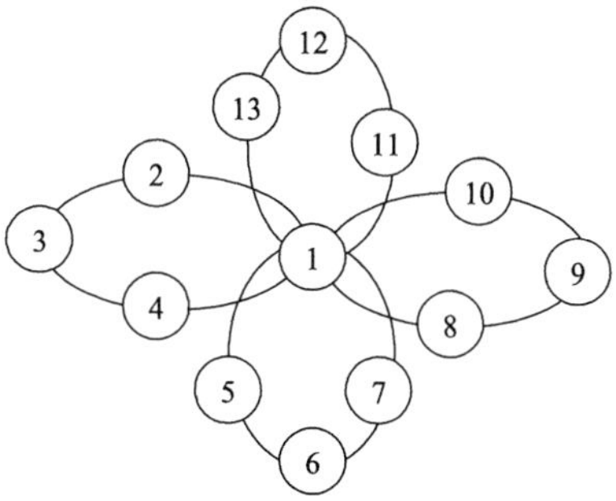

图 5-1　单核环状结构图

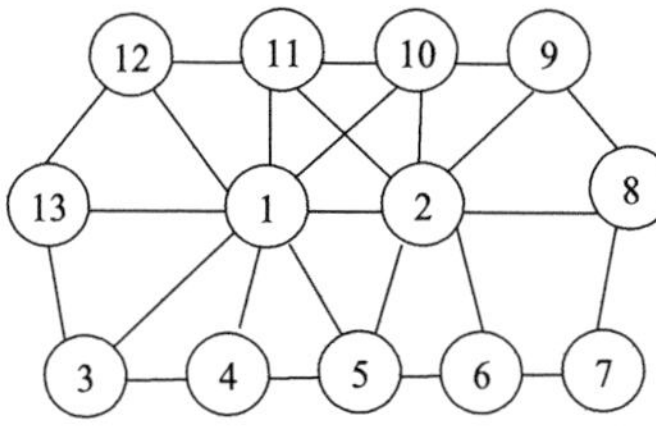

图 5-2　立体多核网状结构图

经过对两种结构图连接方式进行效度熵与质量熵的分别统计，运用社会网络分析软件 UCINET 工具可以得出相应数据。按照两种熵值赋分均为 0.5，得出综合数值如表 5-1②所示。

表 5-1　两种组织结构有序度的比较

组织类型	效度熵 H1m	质量熵 H2m	效度 H1	质量 H2	有序度 R
环状单核	6.175	3.500	0.172	0.300	0.236
立体多核	6.178	3.584	0.140	0.371	0.255

① 阮平南，杨小叶. 2010. 基于熵理论的网络组织结构评价模型. 武汉理工大学学报，(23)：183-186.

② 两种组织构型参照阮平南、杨小叶设计的结构，数据统计参考了以下论文的统计图表：阮平南，杨小叶. 2010. 基于熵理论的网络组织结构评价模型. 武汉理工大学学报，(23)：183-186.

表 5-1 中可以看出，环状单核的效度高于立体多核，但在质量的比较上却低于立体多核。这表明媒介关系结构中环状单核与立体多核各有优势。但从总体的有序度来看，立体多核的网状组织有序度更高，说明媒介关系从单核中心向多核演变是必然趋势。

上述案例充分说明在组织结构关系中，多核所形成的秩序性往往高于单核所形成的秩序性。这充分表明，随着新兴媒介技术的快速发展、媒介形态的不断出现，媒介之间的复杂作用所产生的组织性不但不会降低，甚至会高于单一媒介形态所产生的秩序与状态。仍以媒介形态及其关系为例，报纸诞生的初期，尽管媒介生态环境比较单一，但具有垄断地位的报业集团核心所推动的组织秩序并不见得高于今天多核心的媒介生态秩序。

3. 技术维

纵观媒介形态演进的历史，媒介的每一次革命性发展都离不开技术的支撑，融媒体作为媒介形态演进的历史片段，也必然受到技术的推动和影响，技术是媒介形态演进的双翼，是媒介历时性发展的最主要动力。唯其如此，技术发展一度遮蔽了其他系统要素对于媒介形态演进的影响。美国新闻学会媒介研究中心主任安德鲁·纳齐森（Andrew Nachison）认为媒介融合实质就是印刷的、音频的、视频的、互动性数字媒介组织之间的战略的、操作的、文化的联盟[①]。纳齐森强调了融合过程的操作方式，也就是传统媒介与网络媒介传播手段的融合。归根到底，媒介融合的操作还是技术性的，是运用新技术改造传统媒介。

事实上，媒介融合的技术性要求并不是新兴媒介技术本身，而是技术形态演进后对于媒介传播流程的技术整合与再造。从复杂系统看，媒介融合过程并非是各影响要素同时作用的，而是具有一定层次的各要素的非线性作用的叠加过程。组织作为结构引擎，隐现于媒介融合之中；技术作为动力引擎，决定着融合的主要进程。在媒介融合语境下，确切地说，与其说媒介融合依靠技术驱动，毋宁说它更需要的是创新驱动。技术可以看作是媒介融合的必要手段，创新则是运用技术获得系统升级的直接目标。

当然，技术维不是孤立地存在于融媒体环境之中的，它与信息维、组织维、文化维、资源维之间存在着动态的非线性作用与调适关系，这也促使媒介系统变得更加复杂。

4. 文化维

在媒介形态演进的考察过程中，少有基于社会文化视角的讨论。然而媒介作

---

① Nachison, A. 2001. Good business or good journalism? Lessons from the bleeding edge (Paper presented at the World Editor's Forum). Hong Kong, China.

为文化产业的组成部分，必然处在一个社会文化包围的环境之中，因此，社会文化对于媒介融合的反应与影响不可忽视。德国学者斯德博认为，来自社会和媒介的改进都源于人们对文化、社会、政治、法律、经济和技术等现状的不满。有人是创新者，有人则反对创新，于是关于现状或进步的争吵总是喋喋不休。最终的结果往往取决于使用与满足，也就是人们更倾向于认同新的文化性和社会性技术[①]。融媒体发展过程，实质上是人们对于媒介形态演进过程中传统媒介与网络媒介融合关系过程的争论，并由此形成认同与接受的过程。事实上，由于融媒体形态涉及多系统、多要素的复杂作用，因此，认同与接受的过程也并非轻而易举，往往掺杂着反复的协调与争论。其中，政治、经济、技术等系统要素均影响着社会文化的最终形成。而且，即便是相同的融媒体形态，处在不同的时空环境中，以及处在不同的族群环境中，都可能发生不同的解读和争论，由此形成千差万别的作用关系。因此，相对于理性的技术形态，文化形态往往更容易引起融媒体发展的反复振荡与调整。当然，融媒体发展的振荡与调整，正是媒介系统处在非平衡态，以及系统熵值呈现或增或减的过程，也是媒介系统得以不断演进的一个前提。

5. 资源维

融媒体发展之所以要引入一个资源维的视角，是因为媒介融合的动态过程实质上就是各种资源不断进行非线性作用和影响的过程。在媒介融合评测指标表征系统中，资源是为推动媒介融合各社会系统所能提供的推动媒介融合的基础保障。资源，相对于其他各影响维度而言，更加倾向于客观的评价。从宏观上看，媒介融合需要社会其他系统的协同作用，形成宏观上的作用与影响。

从中观视野上看，各媒介种群内部的组织管理、协同作用，以及媒介自身的系统运营，均涉及资源调度与运用。中观视野的关系相较于宏观视野，更加具体，其连接点更为准确而清晰。如单一媒介内部结构的关系作用，更易于观察与分析。

微观视野上的关系，是基于“人”的传播活动的资源影响。新兴媒介创造了新型人际传播关系，使每一个个体都成为传播活动的一个节点，同时也促进了传受一体化的进程。在融媒体环境中，个体之间的关系更加复杂微妙，既可以看成是媒介环境下传播活动的一个缩影，又可以看成一种新的传播资源的变迁。因此，基于“人”这一资源的传播关系的观察与讨论，是融媒体时代考察媒介活动的一个重要维度和参量。

上述的例证也仅仅在于说明复杂系统环境中多元核心共同作用产生的秩序和意义。

---

① 鲁道夫·斯德博. 2007. 媒介进化是什么——新媒介历史的理论化阐释. 尹良润编译. 国际新闻界，(10)：56.

5.2 融媒体信息熵模型的定量分析

前文提到的融媒体传播模式，主要是从功能性视角分析考察媒介融合过程中的传播过程、功能实现等问题。根据模式建构而成的“陀螺体”模型则以量化的视角分析融媒体系统演化过程中各变量的作用及其产生的负熵量度。也就是说，从模式到模型，我们完成了从传播模式定位到模式的定量分析模型的建构。那么，在具体的融媒体环境中，如何应用上述的模型对媒介系统加以量化分析呢？

5.2.1 融媒体评测指标的选取

前文中我们对媒介系统子系统加以分析，并提出媒介系统由价值规范、文化认同、组织传播、技术创新和资源影响几个系统维度建构而成，进而提出系统负熵引入的几个维度：技术维（技术创新）、文化维（文化认同）、组织维（组织传播）、信息维（信息生产）和资源维（资源影响）。对媒介融合指数的评价，实际上就是从熵理论的视角，考虑上述维度负熵输入与系统自然熵增拟合后的结果。通过拟合，形成前文所述的“陀螺体”模型结构。在具体的量化过程中，我们拟把媒介融合过程中的相关指标综合起来，共分为五大类 18 小项指标，指标之间存在着一定的关联性，我们可以根据指标关系，加以详尽分析。这种数据测量统计可以针对某一地域的媒介系统开展调研，也可把某一传媒集团作为调研对象。

在具体的指标测评中，我们借鉴了国内外相关领域专家的既有经验和成果。如融媒体的生态位宽度，我们采用生态学家理查德·莱文斯（Richard Levins）的公式[①]，表征的是融媒体形态在现有媒介生态中所使用的资源的范围。计算公式如下：

$$B=\frac{1}{\sum_{i=1}^{m}P_i^2} \tag{5-1}$$

其中，P_i 代表着既定媒介（可以是报纸、广播或电视，本研究对象为具有融合特征的融媒体形态）在某一特定微观维度上资源方面（传播效度或广告营收等）获得收入的比例。B 的取值范围下限为 1，说明对象只使用了一种有限资源，上限则等于对象可使用微观资源的类别总数。具体指标公式在媒介系统中通过取样、调查等方式获得。具体指标体系见表 5-2。

① 约翰·W. 迪米克. 2013. 媒介竞争与共存：生态位理论. 王春枝译. 北京：清华大学出版社，第 86 页.

表 5-2 融媒体传播评价指标体系

一级指标	二级指标		备注
组织传播	A11	融媒体形态的感知情况	
	A12	工作生活中媒介融合的感知	
	A13	融媒体的生态位宽度	是融媒体在媒介系统中资源占有的量度
	A14	融媒体生态位的竞争优势	相对于传统媒介与网络媒介各自的竞争优势的测量
信息生产	B21	信息多元生产与传播的数量	
	B22	媒介内容的评价与影响	
	B23	“两微一端”及 APP 的建设与运营	
文化认同	C31	融媒体信息获得	
	C32	融媒体内容传播符号的多元化	
	C33	融媒体操作的难易程度	
	C34	全觉传受的在场传播	
技术创新	D41	媒介技术创新程度	
	D42	媒介技术推广效率	
	D43	媒介技术的推广周期	利用创新扩散理论分析测评
	D44	大数据对信息传播融合的影响	
	D45	云计算平台的开发运用	
资源影响	E51	用于融媒体发展的资金投入	
	E52	其他社会行业参与及影响	

由表 5-2 可以看出，通过对各指标大项的设定与考察，可以获得最终的融媒体传播指标评测的数值，由此确定区域媒介系统内融媒体发展的基本概况。关于各项指标的设定与具体评测，本书将在稍后做出相关论述。

事实上，若将文中的五个宏观的指标维度、它们细分的微观维度以及相互之间可能存在的关系全部考虑在内，显然还需要进行一系列的相关研究。在目前的媒介融合动态发展环境下，若同时研究当前融媒体产业形态对所有资源的使用情况，无疑是个复杂的任务。因此，本书的研究意在表明，研究者即便未按照复杂系统对媒介融合的复杂性做全面探究，熵理论依然对研究大有帮助。

5.2.2 自发熵增过程模拟

在基于熵理论建立的融媒体信息熵锥体模型中，纵坐标表示自然性的熵增过程，横坐标则表示负熵的输入过程。从融媒体发展的进程来看，媒介系统自然熵增过程也是人类发展的过程。从一个共时性的视角看，媒介系统自然性熵增的大小反映出不同地域的信息发展的不平衡性，数字鸿沟正是这一不平衡性的具体反映。负熵输入，实质上是媒介系统内各项指标不断发展和进步，进而从整体上促进社会进步的重要表征。

由于媒介系统构成复杂，各媒介种群之间存在着非线性关系，很难依据熵的内涵特征加以精确计算，因此采用一种模拟计算方法，量化媒介系统自然熵增过程和负熵输入过程，是目前最有效的融媒体信息熵模型定量分析办法。

媒介融合作为媒介形态演进的特殊阶段，其无论是历时性分析，还是共时性的判断，都存在着阶段性和区域性差异。媒介形态的演进并不是以替代前在媒介为其根本目的，因此，社会越进步，媒介发展越成熟，构成的媒介系统越复杂，系统的内部自然熵增就越大。与此同时，不同媒介形态的自然熵增也并不相同，受到其他社会系统影响越大、越传统的媒介，自然熵增也越大，反之，越是新近出现的媒介，因其受到的约束相对较少，故自然熵增也较少。由此可见，用媒介形态的差异性来反映自发熵增过程是比较理想的选择。通过媒介形态的生态位宽度的差异性来模拟替代媒介融合过程中的自发熵增，这是本章的大体思路。

1. 媒介发展差异指数计算

我们定义的媒介发展差异指数（Media Development Disparity Index，简称MDDI），是指从媒介生态系统的视角出发，通过传统媒介在同一时序里与优势新兴媒介之间的传播影响与差异，准确反映传统媒介在媒介系统中发展程度差异性的指数。

关于媒介间差异指数的量化标准，不同学者有着不同的理解和定义，其中既有宏观意义上的要素分析，也有微观意义上的指标评测。

我们先来看看微观分析与评测。目前微观层面的观察与评测往往运用内容分析法，通过媒介议程和媒介倾向两方面的研究，分析传统媒介与网络媒介在媒介现实上所呈现的差异。其中媒介议程主要突出媒介在报道形式、报道体裁和报道议题上的差异性[①]，就此对特定环境下的媒介议程进行分析评测。媒介倾向的测评则主要通过定向语义确定被报道者的形象呈现，这里不再尽述。

整体而言，微观层面的描述强调了具体新闻业务流程的取向，无法以宏观视角分析媒介间的差异性，特别是从系统的视角来看，媒介的生态位更加复杂化。以媒介议程为例，传统媒介的相对静态性与新兴媒介的动态随机性形成了鲜明的对比，具体表现为：单一线性模式和“一点对多点”的大众传播方式正在被新兴

① 管登峰. 2012. 传统媒介与新媒体媒介现实差异的实证研究. 新闻世界，(6)：202.

媒介所具有的“多对多”的传播模式所消解；在新的媒介融合环境中，议程包括三个部分：个体议程、社群议程和媒介议程[①]。新媒体环境下的议程设置具有碎片化和自组织特征，我们借鉴学者高宪春的新媒体环境下的议程设置图示进行说明，见图 5-3 所示。

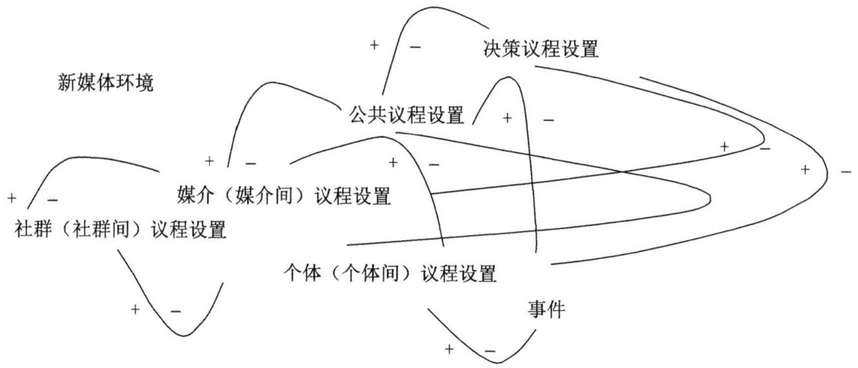

图 5-3　新媒体环境下的议程设置形成图示

注：“+”表示对议程的积极修订，进一步扩散的可能性增大；“–”表示对议程的消极修订，扭曲的可能性增大，但不论积极或消极，议程仍旧在发展中，或潜伏或被激发

图 5-3 说明，在新媒体环境中，议程设置呈现出高度的开放性，而传统媒介议程也发挥着作用，只不过传统媒介的议程设置被弱化为影响议程设置的多元要素中的一个。因此，通过内容分析法从微观层面对媒介议程的评测，因为未能考虑到系统内部的综合作用而导致可参考意义被降低，无法解释复杂系统中媒介之间的关系作用。

宏观层面的评测，主要采用目前较公认的传媒发展指数（MDI）。具体指标使用与评测参考学者喻国明的中国传媒发展指数评测指标[②]，以媒介生产指数（CPI）为基础，充分考虑到盈利指数（PI）、受众消费指数（CI）、广告竞争指数（ACI），共同建构起基础媒介发展指数（MFDI），再充分考虑到媒介环境指数（EI）等因素的影响和作用，共同构成传媒发展指数（MDI）。其中，媒介生产指数强调的是报纸总印数以及广播、电视的播出时长等；盈利指数包括了内容售卖收入、广告收入等；受众消费指数包括了时间消费总数、核心受众规模和主媒介的渗透率等；广告竞争指数包括了广告开发度、广告增长率、单位广告承载额和千人广告成本等；媒介环境指数则强调城镇化率、人均 GDP、城镇居民人均收入以及居民文教消费支出等事项。根据上述指标按不同权重加以赋值测定。

---

① 高宪春. 2011. 新媒介环境下议程设置理论研究新进路的分析. 新闻与传播研究，(1)：12-20.

② 喻国明. 2008. 中国传媒指数报告 2008. 北京：社会科学文献出版社，第 18-25 页.

计算公式为：

$$\mathrm{MDI} = 3/4\,(\mathrm{CPI} + \mathrm{PI} + \mathrm{CI} + \mathrm{ACI}) + 1/4\,\mathrm{EI} \tag{5-2}$$

其中，媒介生产指数 CPI 的计算公式为：

$$\mathrm{CPI} = \frac{1}{\sum_{i=1}^{m} P_i^2} \tag{5-3}$$

P_i 代表着一类传播媒介（报纸、广播、电视）在内容生产所产生的资源方面获得的收入比例。CPI 下限设定为 1，此时媒介种群内容生产比较单一，上限等于能够生产的所有媒介形态资源的总数。

盈利指数 PI 计算公式为：

$$\mathrm{PI} = \frac{\sum_{t=0}^{n} R_t (1+i)^{-t}}{\sum_{t=0}^{n} C_t (1+i)^{-t}} \tag{5-4}$$

其中，R_t 代表着在第 t 段时间里媒介的收益值（投入媒介运营所产生的收入增加量减去费用增加量），C_t 代表在第 t 段时间里媒介的支出值（为运营媒介所产生的净现金投资量）。

受众消费指数 CI 计算公式为：

$$\mathrm{CI} = 1/3 \cdot \frac{h}{P} \cdot 100\% + 1/3 \cdot \frac{\mathrm{LI}}{h/P} \cdot 100\% + 1/3 \cdot \frac{f}{I} \cdot 100\% \tag{5-5}$$

其中，h/P 表示媒介的到达率，h 表示使用媒介人数，P 表示某一地域的总人数。LI 表示媒介使用指数，即有效使用媒介的人数，与 h/P 相除获得的是受众忠诚度。f 指的是核心媒介发布的信息量，I 表示总信息量。

广告竞争指数 ACI 计算公式为：

$$\mathrm{ACI} = \frac{1}{\sum_{i=1}^{m} A_i^2} \tag{5-6}$$

A_i 代表着某一特定微观维度资源方面（全国性广告、地方性广告或者插播式广告）获得收入的比例。

媒介环境指数 EI 计算公式为：

$$\mathrm{EI} = 1/4 \cdot \text{城镇化率} + 1/4 \cdot \text{人均GDP} + 1/4 \cdot \text{人均收入} + 1/4 \cdot \frac{\mathrm{MC}}{C} \cdot 100\% \tag{5-7}$$

其中，MC 为居民的媒介消费支出，C 为总消费支出。城镇化率、人均 GDP、人均收入以及居民媒介消费比等事项加权值均为 1/4。

2. 媒介发展差异指数标准值计算

MDI 虽然能够反映传统媒介发展的情况，但传统媒介发展的差异性与媒介系统熵值过程存在着线性关系，因此可用以下公式加以表征：

$$\mathrm{MDDI} = K(\mathrm{MDI}) \qquad (5\text{-}8)$$

其中，MDDI 为媒介之间的差异系数，K 为差异系数函数，MDI 为传媒发展指数。

一般而言，传媒发展指数往往以地域为研究目标，确立不同地域的传媒发展情况，我们采用喻国明的分析传媒指数前期统计方法，以媒介面得分和环境面得分为两个坐标参量，将不同地域媒介分为四个象限：第一象限的两个指标均高于其他地域，集中在上海、北京、广东、浙江、江苏和山东等，被定义为传媒指数第一类地区；第二象限和第四象限表现为一个指标较高，另一个指标则较低，集中在天津、辽宁、湖南、河南、河北、四川、福建、内蒙古、山西、黑龙江、湖北、江西、安徽等地，被定义为传媒指数第二类地区；第三象限则媒介面得分与环境面得分均较低，集中在吉林、重庆、陕西、新疆、青海、甘肃、云南、广西、宁夏、贵州、西藏和海南等地，被定义为传媒指数第三类地区①。本书在前述研究基础上，每一类分别抽取两个省（自治区、直辖市）作为样本，分别是一类地区的广东、上海，二类地区的天津、湖南，以及三类地区的吉林、云南，共计六个样本量，对近年 MDI 各单项指数和总指数加以统计，列表如下（表 5-3）。

表 5-3　中国不同地域近年 MDI 各单项指数和总指数

地域	媒介生产指数	媒介盈利指数	受众消费指数	广告竞争指数	媒介环境指数	传媒发展总指数
广东	71.64	74.27	81.32	79.78	99.46	79.24
上海	54.72	72.38	78.34	80.87	92.84	77.12
天津	70.14	52.18	71.26	63.17	87.34	59.32
湖南	69.85	53.97	48.62	61.43	53.24	57.36
吉林	67.43	49.62	47.08	55.64	48.84	53.87
云南	66.53	45.52	47.16	54.08	46.26	52.18

MDDI 基于上述数据加以求测。K 函数需要在模拟计算过程中不断修正后得出。

① 喻国明. 2008. 中国传媒指数报告 2008. 北京：社会科学文献出版社，第 18 页.

5.2.3 负熵流入过程模拟

媒介在自然性熵增过程中之所以能够得以稳定持续发展，主要得益于社会系统在不断地完善与丰富，带来的负熵输入不断增大，系统调适能力也逐步增强，体现在系统指标上是不断地发展与进步。目前的评测方式有层次分析法、“三域”影响力评测法、熵值法等。与前面几种评测方法不同，熵值法在某种程度上可以解决评测时指标权重的主观重视等偏向问题，采用熵值法对融媒体系统进行评价可以很好地反映负熵的输入情况。

1. 熵值法计算原理

设定有 m 个评测指标，且每个指标有 n 个样本值，那么就构成一个指标数据的矩阵 $X=\left(x_{ij}\right)_{m\times n}$。对于每一个指标，如果 n 个样本值变化大，那么就说明导致样本值变化的原因在增加，即变异越大的样本值其所包含的信息量越大，其在评价活动中应发挥的作用就越大，对应的权重也就越大。反之，若某一指标所有样本值均相等，则失去了应有的评价意义。

在信息熵环境中，信息熵 $H\left(x\right)=-\sum_{i=1}^{n}p(x_i)\ln p(x_i)$ 是系统无序程度的度量，信息则是有序程度的度量。对此，前文有关信息即有关负熵的论述，强调信息熵与信息的对应关系。熵值法评价的一般步骤如下：

（1）对各指标同度量化，方便计算第 j 项指标下的第 i 个指标值的比重 p_{ij}。

$$p_{ij}=\frac{x_{ij}}{\sum_{i=1}^{m}x_{ij}} \tag{5-9}$$

（2）计算第 j 项指标的熵值 e_j。

$$e_j=-k\sum_{i=1}^{m}p_{ij}\ln p_{ij} \tag{5-10}$$

其中 $k>0$，$e_j\geqslant 0$。若 x_{ij} 对于给定的 j 全部相等，那么

$$p_{ij}=\frac{x_{ij}}{\sum_{i=1}^{m}x_{ij}}=\frac{1}{m} \tag{5-11}$$

此时 e_j 取极大值，那么

$$e_j = -k\sum_{i=1}^{m}\frac{1}{m}\ln\frac{1}{m} = k\ln m \quad (5\text{-}12)$$

如果此时 $k = \frac{1}{\ln m}$，则有 $0 \leqslant e_j \leqslant 1$。

（3）计算第 j 项指标的效用值 g_j。

对于给定的 j，x_{ij} 的差异性越小，那么 e_j 就会越大；而当 x_{ij} 全部相等时，那么 $e_j=e_{\max}=1$，此时从评价的角度看，指标 x_j 已没有意义；当各样本差值变大时，e_j 就变小，那么这一指标对评价的意义就更大。效用值定义如下：

$$g_j = 1 - e_j \quad (5\text{-}13)$$

g_j 越大，说明指标越重要。

（4）权重的确定。

$$a_j = \frac{g_j}{\sum_{j=1}^{n} g_j} \quad (5\text{-}14)$$

（5）维度权重计算。

$$w_i = \frac{\sum_{i=6}^{6} g_i}{\sum_{i=1}^{18} g_i} \quad (5\text{-}15)$$

（6）综合评价值计算。

$$v_i = \sum_{j=1}^{n} a_j p_{ij} \quad (5\text{-}16)$$

v_i 为第 i 个指标的综合测评值。

2. 熵值法评价的社会过程

利用熵值法可以很好地确定融媒体评价指标体系的权重，从而计算出各维度和各项指标的评价得分。计算过程大体包括如下几步：一是指标无量纲化处理，二是通过信息熵公式计算出信息熵值，三是根据信息熵值计算效用值，四是根据效用值计算各维度和各指标权重，五是根据指标权重计算各维度和各项指标的最终得分。计算过程如图 5-4 所示。

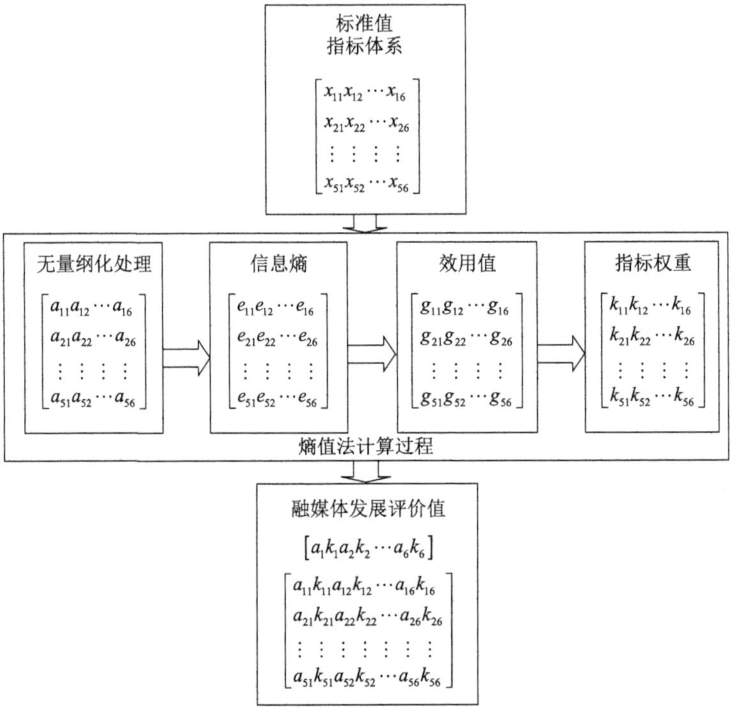

图 5-4　熵值法融媒体评价过程

融媒体指标体系的维度评价得分和指标评价得分，充分反映出媒介融合的发展程度。得分越高，媒介融合就顺利，融媒体环境越和谐，表明引入的负熵流越有效。因为各维度与各项指标都具有较强的代表性，所以评价结果分值越低，说明代表方面存在问题，需要认真分析思考，以期输入更有价值的负熵，以提高媒介融合的水平。

3. 融媒体评价参照系的数据选取

评价任何事物的优劣，都要确定一个参照标准。前文对中国部分地区进行了传媒发展指数评测。根据建立的融媒体系统指标体系，笔者在参阅了各类相关的指标数据和众多学者研究成果的基础上，对系统指标进行赋值。其中主观部分来源于问卷打分计算。获得的统计结果见表 5-4。

表 5-4 中国不同地区融媒体评价指标体系的数据选择

维度	指标	广东	上海	天津	湖南	吉林	云南	备注
组织维	A11	85	87	81	75	76	64	
	A12	96	94	90	88	86	82	
	A13	2.846	2.893	2.327	2.045	1.956	1.148	考察新媒体化程度
	A14	18.147	12.462	12.247	11.745	14.244	10.573	
信息维	B21	91	87	81	84	63	47	
	B22	94	96	93	93	91	90	
	B23	94.24	92.76	74.42	73.25	63.16	46.17	
文化维	C31/%	89	86	83	82	62	53	
	C32	94	92	90	91	88	87	
	C33	97	95	92	91	87	74	
	C34/%	67.32	42.76	38.47	39.33	37.52	23.48	
技术维	D41	98	93	87	73	57	49	根据调查问题赋分
	D42	91	86	84	78	70	62	同上
	D43	12/5	12/8	12/6	12/12	12/13	12/17	创新扩散按月份计算
	D44	98	93	91	91	87	83	
	D45	94	94	93	91	85	80	
资源维	E51/%	46.17	32.46	30.17	26.87	20.32	17.95	占媒介生产总投入比值
	E52	89	85	83	81	72	64	

对数字进行标准化处理后，正向指标的处理公式为：

$$x'_{ij}=\frac{x_{ij}-x_{\min}}{x_{\max}-x_{\min}} \tag{5-17}$$

逆向指标的计算公式为：

$$x'_{ij}=\frac{x_{ij}-x_{\max}}{x_{\min}-x_{\max}} \tag{5-18}$$

其中，$x_{\max}$ 和 $x_{\min}$ 为指标的最大值和最小值。

4. 计算结果

运用 EXCEL 软件，按熵值法的计算原理逐步计算，计算结果如表 5-5 至表 5-10 所示。

表 5-5 无量纲化处理结果

维度	指标	广东	上海	天津	湖南	吉林	求和
组织维	A11	0.913 430	1.000 000	0.739 130	0.478 261	0.521 739	3.652 560
	A12	1.000 000	0.857 143	0.571 429	0.428 571	0.285 714	3.142 857
	A13	0.973 066	1.000 000	0.675 645	0.514 040	0.463 037	3.625 788
	A14	1.000 000	0.249 406	0.221 019	0.154 740	0.484 684	2.109 849
信息维	B21	1.000 000	0.909 091	0.772 727	0.840 909	0.363 636	3.886 364
	B22	0.666 667	1.000 000	0.500 000	0.500 000	0.166 667	2.833 333
	B23	1.000 000	0.969 212	0.587 685	0.563 345	0.353 443	3.473 684
文化维	C31	1.000 000	0.916 667	0.833 333	0.805 556	0.250 000	3.805 556
	C32	1.000 000	0.714 286	0.428 571	0.571 429	0.142 857	2.714 286
	C33	1.000 000	0.913 043	0.782 609	0.739 130	0.565 217	2.857 143
	C34	1.000 000	0.439 781	0.341 925	0.361 542	0.320 255	2.463 504
技术维	D41	1.000 000	0.897 959	0.775 510	0.489 796	0.163 265	3.326 531
	D42	1.000 000	0.827 586	0.758 621	0.551 724	0.275 862	3.413 793
	D43	1.000 000	0.468 751	0.763 889	0.173 612	0.128 205	2.534 455
	D44	1.000 000	0.666 667	0.533 333	0.533 333	0.266 667	3.000 000
	D45	1.000 000	1.000 000	0.928 571	0.785 714	0.357 143	4.071 429
资源维	E51	1.000 000	0.514 174	0.433 026	0.316 088	0.083 983	2.347 271
	E52	1.000 000	0.840 000	0.760 000	0.680 000	0.320 000	3.600 000

表 5-6 信息熵计算结果

维度	指标	广东	上海	天津	湖南	吉林
组织维	A11	0.119 917	0.122 705	0.111 858	0.092 099	0.096 172
	A12	0.126 060	0.122 597	0.107 237	0.094 000	0.075 419
	A13	0.122 134	0.122 909	0.108 321	0.095 821	0.090 930
	A14	0.122 431	0.087 329	0.081 769	0.066 294	0.116 904
信息维	B21	0.120 846	0.117 574	0.111 118	0.114 592	0.076 692
	B22	0.117 788	0.127 171	0.105 905	0.105 905	0.057 660
	B23	0.124 022	0.123 223	0.104 000	0.102 066	0.080 447
文化维	C31	0.121 502	0.118 628	0.115 065	0.113 712	0.061 884
	C32	0.127 125	0.119 906	0.098 454	0.111 365	0.051 823
	C33	0.119 906	0.116 664	0.110 432	0.107 951	0.095 666
	C34	0.126 619	0.106 422	0.094 828	0.097 436	0.091 763
技术维	D41	0.125 007	0.122 303	0.117 450	0.097 588	0.051 184
	D42	0.124 436	0.118 854	0.115 639	0.101 907	0.070 332
	D43	0.126 950	0.107 991	0.125 061	0.063 537	0.052 225
	D44	0.126 698	0.115 639	0.106 236	0.106 236	0.074 435
	D45	0.119 307	0.119 307	0.116 632	0.109 843	0.073 857
资源维	E51	0.125 765	0.115 078	0.107 879	0.093 412	0.041 226
	E52	0.123 103	0.117 482	0.113 603	0.108 914	0.074 435

表 5-7 效用值计算结果

维度	指标	广东	上海	天津	湖南	吉林
组织维	A11	0.880 083	0.877 295	0.888 142	0.907 901	0.903 828
	A12	0.873 940	0.877 403	0.892 763	0.906 000	0.924 581
	A13	0.877 866	0.877 091	0.891 679	0.904 179	0.909 070
	A14	0.877 569	0.912 671	0.918 231	0.933 706	0.883 096
合计		3.509 458	3.544 460	3.590 815	3.651 786	3.620 575
信息维	B21	0.879 154	0.882 426	0.888 882	0.885 408	0.923 308
	B22	0.882 212	0.872 829	0.894 095	0.894 095	0.942 340
	B23	0.875 978	0.876 777	0.896 000	0.897 934	0.919 553
合计		2.637 344	2.632 032	2.678 977	2.677 437	2.785 201
文化维	C31	0.878 498	0.881 372	0.884 935	0.886 288	0.938 116
	C32	0.872 875	0.880 094	0.901 546	0.888 635	0.948 177
	C33	0.880 094	0.883 336	0.889 568	0.892 049	0.904 334
	C34	0.873 381	0.893 578	0.905 172	0.902 564	0.908 237
合计		3.504 848	3.538 380	3.581 221	3.569 536	3.698 864
技术维	D41	0.874 993	0.877 697	0.882 550	0.902 412	0.948 816
	D42	0.875 564	0.881 146	0.884 361	0.898 093	0.929 668
	D43	0.873 050	0.892 009	0.874 939	0.936 463	0.947 775
	D44	0.873 302	0.884 361	0.893 764	0.893 764	0.925 565
	D45	0.880 693	0.880 693	0.883 368	0.890 157	0.926 143
合计		4.377 602	4.415 906	4.418 982	4.520 889	4.677 967
资源维	E51	0.874 235	0.884 922	0.892 121	0.906 588	0.958 774
	E52	0.876 897	0.882 518	0.886 397	0.891 086	0.925 565
合计		1.751 132	1.767 440	1.778 518	1.797 674	1.884 339

表 5-8 指标权重计算结果

维度	指标	广东	上海	天津	湖南	吉林
组织维	A11	0.250 775	0.247 512	0.247 337	0.248 618	0.249 637
	A12	0.249 024	0.247 542	0.248 624	0.248 098	0.255 368
	A13	0.250 143	0.247 454	0.248 322	0.247 599	0.251 084
	A14	0.250 058	0.257 492	0.255 717	0.255 685	0.243 911
合计		1	1	1	1	1

续表

维度	指标	广东	上海	天津	湖南	吉林
信息维	B21	0.333 348	0.335 264	0.331 799	0.330 692	0.331 505
	B22	0.334 508	0.331 618	0.333 745	0.333 937	0.338 338
	B23	0.332 144	0.333 118	0.334 456	0.335 371	0.330 157
合计		1	1	1	1	1
文化维	C31	0.250 652	0.249 089	0.247 104	0.248 292	0.253 623
	C32	0.249 048	0.248 728	0.251 743	0.248 950	0.256 343
	C33	0.251 108	0.249 644	0.248 398	0.249 906	0.244 490
	C34	0.249 192	0.252 539	0.252 755	0.252 852	0.245 544
合计		1	1	1	1	1
技术维	D41	0.199 880	0.198 758	0.199 718	0.199 609	0.202 827
	D42	0.200 010	0.199 539	0.200 128	0.198 654	0.198 733
	D43	0.199 435	0.201 999	0.197 995	0.207 141	0.202 604
	D44	0.199 493	0.200 267	0.202 256	0.197 697	0.197 856
	D45	0.201 182	0.199 437	0.199 903	0.196 899	0.197 980
合计		1	1	1	1	1
资源维	E51	0.499 240	0.500 680	0.501 609	0.504 312	0.508 812
	E52	0.500 760	0.499 320	0.498 391	0.495 688	0.491 188
合计		1	1	1	1	1

表 5-9 维度权利列表

维度	广东	上海	天津	湖南	吉林	平均值
效用总值	15.780 380	15.898 220	16.048 520	16.217 320	16.666 950	16.122 278
组织维	0.222 394	0.222 947	0.223 748	0.225 178	0.217 231	0.222 300
信息维	0.167 128	0.165 555	0.166 930	0.165 097	0.167 109	0.166 364
文化维	0.222 102	0.222 565	0.223 150	0.220 106	0.221 928	0.221 970
技术维	0.277 408	0.277 761	0.275 351	0.278 769	0.280 673	0.277 992
资源维	0.110 969	0.111 172	0.110 821	0.110 849	0.113 058	0.111 374

表 5-10　各维度及融媒体综合发展指数

指标	广东	上海	天津	湖南	吉林
组织维	0.072 836	0.052 269	0.037 528	0.026 810	0.032 855
归一化处理	1.000 000	0.717 626	0.515 240	0.368 087	0.451 082
信息维	0.050 558	0.056 089	0.035 270	0.035 953	0.016 463
归一化处理	0.901 389	1.000 000	0.628 822	0.640 999	0.293 516
文化维	0.061 585	0.043 574	0.034 146	0.036 077	0.018 786
归一化处理	1.000 000	0.707 542	0.554 453	0.585 808	0.305 042
技术维	0.078 347	0.058 253	0.058 126	0.037 403	0.017 853
归一化处理	1.000 000	0.743 526	0.741 905	0.477 402	0.227 871
资源维	0.068 509	0.044 036	0.038 508	0.031 495	0.012 135
归一化处理	1.000 000	0.642 777	0.562 087	0.459 721	0.177 130

5.2.4　融媒体传播的熵模型讨论

通过熵值算法，我们确定了影响媒介融合的组织维、信息维、文化维、技术维和资源维在系统评测中所占的权重。经统计分析，上述各维度权重分别占 22%、19%、19%、25%、19%，其中技术维权重偏高，占到 1/4，此外组织权重也高于其他三个维度。这说明技术创新在媒介融合中起到的作用更为关键，而组织（包括自组织）也起到了重要作用。五个维度从同一个原点、共同的平面，以相近的间距、相同的斜率向空间方向延展，就此形成一个动态的“陀螺体”模型，或称为晶体模型，这与前一章我们建立的熵理论模型完全一致。

值得关注的是，融媒体的综合发展与各地区的经济发展水平紧密相连。也就是说，媒介融合发展与区域 GDP 水平呈显著的相关性，经济发展水平越高，其融媒体不论是技术推动还是组织动员，都具有较高的质量；相反，经济发展动力不足，融媒体的整体水平也被拉低。由于缺乏更为完整的数据支撑，加之本书主要试图探讨融媒体发展的理论问题，故未能根据来自不同系统的数据进一步整合分析，以获得更加翔实准确的评测指标。

此外，关于用以表征不同媒介之间差异的指标评测，本书在公式 5-8 中已经提到 MDDI=K(MDI)。其中 MDI 可以根据各种公开数据获得，也可以自行设计指标参数评测，函数 K 可以通过熵值计算得以求证，由此可以获得融媒体之间的差异性指数。

值得一提的是，有关媒介融合传播指数指标体系的建构，学界尚存在着不同的思路和方法，人民网 2017 年首次公布了媒介融合传播指数，其基于数据统计的研究方法显然比较客观，但美中不足的是，观测指标主要来源于新闻生产意义上的数据，实质是对融合新闻的评测，并未考虑到媒介运营过程中的技术、组织、文化、资源等其他系统的影响，这也为今后的研究留下了伏笔。

本书考虑到上述研究的局限性，通过熵值算法，建构起一种全新的量化标准，且初步对几个样本地区进行了统计分析，获得了一系列有参考价值的数据。事实上，如果转变另一种思路，以媒介为观察样本进行分析，通过熵值计算获得国内各媒介之间的差异，以及传统媒介与网络媒介的差异，抑或是传统媒介与融媒体之间的差异等，都能够通过标准计算获得有参考价值的数据。不过，基于熵理论的融媒体评测还处在初始阶段，不论是指标选择的客观性还是数据的使用都具有相当程度的优化空间，特别是本书中所采用的大量数据均来源于主观的调研，这种调研数据并不完全可靠，可能会影响到评测结果。只有通过提供大数据，增加样本量，减少误差产生，或采用更为客观的数据，才能更好地体现出数据处理的信度与效度。

值得一提的是，本章的评测过程，运用到迪米克有关生态位的测量方法，强调特定生态环境中不同媒介的生态位宽度，并进一步确定了融媒体对于其他媒介的优势。前文对媒介生态位理论进行过分析，就是媒介生态位宽度的重合部分，这部分是引起媒介竞争甚至冲突的主要地带，但在融媒体环境中，重合部分似乎又能够成为媒介融合发展的最佳区间，这主要取决于两种媒介的互补属性。至于媒介竞争与共存的关系，除了宏观上的观察，微观上透过评测体系的建构与不断优化，也能够在数据上为媒介生态环境中的竞争转化提供更为理性和精确的观察视角。

熵理论为融媒体结构评测提供了另一种视角，融媒体通过熵理论得以结构性呈现。然而，作为复杂系统，融媒体传播仅仅依靠一种模型结构也只能化繁就简，以便于观察。而对融媒体更多的研究和思考，则需要借助复杂系统的哲学视角，更加深入地分析和探讨。对此，本书下一章将就融媒体传播的偏向问题展开探讨。

第6章 融媒体传播的偏向：关系

系统论强调要以整体、全面和历史的眼光观察和认知这个世界。整个自然界是以系统的形式存在的有机整体，世间万物都是由诸要素所构成，也就是说各子系统以一定的结构组成具有相应功能的系统[①]。系统能够得以演化的根本前提是：各子系统具有独立性且子系统之间存在着相互协调、相互制约和相互促进的关系，与此同时，子系统内部各要素之间必然也存在着作用关系。任何一个系统，其所产生的整体能力并不取决于各要素之间的简单相加，而取决于系统的结构性作用，也就是要素之间的关系。因此，系统论的实质是关系作用，而关系则是影响系统演化的重要基础和保障。

提到关系，我们立刻想到一系列与我们生活相关的名词概念：家族关系、婚姻关系、财产关系、人际关系、公共关系、外交关系、国际关系、双边关系、紧张关系、微妙关系等。"关系"，这个带有明显中国文化语境的词汇不时在外国报纸上出现，几乎成为英文所吸收的外国词语之一[②]。因为文化背景的影响，这一本该具有客观性所指的概念带有着鲜明的情感记忆，它如同美酒、香烟，理智上使人抵制，情感上又让人着迷；它如同晨起的迷雾，包容着世间万物却又朦胧不清。正是因为"关系"一词的复杂表征，人们看待这个词汇时也无法做到澄澈清晰，而是渐行渐远地打量。于是本属于关系学的研究视野，开始被其他词汇如"公共关系"所取代。1984年，美国公共关系学者玛丽·A. 佛格森(Mary A. Ferguson)提出，用public relationships取代public relation，意在强调"关系"在传播中的价值和作用。国内学者陈先红也提出"把关系还给公共关系"，强调本质属性是"公共性"的[③]。

---

① 任京生. 2003. 从东到西看关系. 广州：南方日报出版社，第60页.

② 黄仁宇. 2001. 关系千万重. 北京：生活·读书·新知三联书店，第1页.

③ 陈先红. 2006. 论新媒介即关系. 现代传播，(3)：54-56.

在媒介系统中，媒介之间、媒介与人之间、媒介与非媒介之间的关系作用是复杂的，既存在着相互协调，也存在着彼此制约及相互促进，各媒介形态内部要素之间必然也在发生着复杂的关系，这些是媒介系统得以演化的动力。因此，媒介演化的重要基础是媒介形态之间的复杂的关系作用。在这里，广义的关系强调的是哲学意义上的联系与影响，狭义的关系则强调社会属性中人与人之间的关涉与作用。很显然，“公共关系”与“关系”的等价，正是在狭义视角下对关系的解读。

传统的线性传播活动中，主要体现的是内容的生产与传通，由此形成的关系仅仅带有附加性意义。随着传播活动的发展，传播介质开始产生出大于传播内容所呈现的意义时，“媒介即讯息”理论为人们广泛接受。然而，随着新兴媒介的出现，特别是新媒体技术赋能带来的非媒介的媒介化，这一革命性的媒介形态演化使得媒介形态本身也失去了文化上的意义，取而代之的是传播“关系”，关系是媒介系统演化的动力，也必然代表了融媒体传播的新偏向。

6.1 传播的偏向

传播的偏向（the bias of communication）由加拿大经济学家伊尼斯于 20 世纪 50 年代首次提出后，对后来的传播学理论发展产生了重要影响。这种以人类文化结构和人类心智为核心着眼点的媒介分析技术，开创了“媒介决定论”思想，为媒介环境学派奠定了坚实的理论基础。

“根据传播媒介的特征，某种媒介可能更加适合知识在时间上的纵向传播，而不是适合知识在空间中的横向传播，尤其是该媒介笨重而耐久，不适合运输的时候……所谓媒介或倚重时间或倚重空间，其涵义是：对于它所在的文化，它的重要性有这样或那样的偏向。”[①]偏向往往是分为不同维度且具有互斥性特征的。无论是伊尼斯强调的口头偏向与书写偏向，还是时空偏向，都是结对出现并且自成系统概念，这是建构彼此关系的哲学思考，也是不同维度上媒介形态的理性勾勒。

6.1.1 传播的时空偏向以及口头偏向和书写偏向

事实上，伊尼斯强调的传播偏向，是指媒介文化的重要性有着这样或那样的偏向。不论是口头偏向和书写偏向，还是时空偏向，一种文明的传播与影响，有赖于附载这些文明符号的媒介的性质。伊尼斯显然是在提示我们：比起媒介内容本身，媒介形态本身更值得关注，这正是媒介决定论的逻辑起点。他甚至提出：一种新媒体的长处，将导致一种新文明的产生。

① 哈罗德·伊尼斯. 2003. 传播的偏向. 何道宽译. 北京：中国人民大学出版社，第 27 页.

伊尼斯推崇口头传播，认为口头传播可以达到时间偏向与空间偏向的平衡状态。事实上，传播形态的演进，是与时代文明演进并行的一种文化呼应。传播本身经历了在场传播、空间传播和遥在传播的去而复来的形态演进，这正是文明传播、影响和建立多元平衡态的过程。在研究的倾向上，口头传播与书写传播是一对相辅相成的关系，时间与空间也是这样一对关系。不同的是，前者是对于传播介质的关注，后者则是对传播思维的考察。

在伊尼斯的时空偏向理论中，把性质耐久的媒介，如羊皮纸、石头和黏土等不易运输的媒介称为倚重时间的媒介；把耐久性差、质地较轻的媒介归纳为倚重空间的媒介。时间的偏向，是文化模因最重要的传承渠道，时间是文化的漏斗，过滤着不同历史时期的种种文化，存续下来的往往具有较强的社会适应性。唯其如此，时间具有的传播属性是历时的，与其说是传播，不如说是替选，不是将一个时代的文化不加检点地打包传递，而是反复筛选后的遗存，这种筛选往往能够远离人类社会的扰动与破坏。空间的偏向，是联结一个时代的横向扩散，空间是文化的时代延展，通过媒介技术使信息无往弗届，是传播效率的最直观保障。因此，空间的偏向考察文化波动及其所引起的种种社会反应，是一个社会最活跃的要素。其活跃的属性，甚至可以"导致一种新文明的产生"。

每个时代都有其特定的"神话"。麦克卢汉认定电子时代是一个"神话"时代；莱文森则考虑到时空关系，强调由历史经纬建构起来的"纵向神话"和电子媒介在空间中快速传播所积累的"横向神话"共同完成了"神话"的时代塑造①。"纵向神话"带有鲜明的叠加性和记忆性，"横向神话"则突出空间的作用与影响。不过，时间与空间并非是二元对立的结构，而是相互影响，甚至于相互交换的。古代神话是"时间偏向"换"空间偏向"的典范，现代的"电子神话"则是"空间偏向"换"时间偏向"的例证②。

随着新兴媒介技术的快速发展，有关新兴媒介时空偏向的研究角度也开始不断出现。鲍立泉认为："媒介的空间偏向与时间偏向往往相互抵抗，在不断地出现偏向与恢复平衡的动态补救过程中实现双螺旋式的演进。网络是人类社会历史上为数不多的实现时间偏向和空间偏向平衡的媒介。"③

时空本是宇宙过程中一对基础的关系结构，但显然其不具有唯一性。阿尔弗雷德·诺斯·怀特海（Alfred North Whitehead）提出的宇宙过程具有双重的基础：时-空和永恒客体。这个"永恒客体"是宇宙过程的"延展性"（extensiveness）

---

① 保罗·莱文森. 2001. 数字麦克卢汉：信息化新纪元指南. 何道宽译. 北京：社会科学文献出版社，第290-295页.

② 彭丽琴. 2014. 新媒体的传播偏向研究. 厦门：厦门大学硕士学位论文.

③ 鲍立泉. 2007. 论网络对媒介时空偏向的平衡补救. http://media.people.com.cn/GB/40628/5817810.html[2019-04-09].

和“目的”（aim）指向性的“诱因”，这种指向性强调了“永恒客体”的价值意义，它超越了时-空约束而奔向一个规定性的归宿①。“永恒客体”依靠规律性的“关系”影响着世界的走向，也是系统处在一个非平衡态的重要动力基础。因此，本着系统演化的宇宙过程基础，我们有必要审视时-空基础之外的作用关系。

前文我们讨论过，复杂系统能够得以演化的最根本动因是系统的不平衡性。系统主要存在以下三种状态：平衡态、近平衡态、非平衡态。这三种状态本身不是静态的，而是动态不居的，时刻都在发生状态之间的动态演化。事实上，任何系统都不可能处在一个平衡态。要么是趋近于平衡态，要么是远离平衡态，否则系统将向着熵增与死寂的方向发展。事实上，网络新媒体是促使时间偏向与空间偏向趋近于平衡的状态。趋近于平衡就意味着，系统尚未达到平衡，因此仍处在有效的系统演化状态。与此同时，系统中的要素趋向平衡将促使系统推出一种新的二元偏向，以确保系统仍处在新的非平衡状态。这正是融媒体传播生态环境所需要考虑的传播的偏向。

6.1.2 融媒体传播中的偏向

在融媒体传播环境下，信息传播的时空关系正在发生变化，大众传播“撕裂时空”正趋向于一体化的“融合时空”。“融合时空”打破了时间和空间都无法完美呈现信息的形态这一“传播的偏向”理论框架的支撑，取而代之的是没有边缘的泛在时空。时空融合为一体的可能性（应该是趋势）使得传播同时倚重于时间和空间，那么此时的传播是否还另有倚重呢？学者李沁在对“传播的偏向”进行批判性和发展性探讨的基础上，提出泛在时代沉浸传播的偏向是“人”。以“人”为传播偏向的前提是，“人”被看成是沉浸传播的所指和所依赖。“沉浸传播不仅是以‘人’为中心，‘人’也是沉浸传播得以实现的原因，因为在沉浸传播中，‘人’既是信息的接受者，也是媒介本身。”②

时间和空间，以及时间和空间的产物，构成了我们的思维框架③。可以看出，时间和空间这一对抽象的逻辑关系跨越了媒介本体，形成了从物质形态到思维结构的研究过程。从传播介质到传播思维的转变，从媒介系统视角来看，是弱化了作为系统构成要素的媒介形态，转而寻求历时性与共时性动态过程的认知，这正是系统演化的考察视角。不过，媒介的时空偏向虽然考虑到系统演化的维度，却并未对系统构成要素之间的关涉作用加以强调。这正是本书所考虑的融媒体传播过程中系统内要素不断作用的动力结构：关系。

---

① 柯林武德. 2006. 自然的观念. 吴国盛译. 北京：北京大学出版社，第 168-170 页.

② 李沁. 2015. 泛在时代的“传播的偏向”及其文明特征. 国际新闻界，(5)：12.

③ 转引自哈罗德·伊尼斯. 2003. 传播的偏向. 何道宽译. 北京：中国人民大学出版社，第 77 页.

的确，时间和空间的融合造成“传播的偏向”的位移，“融合时空”使信息传播倾向于时空一体化表述，这使得传播体验近乎完美。但就此提出泛在时代的传播偏向于“人”，这一思路仍有待进一步观察与完善。在传播形态演进的理论中，莱文森提出媒介演进的“人性化趋势”最为耀眼。事实上，作为媒介形态演进的元动力，“人”始终处在传播活动的核心位置。融媒体传播的出发点和归因，也是促使人的全觉感受得以实现的完整过程。因此，传播活动从来都是以“人”的主观需求为第一要务的，是“人化”的演进过程，而非“物化”过程。因此，对于泛在时代的融媒体传播，“人”是传播活动的核心，这是显然易见的。重要的是，我们应该思考怎样体现“人”作为传播活动“核心”的本位存在。也就是说，强调传播活动的“人化”，不如将“人”作为传播的要素，考察其与其他要素之间的作用关系，即考察融媒体传播活动中人与媒介之间、人与人之间、媒介与媒介之间“关系化”的问题。这正是本书思考的逻辑起点。

把关系作为融媒体传播的偏向，是基于偏向概念的哲学基础。伊尼斯提出传播的偏向，本身就是在强调二象结构关系：口语传播与书写传播，是媒介传播的二象结构；时间与空间，也是自然关系中的二象结构。“二象性”是联结客观世界的普遍规律，它是遍在于客观世界中更为广泛的方法论。它在微观粒子层面叫作“波粒”二象，在空间中被唤作“对偶”二象，在中国古典哲学中叫作“阴阳”二象（一般叫作“虚实”二象）。上述二象结构既对立又统一，而且具有先后的演进逻辑关系。口语传播与书写传播，是媒介形成初期的二象偏向，二者在强调符号的清晰度与在场感的程度上各有优势。随着大众媒体的不断出现，口语传播与书写传播在螺旋形演进中趋向一种平衡，电视完成了口语传播与书写传播的多元符号整合，于是强调时间偏向与空间偏向的理论应运而生。目前，随着新兴媒介的快速发展，“融合时空”的传播使得时间偏向与空间偏向趋向于平衡，在此基础上，一种新的二象偏向获得了新的发展机遇：内容的偏向与关系的偏向。这对二象偏向概念为融媒体传播带来了新的发展语境，媒介内容和关系偏向决定了融媒体传播不同性质的媒介之间、人与人之间、人与媒介之间的作用特征。

内容与关系偏向的提出一方面是因为融媒体传播环境中时间偏向与空间偏向趋向于平衡态，另一方面则是出于复杂系统理论的思考。复杂系统理论强调的不是各要素的结构性存在，而是各要素的关系所能引起的系统的演化，融媒体传播本质就是关系的传播。学者陈先红认为，“新媒介即关系”。其传播学意义在于：“把新媒介的研究层面从传播技术层面提升到传播关系的层面；把新媒介传播研究从以技术性的信息传播为主，引导向以对话性的关系传播为主；把以网站为中心的‘信息传播学’，导向以人为中心的‘关系传播学’。”[①]

① 陈先红. 2006. 论新媒介即关系. 现代传播，(3)：54.

至于内容与关系的相关性，可以看成关系是内容传播的主导，传播内容反映了系统内的一定的关系。研究表明，传播过程的实质是由于传播者与受传者之间信息不平衡造成的一种信息流动，当信息流动趋向于饱和时，传播将产生一种催眠效果。此时内容信息接近于零度，内容传播变得毫无意义，传播关系则被提升到全新的高度[①]。因此，确定融媒体传播的偏向，首先要确认传播中的关系问题，由此引申出传播中关系的哲学思考。

6.2 融媒体传播中的关系

大众传播作为这一时代最活跃、最具影响力的社会活动，潜存着多重作用关系。从宏观视角看，它包含着媒介与媒介、媒介与政治、媒介与经济、媒介与文化、媒介与社会系统之间的关系作用。从微观视角看，大众传播包括了传播者与受传者、传播者与传播者、传播者与媒介、受传者与媒介、受传者与受传者之间的关系互动，这些作用关系也存在不均衡、不稳定的现状。也就是说，透过纷繁复杂的社会关系，我们可以洞见，传播者与受传者才是大众传播活动过程中的一对基本矛盾，是大众传播关系中最重要的一种关系[②]。只不过，在传统大众传播的环境中，传播者与受传者在线性关系中处在不同位置，只能借由媒介这一中间介质形成一种间接的作用关系，正因为媒介的连接作用，媒介内容本身遮蔽了传播者与受传者的关系。在融媒体传播活动中，非线性关系弱化了传播内容，或者说在人本身也成为传播内容后，传播开始偏向于关系，关系的特殊价值才得以凸显。

6.2.1 所谓关系

从科学发展的视角来看，爱因斯坦的相对论通过揭示实际的时空性质对于参考系的相关信赖性，打破了客观性概念，提出了相对的关系化的概念。怀特海据此得出早期宇宙就是“事件场”，“自然就是一个过程”的本体论思想，强调事件之间的相互包容关系体现出一种内在关系论的观点[③]。

广义上说，关系是人或事物之间的关涉牵连，是人们在社会交往中所形成的一种人事的联系，是一件事对另一件事的影响。从狭义视角上说，关系可以看作是人们在社会交往中形成的一种人与人之间的关系，即人际关系[④]。在传播学中，史蒂芬· 李特约翰（Stephen W. LittleJohn）认为，“关系是指双方对他们的行为

① 陈先红. 2012. 关系范式下的公关研究. 武汉：华中科技大学出版社，第 239 页.
② 李欣人. 2005. 传播关系的哲学思考. 当代传播，(4)：32.
③ 彭新武. 2003. 复杂性思维与社会发展. 北京：中国人民大学出版社，第 44 页.
④ 任京生. 2003. 从东到西看关系. 广州：南方日报出版社，第 18-19 页.

的一系列期望。它是建立在双方交往模式的基础之上的”[①]。

关系本身是一个有着深厚文化色彩的词汇，尽管不同文化背景对于关系的解读千差万别，但关系本体仍然是人的社会属性的一种联结，从这一点上看，关系意义指向是相同的。就社会性而言，与其说人是文化的动物，莫如说人是关系的动物。文化带有动态历时性的模因属性，而关系则强调动态系统作用中的人的本性。

琼·奥克·尤姆（Joan Ork Yum）认为，东西方人际关系的主要差异表现为：西方强调人际关系的普遍意义，包括“普遍关系、陌生人关系、契约关系、短期关系、工作关系、外群体关系”等，东方的人际关系则更加强调“特殊关系、熟人关系、伦约关系、长期关系、私人关系和内群体关系”等。

在表示东西文化差异时，有人用简洁的笔画，通过线条连接以表明东西方人际关系上存在的差异，如图 6-1 所示[②]。

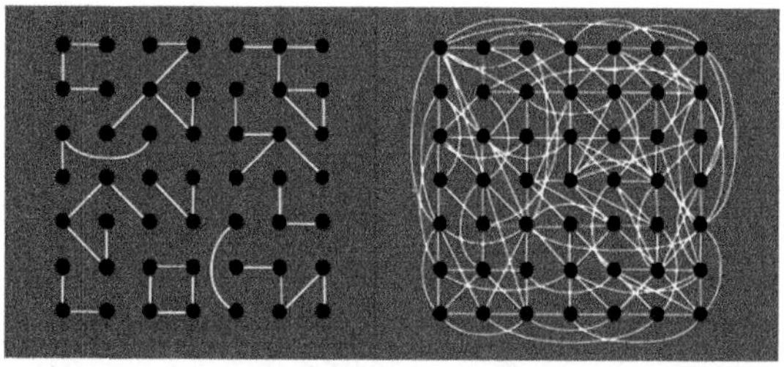

图 6-1　东西方人际关系对比图（左图为西方，右图为东方）

图 6-1 中可以看出东方人际关系的复杂程度远胜于西方，由此形成的社会关系结构也变得尤其复杂。事实上，越是处在复杂人际关系节点上的人，其所产生的社会影响也就越深刻。当然，东方人际关系中的复杂性决定了人的生态位阶的不同，掌握丰富人脉资源的人往往可支配的社会资源多，拥有更高的特权。显然，东方复杂的人际关系并不仅仅出于信息交流这样一种单纯的目的，而是潜存着丰富的叙事方式。

正是因为东方关系概念中存在情态语气的指称，这里姑且只把它看作是狭义的关系，但中国传统文化赋予的“私人的”“遮蔽的”“家族伦理”的狭隘思想显然影响到现代社会环境中人际关系的指称。对这种狭义“关系”的解读，包括了褒义和贬义两面。

从褒义角度看，生活在错综复杂的社会关系中的人们，为适应社会环境而不断协调与调整，寻求人际交往中的平衡关系。褒义的关系其实就是人们为适应社会而遵循的为人处世的方法和原则。人并不是生活在一个真空或线性环境中，而

① 史蒂芬·李特约翰. 2004. 人类传播理论. 北京：清华大学出版社，第 275 页.

② 简图来源于华裔设计师刘扬在 2007 年出版的《东西相遇》一书。

是在一个人际关系相对复杂的生态环境中。随着人的自然成长，他接触的人越多，他的人际关系就越复杂。从儿童时期简单的与父母、兄弟姐妹的关系，到同事关系、上下级关系、夫妻关系、子女关系等不断扩张的关系圈，不断影响到人的社会定位和发展。掌握关系，就是掌握人际交往过程中的主动权，使自己处在社会关系中相对有利的位置。

从贬义角度看，“关系”就是特定的人。在社会生态环境中，要获得更多社会资源而形成共享、共谋的关系结构，结构中的每个节点都可以看成是特定的人，也就是这里的“关系”。由“关系”形成人与人之间的潜规则的长盛不衰，实质上就是特定文化所形成的社会秩序的认同。《红楼梦》里提到的贾、史、王、薛四个家族的“一荣俱荣，一损俱损”，正是对于这种“关系”的细致入微的描述。

事实上，关系并不仅是一个这么简单的、由关系派生出的“关系学”概念，而是有着广泛的中国语境的一门学问，甚至于根据要素之间的不同可划分为不同的分支，如人际关系学、公共关系学、公司关系学、党派关系学、政府关系学等。中国的关系学的演进史，是对关系学发展规律及其与社会变革之间的作用关系的深刻认识。从时代变迁与朝代更迭中，人们均能品读出不同的味道，因此关系学实质上就是考察社会变迁的一面镜子[①]。

对于关系的研究，我们显然不会局限于狭义层面，去分析社会环境中“特定的人”的行为逻辑，而是立足于新兴媒介技术的影响，分析融媒体传播生态环境中的人与人之间、人与媒介之间、媒介与媒介之间、媒介与非媒介之间形成的信息传播关系。也就是说，我们更感兴趣的是处在融媒体传播链条中的每一个非线性作用的个体或媒介。

6.2.2 传播中的关系及关系传播

主体性是现代社会的一个重要特征，它反映着人类追求自由的基本历程，主体性是反映融媒体传播关系非平衡性的重要关系属性。主体性所反映的主要是主体-客体的关系模式。因此，在既往的传播关系结构中，传播者与受传者之间存在着一种“对象化关系”，这种关系使受传者处在一个被动收受的生态位置，无法做出平等的信息交流，甚至于被人看作是信息收受的容器。融媒体强调的是传播者与受传者之间塑造一种“交往关系”，在这种交往关系中，传播者与受传者共同成为传播关系中的主体，形成了一种主体-主体的关系生态。

事实上，主体性也是具有心理认知行为的复杂机制，不论是内在的自我认知还是对于社会他人的解读，都是比较主观的认知心理过程，而这种复杂的心理认知过程不应仅仅局限于双重性的对于“自我”与“他人”媒介影响的判断，还应

① 任京生. 2003. 从东到西看关系. 广州：南方日报出版社，第43页.

包括更为复杂的思维过程。除了个体解释他人及解释自我的双重建构外，还应包括个体感知到的他人对于自己的感知和界定。法国精神分析学家雅克·拉康（Jacques Lacan）在对主体性的阐述过程中提出了“主体间性”的概念。他认为，主体是由其自身存在结构中的“他性”界定的，这种主体中的“他性”就是主体间性①。本体论的主体间性解读中，主体间性强调自我主体与对象主体之间的共生性、平等性和交流关系。在这里，自我主体的认知不仅是双重性的，而且是双向度的，即对于传播关系的认知本身和针对他人对“我”认知情况的认知。

除了主体性，传播关系的历时性演化也值得关注。王怡红根据关系的发展及变化特征将其划分为“初识阶段、测度阶段、升温阶段、鼎盛阶段、分歧阶段、削弱阶段、停滞阶段、回避阶段、破裂阶段”等九个阶段。这一系列过程突出了关系具有的运动性、变化性、相互影响性、相互关联性等，而且上述九个阶段并不是线性的，而是带有非线性和随机性特征，而且越是在初始阶段，这种关系的随机性越强。美国传播学者查尔斯·伯杰（Charles Berger）认为，人际关系的开始阶段充满了不确定性。此时，人通过寻求他人的信息，以降低不确定性，从而预测他人的行为②。这一阶段，由于传播关系的不确定性，所以内容传播要优先于关系传播，直到两者之间的信息传播接近于饱和，才转而发展为以关系为传播主导的新状态。在传播关系的演化过程中，根据不同时期的内容维度分析，我们可以建构起基于系统熵理论的分析框架。

在传播关系的维度上，以交互作用与信息熵作为两个正向维度，由于关系资源系统内部各要素的作用关系并不相同，因此系统处在一个“强关系”与“弱关系”不断变化的连续状态之中。交互作用强且有效信息多的第一象限，形成强关系作用；交互作用强但无效信息增加，系统处于信息熵增状态，形成的是日常性关系（第四象限）；交互作用弱化，但有效信息增加，系统处在一个非线性的即时链接状态，此时形成的是战略性关系（第二象限）；交互作用弱，无效信息增加甚至信息链接减少，系统处在非线性弱连接状态，这种情况形成的是弱关系作用（第三象限）。关于强关系与弱关系的概念指称前文已经有所提及③。

在关系传播的内容维度中，图 6-2 中分成了两个层面：情感层和文化层。这是一个维系人类个体从日常生活到社会生活的实践内容。归根到底，关系既可以看成是一种情感需求，也可以看成是社会文化的核心竞争力，由情感层到文化层的升级，是关系传播的自然升级。

---

① 转引自王晓东. 2004. 西方哲学主体间性理论批判：一种形态学视野. 北京：中国社会科学出版社，2014 年版.

② 转引自王怡红. 2003. 人与人的相遇——人际传播论. 北京：人民出版社，第 133 页.

③ 前文第二章第三节提到过弱关系，我们认为融媒体传播活动中，人与人之间形成一种非线性的弱关系。弱关系在求职等特定环境中比强关系更有优势。

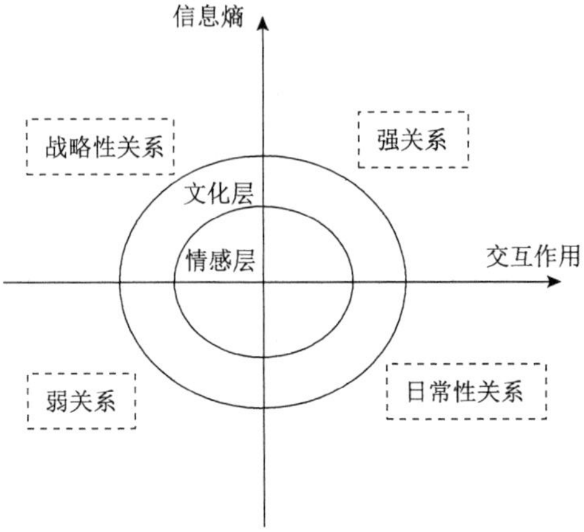

图 6-2 关系维度图

对于关系传播，王怡红下的定义是：以建立人际关系为基础的交往模式或理论环境[①]。可以看出，关系传播实质上是一种交往模式，是潜存于社会活动中的交流思想情感的活动。在媒介系统中，关系传播不仅包含于人际传播中，其他传播如组织传播、群体传播、大众传播中也存在关系传播。应该说，关系传播遍在于所有的社会活动中，是与内容传播匹配开展的传播活动。

融媒体传播禀赋了新兴媒介的关系传播，又复杂于新兴媒介的组织关系。因为融媒体强调了媒介融合环境下所有具有物联关系的媒介的集合体。因此融媒体形态之间、人与媒介形态之间，以及人与人之间的人际关系、社会关系具有更为广泛的社会影响。融媒体作为发展演化中的媒介系统，通过其特殊的关系属性，以不可预见的和可预见的方式对社会角色关系、文化关系以及情感关系等产生了深刻而全面的影响[②]。

与传统媒介的大众传播相比，融媒体传播内的关系联结更多体现为弱关系，弱关系作用具有遍在性和碎片化特征，聚合与拆分为其主要的作用方式。这是融媒体传播的主要特征。事实上，即便在媒介融合过程中，关系传播也在不断发生着动态的调适与变化。新兴媒介的出现，以 Web2.0 为起点，因为 Web2.0 最核心的特征在于它是一种结构性的社会需要，就是社会与互联网以及个人的关系[③]。实际上，新兴媒介的关系传播体现在人与人的交互作用关系上，即新兴媒介发挥着“关系居间者”的作用[④]。借由新兴媒介，人与人之间的关系得以重构，不同环境

---

① 王怡红. 2006. 关系传播的逻辑解释. 新闻与传播研究，(2)：21.

② 陈先红. 2012. 关系范式下的公关研究. 武汉：华中科技大学出版社，第 241 页.

③ 顺风，吴祐昕. 2006. 顺风新博客论——互联网 2.0 新思维. 南京：东南大学出版社，第 17 页.

④ 关系哲学家马丁·布伯认为，关系先于实体，实体受制于关系，而人是一种居间者。对此，学者陈先红使用了“关系居间者”这一概念，强调新兴媒介的中介作用。

和背景的人通过网络建构起新型的人际关系[①]。随着新兴媒介技术发展，眼下以虚拟现实技术和增强现实技术为特征的沉浸传播逐渐兴起，成为新的关系传播模式。这些关系传播显然突出了人-媒介的交互关系。归根到底，是“人”在媒介创设的环境中的一种思维释放。随着技术的持续进步，不久的未来将出现“人-机-人”交互关系的沉浸传播模式，人处在虚拟现实环境中，与他人共同完成交互。如参与沉浸游戏时，不同的人通过人物扮演，形成共时且遥在的虚拟场景互动。显然，上述的交互关系只能在融媒体环境中存在并不断演化，因此，融媒体传播偏向关系传播再造了人-人、人-媒介的关系。

6.3　单向度传播到系统关系演化

根据信息流动的向度及其对称性结构，社会传播可以划分为单向度传播、双向度传播和多向度系统传播三种基本的传播模式。单向度传播是在人类社会形成之后随着原始部落的产生而出现的、随着国家的产生而发展、随着技术的革命而兴盛的一种信息不对称的流动型的传播模式[②]。工业时代的生产、消费关系缔造了单向度的意识形态，既往的思想灌输不再意味着单一的宣传，而变成一种生活方式，这种生活方式在输送社会给养的同时，也阻碍社会发生质的变化，进而出现一种单向度的思想和行为模式[③]。工业化时代是大众传播时代，单向度社会意识影响到单向度传播，而单向度传播的生活方式反而强化了社会秩序的控制。后工业化时代社会生态的多元化、碎片化影响着现今人们的价值选择与判断，单向度的思想和行为模式与多元化关系是相悖的，演化为一种双向度交互作用（Web2.0 时代），以及多向度非线性关系作用（Web3.0 时代），进而向着系统关系传播方向演化。

从单向度传播到系统关系传播，确定了由内容传播和偏向向关系传播方向发展的必然逻辑。因此，对于传播向度的分析与考察，实质上是对传播系统建构的考察。在这里单向度作为大众传统的概况，指称的是大众传媒组织所建构的传播方式。这种传播模式强调的是媒介组织的传播行为是面向大众的，与人际传播行为迥然不同。

根据传播信息具有的交互功能的对称性来看，单向度传播只能是关系传播的一个起点，甚至于说单向度传播还尚未构成关系之间的要素联结，因此双向度的

① 网络新兴媒介的人际关系，带有显著的拟态特征。人与人之间的生态关系与社会环境中的人际网络关系并不一一对应，甚至于陌生人之间也能建构起网络关系，这是传统人际关系所不具备的。

② 张厚远，高亢. 2015. “宽带中国”在我国农村基层的实施调查. 中国广播，(2)：39-42.

③ 赫伯特·马尔库塞. 2008. 单向度的人：发达工业社会意识形态研究. 上海：上海世纪出版集团，第 11 页.

补充显得尤其重要。双向度关系真正实现了人与人之间的媒介作用。如打电话、上网聊天等，这些双向度聊天有个设定的前提，那就是传受双方具有平等的身份与社会地位，否则双向度关系传播将被打破，成为形式上的双向关系，但实质上是单向度的传播形态。

那么单向度关系与多向度关系是怎样演化的，以及二者之间又存在着怎样的生态关系呢？这首先得从关系传播的发展说起。

6.3.1 关系传播的发展

与任何事物发展由简单趋向复杂一样，关系传播的发展也经历了同样的过程。从信息变化的角度看，信息的变化显著影响关系的变化，信息交换越频繁，说明人所处在的生态位越复杂，关系传播也就越复杂。霍曼斯（George Casper Homans）则把扩大交换看作是关系发展变化的度量。他认为，随着人们持续地在某一个领域里相互交换回报，他们往往会把交换扩展到其他领域[①]，这种扩展，就意味着关系的改变。关系改变，是关系传播的动态基础。

从平衡的角度来看，关系的扩展是以强调各要素取得某种一致为前提的，双方在新领域达成一致意见后，彼此的关系会存续，甚至于扩展；反之，趋近于平衡的关系就意味着因信息交换的终止而逐渐消失。可以看出，关系传播是源于系统要素之间的信息差异性也就是不平衡关系，要弥合这种差异性就需要沟通与对话。“对话是人与人之间关系的根本所在。”显然，新兴媒介建构的无处不在的对话环境，使得关系扩展成为了可能。对话的观点强调，人与世界的传播关系是完整地联系在一起的差异性关系[②]。这也充分表明，关系的存在与扩展是因为人与人之间、人与世界之间差异性的存在。离开了差异性，世间的关系就很难续存，关系传播也就失去了真正的意义。

从发展的角度看，关系是随着社会系统的复杂化而不断趋于复杂化的；关系传播也随着媒介系统复杂演化而不断复杂化。事实上，宏观层面的系统演化与微观层面的关系传播演化都必然伴随着系统负熵的引入。负熵引入一方面消解了系统自然熵增所带来的秩序混乱，另一方面则使系统保持不断复杂化。那么引入系统的负熵究竟是如何考察呢？

在熵的一族中，热熵与信息熵作为熵族的原生形态，处在元位置，而它们的二元结构关系存在着显著的差异性：热熵是一种熵增，是系统混乱程度的量度，在孤立和封闭系统内，若没有外在能量与信息的输入，则系统内会出现熵增，直到系统达成平衡态，由此进入热寂状态。信息熵作为负熵，是通过信息输入使系

---

① 转引自迈克尔·E. 罗洛夫. 1991. 人际传播——社会交换论. 王江龙译. 上海：上海译文出版社，第 66 页.

② 张咏华. 2002. 媒介分析：传播技术神话的解读. 上海：复旦大学出版社，第 51-57 页.

统处在一个有序状态的量度。第三章已对信息熵做过详尽的论述，这里不再赘述。

在对信息传播的研究中，近年来学界有了更为成熟与整体性的思考。在有关熵的一族的生态思考关系中，张锡纯对熵族加以概念分类，构成熵的一族的成员图谱，如图 6-3 所示。

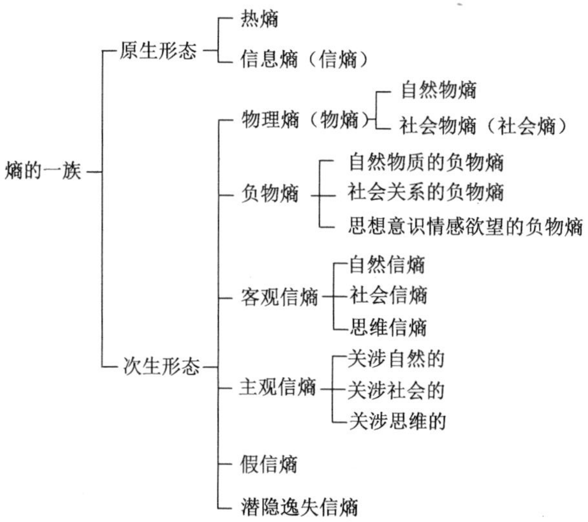

图 6-3　熵的一族[①]

关于信息交流，自然包含着两个信息：内容信息和关系信息。一般把内容信息看成是本位意义上的“传播”，关系信息看成是“元传播”[②]。信息交流过程即是负熵输入的过程，那么信息交流包含的内容信息和关系信息从逻辑上也应该具有负熵属性。内容信息作为本位意义上的“传播”，其负熵属性已被专家学者普遍认同。关系信息，作为“元传播”的意义性存在，其负熵属性也是显而易见的。在图 6-3 熵的一族生态系统中，社会关系的负物熵显然从属于负物熵，而负物熵与信息熵作为负熵的概念指称同样是保持系统内秩序稳定的重要量度，因此社会关系的负物熵是社会系统演化的重要负熵源泉。

社会关系的负物熵包含着社会关系、负物熵两个从属概念，这种偏正结构说明了社会关系包含着负物熵。需要指出的是，关系作为信息交流的意义所指，强调了其负熵的属性，因此本书提出一个关于熵的新概念：关系熵。关系熵具有负熵属性。如果说信息熵是信息论中用于度量信息量的一个概念，那么关系熵则可

① 张锡纯. 2000. 二熵——源事理. 北京：北京航空航天大学出版社，第 134 页.

② 元传播是一种隐喻，即人们为了传播而进行的传播行为，包括对所传递符号的定义及其诠释规则的约定。格雷戈里·贝特森在 1964 年 3 月的第一届梅西基金会会议上受到神经生理学家 W. 麦卡洛克的启发，提出元传播的概念，强调信息的关系深度对于信息的内容进行分类或予以构造的过程。

以表述为：关系熵是度量社会系统关系的一个概念。一个系统越有序，关系熵就越低；反之，系统越混乱，关系熵就越高。关系熵本质上从属于信息熵，是信息熵的次生形态。

借用信息熵的公式对关系熵加以量化，那么在具体的某一系统中，由 n 个事件构成概率系统，其每一事件的产生的平均关系量为：

$$G=-\sum p_i \log_2 p_i\ (i=1,\ 2,\ \ldots,\ n)\ 。$$

G 为平均关系量。关系熵的大小用以表示概率系统不确定的程度。关系熵与关系传播之间存在的效果关系，可以用函数关系式 $GS=f(T)$ 表示，其中 GS 代表关系熵，G 为平均关系量，S 为关系传播系数，T 表征系统关系的有序程度。根据 $GS=f(T)$ 的函数关系可知，关系传播对于系统熵增的减少或负熵引入，都将引起传播效果的上升。也就是说，系统内关系作用的有序性将引起传播效果的提升。对于融媒体传播，我们可以看出，随着系统要素的不断引入，系统关系秩序需要一个整合与引导。以大数据、物联网和云计算为核心的技术引入，使得媒介之间、人与媒介信息之间、人与人之间的关系得以重构。传播关系倾向于系统有序，传播活动得到显著倍增。

从媒介系统演化的视角来看，媒介系统是以信息传播及影响为立足点的，内容信息的传播促进了意义的联结，进而提升了关系信息的层次。系统演化是由简单到复杂的过程，具体包括孤立系统向封闭系统演化，继而向开放系统演化。关系传播由单向度向着双向度传播方向演化，继而向着多元的系统性传播方向演化。我们可以看出，融媒体传播效果，并不单纯以内容信息传播为依据，而且受建立在内容信息基础上的关系熵的影响和作用。

6.3.2 复杂系统中的关系

媒介系统作为复杂系统，其内部要素在动态建构与发展中不断演化。复杂系统中的关系是一种动态演化的关涉与联结，同时也是不断带来关系熵变化的重要指标。在复杂系统中，关系作为内容信息的意义指向，其所指在意义符号不断作用的过程中延异，因此要考察复杂系统的关系形态，首先要明确关系在复杂系统中的特征。

首先，复杂系统的关系是开放性的关系。复杂系统首先必须是一个开放性系统，系统的开放性不仅体现在开放边际带来的信息、物质、能量的交换，还体现在这种交换过程中存在的关系。除了复杂系统与外界发生的关系作用，系统内部也存在着开放性，这种开放性使得系统内部要素随时随地可以与系统外的其他要素发生作用联结，由此生成特定意义。开放性关系也意味着系统开放带来的关系熵处在一个较低水平，系统保持在一个有序的关系水平之上。就社会系统而言，一个开放的系统不论是系统内作为要素的人还是物均处在开放状态中，这种开放有利于人才的流动和吸收，有利于先进技术的培养和交换。更重要的是，社会开放带来的社会系统中人的关系的变化也是社会各阶层之间形成有序流动的机制性保障。对于媒介系统而言，系统开放意味着媒介形态演化的多元化发展，信息的多元化也提升了媒介系统内媒介与人、人与人、媒介与媒介的交互性。

其次，复杂系统的关系是非线性的关系。非线性是指两个要素之间的关系不是直线而是曲线的，同时也是千变万化的。这是由于非线性函数具有多值性，与线性函数有着实质性差异，在相互作用中彼此产生不对称的耦合作用①。非线性作用也是驱使系统从无序化走向有序化过程的动力。复杂系统内的非线性关系也是多语义的，既包括附载于信息传播上的关系，也包括附载于物质交换及能量转移之中的关系。但凡变化均会产生关系作用，非线性关系则使得意义归因变得更加困难。在社会系统中，非线性作用形成的关系既包括社会组织之间的关系，也包括人与人之间的关系，还包括民族之间的关系、地缘的关系、宗教的关系、政治的关系、文化的关系……形形色色的关系都不是简单的对应连接，而是非线性地作用着的，且是多元的。各种关系交织在一起，参与非线性作用。非线性带来了系统的不确定性。

其次，复杂系统的关系是具有自组织性的关系。组织按照运行的特有形式，可以分为他组织（organized）和自组织（self-organizing）。有关自组织的概念，协同学创始人赫尔曼·哈肯（Hermann Haken）认为：如果一个体系在获得空间的、时间的或功能的结构过程中，没有来自外界的特定干涉，我们便说该体系内的关系是自组织的②。系统学往往也把自组织看作是系统内部自在的一种方式。对于自组织理论范畴的表述，苗东升认为："自组织指一种有序结构自发形成、维持、深化的过程，即在没有特定外部干预下由于系统内部组分相互作用而自行从无序到有序、从低序到高序、从一种有序到另一种有序的演化过程……"③作为复杂系统的运行动力，自组织具有特定的组织结构，以此形成稳定的过程演化。首先，由非组织化到组织化的过程，以及从混乱到有秩序的过程，意味着新结构的萌生和组织的起源；其次，由组织程度低到组织程度高的演化过程带有明显的跃迁的特征，是系统内部组分结构程度达到确定临界点，在没有外在动力干涉情况下实现的可以自持的扩散过程，意味着系统的稳定和规模不断增大；再次，确定组织层次上的稳定复杂结构并通过边际扩散与外在系统形成交流这一过程不仅包括组

① 刘翠兰. 2010. 试述和谐社会系统复杂性的特征. 系统科学学报，(1)：11.

② Haken, H. 2000. *Information and Self-organization: A Macroscopic Approach to Complex Systems*. New York: Springer-Verlag, Inc.

③ 苗东升. 1999-3-2. 他组织——系统科学的另一片视野. 光明日报，3.

织层次从简单到复杂，还包括自组织过程的溢出。复杂系统内的关系看似错综复杂，事实上，其内在的结构关联有着高度的自组织性，关系之间的协同作用共同推动了系统宏观上的有序化。

除了上述复杂系统关系的主要特征外，复杂系统关系具有的动态性、广泛性、整体性，以及系统内在的多层次性，也分别在不同层面上影响着复杂系统的关系。

6.3.3 系统中的关系演进

从媒介形态的结构来看，融媒体形态包括了传统媒介形态及新兴媒介形态，其中新兴媒介形态既包括了既有的新媒体，也包含着演进状态中的新兴媒介。

新兴媒介技术能够决定一切吗?

显然不能。那么新兴媒介技术在媒介系统中发挥着一种怎样的作用呢？技术具有附加性和条件性。人与媒介技术之间需要习得过程，且随时链接、随时拆分。人的社会性思维则具有鲜明的植入性，一旦植入便终生识记，不受条件限制。由此可见，影响人与媒介关系的是社会性思维，不是技术。从系统结构的视角来看，融媒体形态既包括新兴媒介技术，也包括人的意识与思维方式的主导。不过麦克卢汉的媒介更像是人在生物意义上的延伸，而不关涉人的意识与思维的延伸，由于人的意识形态与思维方式恰恰是具有社会性的，因此实质上就是不关涉人的社会性的延伸。可见，“技术决定论”虽然突出了新兴媒介演化的系统动力影响，但不可否认地忽视了社会环境与人的思维作用的影响。从宏观上看，影响融媒体形态演化的社会环境强调关系和谐（认识论）、伦理方法（方法论）以及关系居间者（本体论）的共同作用，是将媒介系统置于社会复杂系统环境中的复杂关系的考察。从微观上看，影响融媒体传播的人的意识与思维方式强调传播效度（认识论）、传播策略与方法（方法论）以及传播主体（本体论）的具体作用，是对于将传播活动中的“人”置于传播环境中的传播关系的考察。不论是宏观层面还是微观层面，对融媒体传播的影响都是多元而丰富的，以技术决定论推演融媒体形态演化，忽略了复杂系统的开放性、复杂性和非线性等特征，必定是孤立的、不可取的。

学者李沁提出在泛在时代传播的偏向是“人”，其逻辑支撑是：泛在时代的实质是沉浸传播。沉浸传播为“人”量身打造，离开了“人”，则无法实现。在沉浸传播中，“人”既是信息的受传者，也是媒介本身[①]。从沉浸传播来看，传播关系的主体性已清晰可见，那就是，“人”的生物意义上的感受，也就是说沉浸传播本身所强调的，正是“技术决定论”中人在生物意义上的延伸，沉浸传播的前提必然是技术环境作用，而人与人之间的作用、人在社会环境中的生态价值均

---

① 李沁. 2015. 泛在时代的“传播的偏向”及其文明特征. 国际新闻界，(5)：12.

被弱化。正如黑格尔所说："只有作为有机体的一部分，手才获得它的地位。"[①]事实上，"人"只是融媒体（或泛媒体）环境中的物质存在，人的关系才是融媒体传播及演化关系的存在。在这种"人"与融媒体传播的相互规定和相互依赖中，关系者脱离了关系则失去意义[②]。因此，只注重"人"的存在，忽视人在社会关系中的作用，实质上仍然是"技术决定论"的延伸。从复杂系统的角度看，融媒体传播的偏向是"关系"，这一思路恰恰可以弥补"技术决定论"在复杂社会环境中的价值遗漏。

人作为社会意义上的存在，并非是社会关系结构中的孤岛。因此，媒介不可以仅是技术的形态性存在与发展，而是在更为复杂的社会关系中不断叠加出来的关系作用。

不论是从媒介形态的结构视角，还是从媒介系统的结构视角，融媒体传播必然是不同的子系统发生关系作用形成的新生的媒介系统。

那么媒介关系到底是什么？关系力量怎样影响融媒体传播呢？事实上，由东西方文化差异造成的"关系"概念解读并不相同。西方文化语境中，人是自然的人，关系是人与人之间存在的一种工具，借由这种工具人与人之间形成理性的契约关系。尤尔根 · 哈贝马斯（Jürgen Habermas）认为，人类理性不仅仅具有工具理性，同时具有交往理性[③]。这种基于理性的认同是西方关系管理学派的基本假设与前提。相对于西方，东方的关系更多体现为一种资源，一种有利于个体获得社会资源与生态位竞争优势的钥匙，其所具有的鲜明文化特征是"和谐理性"，是整体性思维下个体之间形成协同作用的理性。在新兴媒介语境下，东方的关系概念也在发生与时代同步的谐振：从传统"私密的""伦理的"状态走向"公开的""社会结构的"生态环境空间。"关系"也从单纯的资源属性发展为生态结构的动力属性。

关系从来不是一种静态的资源属性，而是社会系统演化中的动力支撑，即关系动力。卢默尔认为，关系力量不同于被动或单边的弱小，并不意味着让他人控制或操纵自己。关系力量具有的重要成分包括：①主动向周围世界开放并接受其影响的那种能力；②从自己所吸收的东西中创造自己的那种能力；③通过首先受其影响的方式来影响周围的人的那种能力[④]。在新兴媒介环境中，网络的开放特征注定了活跃于线上的个体处理信息的能力更强，更容易受到创新信息的影响并将其转化为一种新的影响力，影响周围环境中的人。这种关系力量是促成创新扩散的重要源泉，关系力量的演进也符合创新扩散理论。

---

① 黑格尔. 1981. 美学(第一卷). 北京：商务印书馆，第 156 页.

② 彭新武. 2003. 复杂性思维与社会发展. 北京：中国人民大学出版社，第 45 页.

③ 转引自陈先红. 2012. 关系范式下的公关研究. 武汉：华中科技大学出版社，第 51 页.

④ 罗伯特 · 梅斯勒. 2009. 过程-关系哲学——浅释怀特海. 贵阳：贵州人民出版社，第 73 页.

美国学者埃弗雷特·罗杰斯（Everett M. Rogers）在考察科技传播的扩散机制时，提出了创新扩散（diffusion of innovation）理论①。创新扩散理论认为，创新事物的一般扩散会形成“引入期”“增长期”“成熟期”“衰退期”等四个发展阶段。也就是说，人们接受创新事物的过程呈曲线展开，如图 6-4 所示。

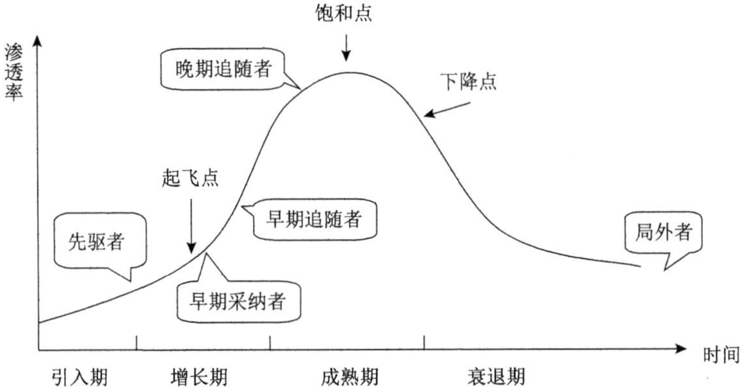

图 6-4 创新扩散过程图示

根据创新扩散理论，在创新事物发展的初始阶段，社会上只有很少一部分具有探险精神的先驱者（innovators）能够接受创新事物，但当这一团体逐渐增加达到区域总人数的一定比例时（一般区域总人数的 10%～15%被称为扩散临界点），扩散过程就能够自续（self-sustaining），从而穿越起飞点，飞跃到一个全新的发展阶段②。

在创新扩散过程中，最具关系力量的个体往往是早期采纳者，其通过接受先驱者的创新思维影响，并进一步通过这种受影响的方式来影响周围的人，形成接续影响与扩散。融媒体传播活动的实质是关系传播，那么融媒体演进过程实质上就是新型人际关系建构及关系力量扩散的过程。

6.4 关系偏向中的融媒体传播形态重塑

对于媒介融合过程，亨利·詹金斯认为是“存在于新旧媒介间隙的媒介受众的迁移行为”。这种迁移行为是人际关系、人与媒介关系的再适应。对此，学者陈昌凤和李宏刚认为，媒介融合本质上就是传播关系的转型③。传统媒介的传播关

---

① Rogers, E. M. 1995. *Diffusion of Innovations* (4th edn.) New York: Free Press.

② 郑素侠. 2007. 互联网在中国大陆扩散的区域性差异. 国际新闻界，(2)：57.

③ 陈昌凤，李宏刚. 2014. 媒介融合：从政策到生产与消费的关系转型. 新闻爱好者，(10)：18.

系，强调的是信息生产者与消费者之间界限分明的两个体系，形成的是一点扩散的大众传播关系。在互联网时代，媒介系统的复杂性带来了新的关系转化，空间的扁平化压缩了信息生产者与消费者之间的距离，甚至使二者趋向于一体化。新媒体作为一个“关系的居间者”，为更多的人提供了一种形成、发展和维系关系的工具[①]。出于对新媒体传播本质的认知，陈先红提出了“新媒体即关系”的论断。新媒体的关系性，体现为本体论中其所处的“居间者”的本质特征。这样看来，新媒体并不能被看作是一种工具的存在，而是居间的主体。在融媒体传播语态中，关系作为“居间者”的主体性进一步呈现，无论是沉浸传播中的人与媒介的作用关系，还是人借由媒介建构的关系，相比新媒体都更加丰富多元。融媒体形成中的“迁移行为”既包含受众关系的迁移行为，也包含媒介之间的“迁移行为”[②]。相对于新媒体结构意义的关系性，融媒体形态关系的动态性表现得更加明显，通过关系力量推动着媒介系统的复杂演化，继而引入关系熵，使得融媒体传播处在一个关系有序的发展状态。

传统媒介传播的分析中，传播不论是从口语到书写的介质性传播偏向，还是从时间到空间的思维性传播偏向，其分析基础都是传统的线性思维。要从本质上的传播类型入手，就应该在“信息传播”和“关系传播”之间，寻求融媒体传播的偏向。

6.4.1　融媒体传播的时空形态

相比于传统媒介传播的时空形态，融媒体传播有着怎样的时空形态，以及这种时空形态是否也存在着一定程度的偏向呢？基于媒介系统的存在与演化视角，融媒体传播形态必然具有时间的延伸与空间的扩散，因此对融媒体的时空形态的分析，首先要从融媒体的时空呈现来加以考察。

1. 融媒体传播的时间诉求

时间，既作为客观世界的属性存在，也是记忆的一种维度。社会时间随不同群体的信仰与习惯而变得不同，它可以是连续的，也可以随实际上的年代而暂时停止[③]。时间并不是抽象的，而是以循环方式不断展开的，是圆的轮回[④]。这里的时间更多体现为一种观念的倚重，也就是说，时间的规律性实质上就是人的观念

---

① 陈先红. 2012. 关系范式下的公关研究. 武汉：华中科技大学出版社，第 51 页.

② 媒介之间的迁移行为包括技术赋能带来的媒介传播效能的提升，同时非媒介形态的媒介化过程也可以看作是一种迁移行为，媒介的迁移行为与受众的迁移行为具有同体异构性。

③ Sorokin, P. 1937. Social-time: A methodological and functional analysis. *American Journal of Sociology*, 42(5): 615-629.

④ Merton, R. K. 1945. The sociology of knowledge. In G. Gurvich & W. E. Moore(Eds.), *Twentieth Century Sociolgy*(pp. 387-388). New York：New York University Press.

上的依赖性。媒介时间强调媒介信息续存的周期，也就是信息的存在意义。因此时间是信息“生成”的过程，也是能否续存以及成为历史的状态。在媒介时间的循环语境中，最新生成的信息以辗压前在信息为主要特征，如此一来，媒介时间并不是连续的，也并非平衡的。许多发展中的新闻事件，从单独一个稍纵即逝的闪光点来看，未必是真实和完整的，它需要时间的重新认证。从这个意义上说，英国社会学家安东尼· 吉登斯（Anthony Giddens）在他的《现代性的后果》（*The Consequences of Modernity*）中强调我们所处的“高现代性”社会时，提出了“撕裂时空”的概念[①]。事实上，传统大众媒体就存在着撕裂时空的问题：大众媒体的受众的时空观都是被撕裂后再造的时空，“此时此地的我”与不可复制的远距离现场之间存在着无法统一的错位。

媒介融合带来传统媒介与网络媒介之间受众的迁移，由此形成了融媒体传播形态。从时间诉求上看，融媒体并不存在过时的消息，看似湮没于宏观信息大潮中的每一条微观信息，实际上都潜存于复杂系统之中。这种潜存不是物理意义上的，而是关系意义上的。第四章有关熵理论传播模式的建构中，“涡轮”传播强调的是信息运动的交互性和随时提取性。这种随时随地的提取，要求每条信息通过特定的链接形成潜存关系，通过一个关键词或互联网句法就能够再次呈现。这种信息的提取方式弱化了时间关系，或者说压缩了时间，使得信息通过关系作用随时处在一个激活的状态中。融媒体的这种时间表现事实上是具有“超时间”意义的。传播社会学家曼纽尔·卡斯特尔（Manul Castells）提出，时代感极强的概念“超时间”（timeless time）传播，是指不受通常意义上的时间或时段的限制而成为全时和无时不在的传播[①]。

融媒体的“超时间”传播是否意味着其存在着显著的时间上的偏向呢？其实不然，融媒体在空间上的表现也极其显著。

2. 融媒体传播的空间表征

与时间的记忆维度不同，空间强调了组织意义上的维度。社会是一个系统，而一个系统常常也叫作一个空间，所以社会也是个空间。由于社会是个复杂系统，所以它也是一个复杂空间[②]。正是因为空间与社会的对等关系，空间作为社会学的核心命题被广泛研究，而且其研究的终极价值都不约而同地指向了社会关系，空间也因社会关系的表征而具有了媒介的属性[③]。正是因为空间被赋予了社会关系的意义，空间才具有了组织意义的维度。就媒介空间而言，媒介的空间属性其实就

---

① 转引自李沁. 2015. 泛在时代的“传播的偏向”及其文明特征. 国际新闻界，(5)：9.

② 高隆昌. 2004. 大自然复杂性原理. 北京：科学出版社，第 249 页.

③ 李彬，关琮严. 2012. 空间媒介化与媒介空间化——论媒介进化及其研究的空间转向. 国际新闻界，(5)：38.

是通过信息传播形成空间意义上的组织秩序，唯其如此，具有空间偏向的媒介才更多地具备组织和连接空间的优势。显然，组织是一种自上而下、自内而外的调度过程；连接则通过关系力量把作为社会要素的人通过媒介作用于同一话语语境之中，这是人类社会交往的过程。列斐伏尔与福柯认为：“空间在其本身也许是原始赐予的，但空间的组织和意义却是社会变化、社会转型和社会经验的产物。”[①]关系作为人类社会交往的重要指向，体现着传播的本质特征。传播实质上是通过一种被传播的内容来反映或说明一种关系的[②]。

媒介空间也存在着现实问题，尽管其表征的是社会交往的意义，但由于媒介组织的问题，这种社会性体现为线性的结构，人与人之间的社会关系羁绊在媒介的宏大叙事中，因此媒介是少数人再造的一种组织化的社会空间。

网络新媒体传播是人类社会时空观的一次巨大改造。由此激发的历史和社会生活变革最为基础、普泛和深入，从而也是最根本的变革[③]。新媒体的预言家麦克卢汉认为，整个世界就是一个“地球村”。“这种变化使民族、国家等概念瓦解和重构。‘地球村’里民族和国家不再具有空间上的界限……‘地球村’里的人类面对的是全球责任，而不再是自家门前的那小片菜地。”[④]新媒体的时空观念重构的语境下，融媒体空间呈现出一种新的样貌。在融媒体环境中，时空叠合形成一种“遥在”的现场，每个通过融媒体链接的人都能够出现在同一“场景”内，时空面临着虚化和解体。从空间维度看，人与人相遇并非偶然，只是交往过程相对模糊而陌生。所谓陌生人也并非素不相识，只是彼此之间缺少值得认同的共同的道德基础和集体记忆，“他们不再是从同一块布上扯下来的一小片，而是有自己不同的颜色和花色”[⑤]。

融媒体的实质是“融合时空”的传播，在这一维度下时空是统一而倾向于平衡的，在这样一种生态环境下，融媒体传播不再倾向于时间或空间中的任何一种，因此基于融媒体语境的传播的偏向已超越于时空坐标维度。从传播本质出发，把作为关系的融媒体传播纳入媒介复杂系统，应是考察“融合时空”传播的题中之意。

6.4.2　融媒体传播中的关系偏向与关系主体

分析融媒体传播的偏向，先从融媒体传播形态入手。从传播学理论的本体论

---

① 转引自爱德华·苏贾. 2004. 后现代地理学——重申批判社会理论中的空间. 王文斌译. 北京：商务印书馆，第 121 页.

② 陈先红. 2006. 论新媒介即关系. 现代传播，(3)：54.

③ 胡百精. 2014. 说服与认同. 北京：中国传媒大学出版社，第 301 页.

④ 转引自纪莉. 2003. 论麦克卢汉传播观念的“技术乌托邦主义”——理解麦克卢汉的新视角. 新闻与传播研究，(1)：38.

⑤ 崔卫平. 2008. 我们时代的叙事. 广州：花城出版社，第 2 页.

来看，融媒体传播主要涉及两种类型：一种是内容上的编码与表达；另一种是基于外在的社会交往过程的传播，是倾向于关系的一种表达，也被称为“元传播”。在融媒体传播语境下，这两种类型指向性倾向于趋同，向着关系传播的角度迁移。就融媒体传播本身来看，融媒体传播并不是静态地传播信息，而是具有不断增殖特征的信息融合过程。任何一条融媒体信息，其本体除了原始的信息内核外，还包括由信息内核增殖产生的各种信息评论和附议，这使得信息传播变得更为复杂，信息本体也变得难以琢磨。当然，这也为我们提供了一个新的视角，那就是超越内容本体的系统论视角。从复杂系统的视角来看，信息不论如何增殖，其实质都远超过由信息本体产生的各种关系的总和。这样一来，融媒体传播的内容本体，实质上是一种不断链接增殖的关系传播，即社会交往过程。就融媒体外在的关系交往来看，媒介与传播的背后都潜存着人的因素，人与人之间的关系框定了媒介，并整合传播内容，与此同时，人与人之间的关系也在选择媒介与进行传播的过程中得以发展[①]。融媒体的关系交往事实上已经超越了信息传播的本身，人们通过关系传播实现社会环境的影响和改造，人在这一过程中被抽象为传播活动中的符号。

1. 作为关系的融媒体传播

经过对融媒体传播本体论的分析可知，融媒体的传播偏向是关系。关系决定了融媒体传播的动态过程，也决定了融媒体传播的演进方向。相比于时空维度，关系维度确实是一种全新意义上的价值维度。从关系维度的视角分析，融媒体传播是建构媒介之间、媒介与人之间、媒介与非媒介之间关系维度的复杂过程。在这一过程中，传统媒介与网络媒介之间的关系包含着生态位竞争，更体现在和谐理性的融合上；媒介与人之间的关系则通过全觉传受体验，形成一种沉浸传播的范式；媒介与非媒介之间的关系通过网络媒介技术赋能，为非媒介赋予媒介属性。从融媒体复杂系统的关系层次看，其内部各要素之间的作用关系无疑更为复杂，作为关系的融媒体传播趋向于意义方式的建构与呈现。

作为关系的融媒体传播，呈现的是时空与社会嵌合式的复杂关系。在嵌合过程中，融媒体的时空呈现深深地打着社会的烙印，社会景观一一在传播环境中得以呈现。甚而至于，融媒体时空因为其强大的延展性与增殖性，其复杂程度超过了社会结构关系，这种复杂性本身就具有非凡的社会意义。

2. 关系传播中的人

互联网媒介迅速发展后，人们开始把视线投向传播活动中的每个具有能动性的个体。于是“自媒介”概念应运而生。“自媒介”实质上是一个应然的概念，

① 李彬，关琮严. 2012. 空间媒介化与媒介空间化——论媒介进化及其研究的空间转向. 国际新闻界，(5)：38.

是对社会中所有个体的一次集体意义上的赋权。事实上，自媒介的赋权并不具有普适性，受到物质社会的实际影响和映射，新兴媒介中的自媒介也并不稳定和平衡。从复杂系统角度来看，这是复杂系统生成与演进的必然要求，因此处在社会复杂系统中的融媒体中的个体，也是复杂存在的。有的个体享有较高的在线话语权，如一些网络平台的大 V；有的则始终轻如草芥，其言论不会引发任何舆论波澜。因此，出于对复杂系统内关系作用的考量，将任何一种标签化的指称赋予融媒体“与众”，显然都是不合适的。不论是 2006 年美国《时代周刊》评选的“你”还是“人人皆媒介”的赋权，都是形而上的，是忽略了人与人关系作用的存在而一刀切地整合为同一符号的静态思维在作祟。就此来看，认为在泛在时代无处不在的沉浸传播偏向中的“人”以及指称其为“沉浸人”的思维也存在一种主观的赋权倾向，其实质是将传播活动中处在不同关系结构中的“人”混淆成为符号中的“沉浸人”，这恐怕是忽略了关系传播中每个个体参与程度不同的事实。“沉浸人”显然是存在的，但就此认定泛在时代传播主体的指称就是“沉浸人”则未免以偏概全，忽略了系统关系中的复杂性存在。

关系传播中的人，是融媒体传播中的主体，其作为复杂系统演化中的要素，在最适合个体生存发展的社会环境中，其自我进化与发展必然更加令人瞩目。

6.4.3　融媒体传播“关系”偏向的特征

根据前文论述，泛在时代的融媒体传播，实质上是以“关系”偏向为特征的传播。传播过程中，“时空融合”造就了时间与空间的统一，形态融合造就了内容与关系的统一。作为复杂系统的融媒体系统，其首先表现出的必然是复杂系统的一般性特征，如非线性传播、开放性传播、复杂性传播等，这些特征在第三章和第四章均有相关论述，这里不做冗述。我们将着力探讨有关融媒体传播“关系”偏向的几个特征。

1. 自我进化与公共关系的调适

在融媒体环境中，“人”作为传播活动关系的核心，是具有双重性的：既具有生理意义上的本体属性，也具有社会意义上的关系特征。在有关媒介演进规律的论述中，莱文森提出了媒介的人性化趋势理论。他说：“人是积极驾驭媒介的主人，不是在媒介中被发送出去，而是发号施令，创造媒介的内容。对别人已经创造出的内容，人们拥有空前的自主选择能力。”[①]李沁进一步推动了人性化趋势理论，她提出技术与人体的合一，推进了人性化发展。人处在沉浸传播环境中将

① 保罗·莱文森. 2014. 数字麦克卢汉：信息化新千纪指南(第 2 版). 何道宽译. 北京：北京师范大学出版社，第 108 页.

得到进一步进化：作为终极媒介本体，进入核心舞台，人成为真正的超媒介[①]。媒介形态演进的“人性化趋势”在不断增强的同时，也意味着人的社会化过程的弱化甚至虚无。辩证地看，人的媒介使用自由度越高，其社会关系的正常建构面临的风险就越大，媒介的人性化同时也意味着人的“去社会化”。之所以体现人的“去社会化”，是因为人的社会性所依赖的空间属性被压缩与虚化了。融媒体传播环境中，人表现为“自我本性”的实与“社会属性”的虚相结合的二象性特征。

对于关系传播的偏向，融媒体传播的关系显然不是传统意义上“私人的”“遮蔽的”“家族伦理”的狭隘关系，而是具有公共属性的现代社会关系，涉及信息交换、人际互动、身份认同、虚拟化社会生存等内涵。因此融媒体传播带来的“去社会化”，并不是真正意义上的使人的本体与社会完全剥离，而是脱离了现实社会接触的虚拟社会镜像，是一种虚拟化生存方式。相比于现实的社会关系，融媒体传播关系更趋复杂和非线性，关系传播下的生态演化也变得难以确定。

2. 高维度空间与低维度实现的逻辑

“超弦理论”认为时空维数为十维，除了三维空间附加时间的四维时空维度，还包括六个额外的需要被紧化的维度。由此可见，我们生活在一个高维度空间中，高维度空间产生的复杂性和抽象性决定了我们对这个世界的认知存在的局限。互联网就是这样一种对应的高维媒介，“互联网比我们过去所面对的那些传统媒介都多出一个维度，生长出一个新的社会空间、运作空间、价值空间”[②]。也就是说，作为高维度媒介的互联网是不可能运用传统媒介的经营与管理方式加以常态化运行的。融媒体传播空间显然是高维度空间，融媒体也作为高维度媒介存在并不断演化着。

实际的社会生活、社会活动实质上都是高维度空间在其子空间上的投影作用的结果。在高维度空间中存在的变量，对应到低维度空间就投射成为参变量[③]。这表明高维度空间往往能够低维实现，不过由于高维度空间的低维转换会带来一种新的调适，所以一个（本来）高维系统中的简单的运动轨迹，一旦投影到它的子空间（成为低维系统），这时的“轨迹”将表现得复杂、混乱[④]。比如三维空间的一条曲线，投射到平面后则会成为非约当曲线，由此变得杂乱而无序。高维度媒介面对的低维度实现，体现为融媒体传播的随机性演化，以此凸显社会环境中偶然性的存在。高维度媒介的低维度实现，形成的是融媒体空间中人的个性化存在，

---

① 李沁. 2015. 泛在时代的“传播的偏向”及其文明特征. 国际新闻界，(5)：16.

② 喻国明. 2015. 融合转型的新趋势：“高维”媒介中的“平台型媒体”——对互联网逻辑下未来传播主流模式的分析与思考. 新闻与写作，(2)：41-44.

③ 高隆昌. 2004. 大自然复杂性原理. 北京：科学出版社，第 296-297 页.

④ 高隆昌. 2004. 大自然复杂性原理. 北京：科学出版社，第 297 页.

高维度媒介投射到个体的人，使人被赋予高维度媒介特征的同时，也形成了交错变化的参变量，参变量实际上是关系力量的具象化指称。可见，在高维度媒介的低维实现的过程中，关系力量成为其复杂程度的一个重要指标参量。

3. 模糊性和确定性关系的转化

模糊性和确定性是描述复杂系统内在两重性的一对范畴[①]，在现实社会环境中这对关系变得更加复杂。洛德菲·扎德（Lotfi A. Zadeh）认为：当系统的复杂性日益增长时，我们做出系统性的精确而有意义的描述能力就将相应降低，直到达到这样一个阈值，一旦超过它，精确性与有意义性将变成两个相互排斥的特性[②]。复杂系统中的关系，既可以作为我们理清纷繁复杂的系统要素的内在结构的凭据，也可以使得一些复杂事件变得更加模糊和不确定。任何一个复杂性事件，其发展都具有随机性，其最终的演进是多种社会关系形成的意义共振的结果，多种意义的共振显然是一种随机性事件。高维度空间的低维实现，是人们利用了随机方法的结果。事实上随机方法只说明了随机问题如何预测它的未知结论，只是在不确定中确定出能够确定的量（可能性的大小值）[③]。

融媒体传播环境中，处在系统之中的任何信息都具有不确定性，与信息相关且同时建构的传播关系也变得相对模糊，时隐时现。互联网条件下，伴随着连接的演进和社会资源配置规则的转变，社会关系网络逐渐向开放性、弹性、非平衡性和耗散性的耗散式结构转变[④]。基于关系传播中的不确定性，在“涡轮传播”模式中，初始沉寂的信息随时可能被激活，并逐渐清晰起来，成为新的舆论的焦点。例如，2012 年，引起民间广泛关注的舆论监督事件——陕西“微笑大表哥”杨达才事件，始于一场意外车祸中新华社发布的图片新闻报道。杨达才作为厅级领导在车祸现场不合时宜的微笑照片引起网民的不满，随后与杨达才个人生活消费相关的“手表”成为议程热点。网民把原本沉寂多年的杨达才参加各种活动的照片翻找出来，形成了针对特定“手表”符号制造舆论的传播话题，那些本来已经模糊的信息立刻清晰起来。

6.4.4　“关系”塑造的新文化生态

“传播的偏向”既给我们提供了一种分析方法，同时也为社会文化生态提供了一个全新的观察视角。伊尼斯认为：“一种新媒介的长处，将导致一种新文明的

① 于海飞. 2013. 新型量子逻辑：确定性逻辑的超越. 北京：中国社会科学出版社，第 124 页.

② 转引自魏守军. 2001. 现代自然科学的哲学思考. 广州：暨南大学出版社，第 151 页.

③ 高隆昌. 2004. 大自然复杂性原理. 北京：科学出版社，第 298 页.

④ 喻国明，马慧. 2016. 互联网时代的新权力范式：“关系赋权”——“连接一切”场景下的社会关系的重组与权力格局的变迁. 国际新闻界，(10)：6-27.

产生。”[①]传播的偏向作为一种外在作用，对于文化中主导形象和技术偏向的作用力，影响着新文化生态的建构。现实复杂社会环境中，因为传播“关系”重构引起社会关系发生振荡的事件也在不断出现。

在美国的政治选举文化中，总统竞选成为一个时代媒介传播的有效映射。如果说电台成就了罗斯福的“电台总统”形象，电视成就了肯尼迪的“电视总统”形象，互联网成就了奥巴马的“网络总统”形象，那么 2016 年竞逐大位的共和党候选人特朗普则通过融媒体（主要是推特）成功逆袭，让所有政治预言家大跌眼镜。

当地时间 2016 年 11 月 8 日，经过紧张激烈大选后，美国人民迎来了他们的新一任总统：特朗普。这位素来以“口无遮拦”形象出现的候选人，从初选入围之时便一直饱受关注。这次美国大选折射出怎样的融媒体传播问题呢？

针对本次美国大选，笔者从传播学视角分析如下。

第一，特朗普获胜，说明了媒介形态与时代环境存在关联性：媒介生态映射出时代政治的生态环境。如今的媒介生态是：草根话语兴起，以新兴媒介技术为主导的媒介融合使不同的媒介均分割为不同的生态位，草根话语改造主流媒介生态，但不是完全取代，而是两种话语交错呈现。特朗普的胜选说明精英政治和“主流”思潮已经过时，一种草根力量与精英力量共同建构的新兴政治语态初露端倪。

第二，特朗普获胜，说明融媒体传播关系中的模糊性与确定性能够相互转化，但具有随机性和不可预知性，任何人提前做出预测都可能被证明是错误的。尽管美国大选之后部分议员提出异议，指责俄罗斯对大选投票进行过网络攻击，甚至提出了重新计票，但结果未能改变，大选的模糊性和确定性的转化逻辑和线路并不清晰。

第三，特朗普的当选说明大众传播中的“沉默的螺旋”已经过时，“反沉默螺旋”成为新的趋势。此次美国大选，希拉里掌控了主流媒介的话语权，几乎成功创设了精英的拟态环境，但强大的主流话语并未干涉草根话语，草根话语以“反沉默螺旋”的规则反击了主流意识形态的强势建构。这充分说明传统的社会关系完全崩解，新的民粹主义、孤岛主义的兴起，以及乌合之众的结构性力量具有随机的拆分和聚合特性，这与融媒体受众关系相似。

第四，特朗普和菲律宾总统杜特尔特的获胜并不意味着草根政治能够永远逆袭，以及精英政治的彻底沦陷，这只是系统生态位的调整过程，社会系统结构趋向更加复杂化。媒介形态发展经历了人际传播、组织传播、大众传播、分众传播和泛众传播，政治生态也从原始政治、部落政治、封建政治、精英政治发展到泛民政治。泛民政治不是草根政治，而是一种杂合了上述政治生态的系统关系综合作用的结果。

---

① 哈罗德·伊尼斯. 2003. 传播的偏向. 何道宽译. 北京：中国人民大学出版社，第 28 页.

第五，说服与认同的关系重构，催生了民族主义、社会共同体的兴起。在新兴媒介朋友圈、社交群体的社区化生存范式下，认同成为内在政治逻辑，说服则成为附加于精英政治环境下的一道过时的陈列，如同精美华服里子里潜藏的一个虱子，被咬过的人不再受惑于华服的美丽，只是在感受被叮咬后的种种不快。认同成就了社区媒介，也成就了泛政治。社区媒介本身推动了个性化媒介的发展，意见领袖则成为新成长的政治性力量。

除了政治关系影响，社会关系、经济与文化关系等都在融媒体传播关系背景下进行着不同程度的重构与调适，形成了一如万花筒似的社会生活景观。叙事方式的改变最终推动时代向着一个更新、更具有蒙太奇影像特质的后现代社会迈进。

第7章 融媒体引导"第三媒介时代"的形成

融媒体传播是泛在时代的基本传播范式，那么，融媒体传播有着哪些与前在传播环境不同的特质？它提升与发展着媒介系统的哪些功能？它与初始的网络新媒体有着哪些本质上的区别，又将引领媒介进入怎样的一个传播时代？想要厘清融媒体传播对于时代的引领作用与影响，先得从媒介的代际划分说起。

说到媒介的代际划分，就不能不提到美国学者波斯特，他提出的"第二媒介时代"的概念首先从历时性视野对媒介时代加以区隔。波斯特把以互联网为特征的新媒体出现之前的大众媒体统一划分为"第一媒介时代"，把以互联网为代表的新兴媒介时代划分为"第二媒介时代"。波斯特的划分，并未立足于传播技术本身，而是从后现代主义的主体出发，试图建构一个以多重的和分散的主体为核心的新的传播体系。波斯特认为，第一媒介时代是播放型传播模式盛行的时期，这一时代少数精英人士与知识分子享有传播话语权，由此建构起一个自上而下、一对多向外辐射的单向度传播体系。

波斯特以历史的深邃与哲学的思辨，将后现代主义理论引入传播史研究中，通过哲学、史学和传播学这三种维度的交叉研究，确定交往模式变化所引起的主体的变化。他在《第二媒介时代》（*The Second Media Age*）中，强调不同时代采用符号交换形式所包含着的意义的内部结构和外部结构以及意义的手段和关系[①]。他从主体的稳定特征出发，认为第二媒介时代对既往媒介叙事方式进行了重构，由此推动了主体之间的新的作用关系。多重的、散播的、去中心化的及不稳定的主体逐渐替换了既往媒介中理性的、自律的以及中心稳定的现代主体。前者的后现代性特征改变了主体之间的作用关系，形成了具有时代特征的新的主体。

其实第二媒介时代改变的不只是主体之间的作用关系，在媒介系统演化的条

---

① 转引自金新. 2005. 第二媒介时代网络传播方式对主体的重构——兼论马克·波斯特的思想. 创作评谭，(8)：62.

件下，新兴网络媒介置身于复杂系统之中，其自身形态的不确定性日益显著，例如人与媒介之间的作用关系、媒介与媒介之间生态位的竞合关系，这一切都变得复杂而模糊。社会环境开始以一种虚拟形式进入媒介，人在虚拟环境中切实感受到媒介“人性化趋势”所带来的种种便利。事实上，波斯特研究指向的只是网络新媒体诞生初期的Web1.0时代，传播的主体关系革命刚刚起步，互联网的非线性、交互性作用关系尚不明显，信息的生产与传播也没有完全脱离传统媒介的影响。也就是说，波斯特观察的网络新媒体尚处在襁褓之中，第一声啼哭就引起了他的注意。继此而来的，则是近乎天翻地覆的媒介时代的巨变。

从传播的主体关系看，单向度收受确立的信息威权使第一媒介时代近乎理性的传播看似清晰，却没有回响。在第一媒介时代构建起来的口语社会、印刷社会与广播电视社会形态中，主体之间的时空阻隔强化了符号编码的价值意义。在这里，时间与空间的意义是等距存在的，主体之间的交流带有强烈的模拟性。对此，让·波德里亚（Jean Baudrilltard）认为：“如今，媒介不过是一种奇妙无比的工具，使现实（thereal）与真实（theture）以及所有的历史或政治之真（truth）全部失去稳定性……”①它们既创造现实的强化形式又创造现实的代替品，但却不能达及现实。因为媒介只是生产拟形（simulations）并单单停留于此。可以说第一媒介时代满足了信息的大众传播，却以损失主体交互关系作为代价。第二媒介时代显然解决了主体间对话的问题，借由新兴媒介技术，人与人能够打破时空界限，实现此时彼地的“你”与此时此地的“我”的即时沟通交流，无远弗届。第二媒介时代实现了主体关系的重构，主体之间具有可协商性，信息传播也服从于新的主体关系建构。

从传播主体的路径看，第一媒介时代文化附着于单向度传播的媒介形态之中，单向度传播的路径不能构成回路，其传播效果与传播活动中的指向都不够清晰。第二媒介时代强调了传播的互动性，使单向度传播演进为双向度传播。依靠互联网等媒介，人们的交流方式和生活习惯都在发生相应的变化。不可否认的是，不论是第一媒介时代还是第二媒介时代，传播路径都是线性作用的。线性作用的特点是简单、清晰，却也无力描述复杂系统环境下融媒体传播中的非线性作用。第三章对于媒介的复杂系统属性曾加以论述，如果说在第一媒介时代媒介传播尚不具有复杂系统的作用关系，那么第二媒介时代则初步显露出复杂作用的端倪。当人与人之间的双向传播趋向于饱和，信息内容不再具有实际意义时，关系传播变得更加重要，因此，透过历史的、哲学的与媒介传播的前人论述，我们应该把视线更多地投向产生关系作用的媒介系统，形成一个从线性的单向传播到双向传播

① 转引自褚金勇，聂静虹. 2015. 当“知识”传播遭遇“市场”运作——大众传媒与当代健康/疾病的知识传播. 前沿，(3)：28.

再到非线性传播，以及从系统的封闭系统到开放系统再到复杂系统的媒介进化链路。事实上，这已经超越了波斯特所定义的“第三媒介时代”，我们权且叫它“第三媒介时代”。“第三媒介时代”是在第二媒介时代演进基础上建构而成的。

“第三媒介时代”的典型特征是关系作用的非线性，这也是媒介复杂系统的基本表征。

非线性作用是怎样的一个组织过程，是否是无控状态呢？显然不是。具有复杂性特征的媒介系统内部有着显著的动力学作用机制：自组织性。自组织性是复杂系统的重要性质的主张，其无法通过特定的原理加以解析。事实上，自组织性提供了能够促使系统内部因素相互作用而发生变化的机制。借此复杂结构可以进化，而无须假定第一开端或超验干预[①]。事实上，“第三媒介时代”媒介系统的复杂特征就是通过系统内自组织作用关系而不断“涌现”出来的。

关于“第三媒介时代”，最早提及的学者是李沁。在《沉浸传播：第三媒介时代的传播范式》中，在波斯特“第一媒介时代”和“第二媒介时代”的基础上，她提出建构以大数据和云计算为基础的、沉浸的、泛众传播之上的全新社会形态即“第三媒介时代”[②]。应该说，李沁的“第三媒介时代”强调的是人在现实社会与虚拟空间之中共生共存的关系，也就是说，把“人”看作是对应于时代技术的整体符号性存在，由此确定其作为主体与技术环境的客体的作用关系与过程。这与波斯特对于媒介传播过程中主体之间的作用关系的语境有着显著的区别。

通过对比可以看出，本书提到的“第三媒介时代”强调的还是媒介系统中主体之间的非线性作用关系，没有移开视线到客观的技术环境。之所以这样选择，既考虑到这是对波斯特媒介代际划分的一个自然承继，也考虑到媒介系统内主体间的作用显然重要于主体与客体之间的作用关系。人的需求的真实感受和社会环境的虚拟呈现形成了对立统一的二象结构，二者不可拆分，但人的能动性更为重要。技术不管发展到何种地步，都是着眼于人性化需要的。处在现实与虚拟环境中的沉浸传播，无疑是技术决定论的延续，由此提出的“第三媒介时代”是将人附着于技术而失去人的主观能动性的时代，近年来类似的论述并不少见，显然缺乏系统演化的发展视角。

不管出于何种视角，研究者都切实感受到与既往媒介时代不同的“第三媒介时代”到来的脚步声。也许我们身陷于纷繁复杂的社会环境中，尚不能清晰全窥到这一时代所涌现出的传播的全部特征。只闻脚步声，不见人下楼，这种期待无疑更为迫切。事物之间的联系具有普遍性，如同复杂系统具有的随机性和不确定

---

① 保罗·西利亚斯. 2006. 复杂性与后现代主义：理解复杂系统. 曾国屏译. 上海：上海科技教育出版社，第 146 页.

② 李沁. 2013. 沉浸传播：第三媒介时代的传播范式. 北京：清华大学出版社，序第 2 页.

性一样，融媒体传播所表征出来的特征往往也是一鳞半爪而又稍纵即逝。正是因为它的难以预测性，我们才考虑了一种更为宏大的研究视角：复杂系统。我们通过复杂系统中的非线性作用特征，进一步提出“第三媒介时代”的概念指称。确定了复杂系统的分析思路，那么首先就应该从系统的视角出发，分析融媒体时代媒介生态之间的作用关系，由此开启一段“第三媒介时代”的传播之旅。

7.1　第三媒介时代的形成与特征

第三媒介时代，是一个从波斯特第二媒介时代理论逻辑延伸出来的概念指称，其本体样貌尚不清晰，甚至对于它的存在基础学界也是莫衷一是。李沁从沉浸传播的特征出发，提出第三媒介时代概念为：第三媒介时代是指以泛在网络为物理基础的、以沉浸传播为特征的泛众传播时代。

这一概念内涵包括：从物质基础和技术前提来看，泛在网络的成熟为第三媒介时代提供了前提保障；从传播形式来看，沉浸传播成为第三媒介时代的主导传播形式；从传播的类别来看，泛在传播与第一媒介时代的大众传播以及第二媒介时代的分众传播有着明显区别。

有关第三媒介时代的论述还包括刘丹凌以“3G”为特征的第三媒介时代说。刘丹凌认为，以 3G 为代表的新传播技术正开启第三媒介时代，其表征是如今的“生活、文化甚至整个社会在信息中流动”。第三媒介时代使人-信息-世界三方关系发生了改变，“信息不再像过去那样只是拉近我们与世界的距离，世界主要也不再以再现的方式让我们认知，而是通过信息直接呈现给我们”[①]。人在被信息消化、吸引甚至于排斥的过程中，通过重新信息化以获得自身的意义。

李沁关于“第三媒介时代”的论述是基于沉浸传播范式的归纳定义，强调了在人与技术的交互作用过程中特定传播环境的生成与演化；刘丹凌对“第三媒介时代”的论述是基于 3G 技术的广泛影响，强调新兴媒介技术对于个体社会意义的重塑。也就是说，前者的论述是技术与人共同决定的且技术影响作用于人；后者则倾向于以技术为核心的技术决定论。从内在逻辑上看，上述问题的归结点均源于时代性技术，甚至强调“技术决定论”。

从复杂系统演化的视角看，作为系统动力支撑结构的技术必然是不断发展的，据此提出的媒介划分时代依据，显然是缺乏说服力的。这一方面割裂了波斯特以传播主体关系为标准的“第二媒介时代”理论基础，另一方面也把技术决定论的观念提升到一个新的高度。随着技术的进一步发展，以 4G、5G 为特征的新兴媒

---

① 刘丹凌. 2010. 3G：第三媒介时代？现代传播，(3)：34.

介技术迅速出现和普及，是否意味着媒介时代的边际应不断调适？这显然是毫无意义的。

应该说媒介时代的划分应以传播活动对于社会的影响如何，甚至于是否生成一种新的、异于前在文化的传播文化为依据。就目前的第三媒介时代而言，相比于之前的媒介时代，融媒体传播形成的非线性作用关系是这一时代的主要特征，其中数据化代表了人类社会活动的一个根本性转变。关于融媒体大数据的影响，“我们不会再将世界看作是一连串我们认为或是自然或是社会现象的事件，我们会意识到本质上世界是由信息构成的”[①]。也就是说，非线性的大数据关系作用形成遍在性的信息环境，使我们身处一个泛在传播的生态系统之中。

7.1.1 第三媒介时代形成的必然原因

融媒体传播开启了一次重大的时代转型。以融媒体传播为特征的第三媒介时代则对我们现有的生活，以及我们与世界的交流方式都提出了不同的挑战。最使人惊奇的是，社会需要放弃它对于因果关系的渴求，而仅需关注相关关系[②]。非线性作用从来不以因果关系为逻辑起点，而是以各种相关作用带来的系统内整体的矢量之和，系统关系的复杂性带来相关关系的不确定性。从这个意义上看，第三媒介时代的开启，并不是由某种媒介技术变量引起的，而是外部社会环境与内部媒介关系共同作用的结果。

第三媒介时代的到来，有其深远的时代文化背景，首先不得不提的是技术创新带来的媒介社会新景观。

每一个时代都有每一个时代特定的技术，进而形成这一时代特有的文化气质。信息技术的一次次跳跃式发展，成为新兴媒介形态演进的重要原动力，量变式的技术赋能带来信息传播的巨大变迁，其影响触角深入社会的每一寸肌肤凑理，进而带动社会关系和社会结构的不断累积及至于重组。

如果说互联网技术改变了既往大众传播话语的“独白式”表达，形成了“对话式”的人际关系传播环境，就此促成了“第二媒介时代”，那么新兴媒介所具有的点对点、点对多、多对多以及多对点的非线性传播结构，则使得传播的主体关系变得相对模糊，传播渠道也涵盖了大众传播、组织传播和人际传播的林林总总。

以手机为例，3G 终端具有的智能化、复杂性以及个性化特点，使视频、音频、文本信息传递，以及交互游戏、远程终端等融合在一起。通过 3G 终端，人们几

---

① 维克托·迈尔-舍恩伯格，肯尼思·库克耶. 2013. 大数据时代. 盛杨燕，周涛译. 杭州：浙江人民出版社，第 125 页.

② 维克托·迈尔-舍恩伯格，肯尼思·库克耶. 2013. 大数据时代. 盛杨燕，周涛译. 杭州：浙江人民出版社，第 9 页.

乎可以完成信息传播过程中任何符号的传输以及任何一种传播形态的展示。媒介介质的个体化技术最终推动了媒介传播的个性化发展；各种APP技术的开发则推动了媒介传播的非线性泛众化发展。

提到技术，不能不提到大数据。作为“第三媒介时代”的技术标志，大数据影响着社会的方方面面，使得我们在面对这个社会环境中的每一个场域时，都变得底气十足。最重要的是大数据对于既往因果关系的改变使得潜存于社会环境中的每一个细微事件都被赋予了精确含义，这也是面对具有不确定性意义的复杂环境的科学理性的分析与解答。这在以往的媒介环境中是很难揣猜和臆想的，如今则迎刃而解。

与既往时代不同，第三媒介时代被国际社会所赋予的规划正不断得到强化。1994年12月，欧盟首脑会议上讨论了欧洲“信息社会”计划的行动纲领，要求欧盟各成员国政府为该计划的协调和实施创设有利条件，强调国际合作。2009年1月28日，奥巴马就任美国总统后，与美国工商业领袖举行了一次“圆桌会议”，作为仅有的两名代表之一，时任IBM首席执行官彭明盛首次提出“智慧地球”这一概念，建议政府投资新一代的智慧型基础设施，这一提法让人充满想象与期待。中国则在2005年向国际电信联盟（International Telecommunication Union，ITU）提出未来的通信愿景，设计出充满终端设备的智能大环境，这些终端的构图形式可随需求和任务的改变随时改变。这个受控的、有支撑的软性服务环境，有一个美丽的名字叫“缪斯”（MUSE）（Mobile Ubiquitous Service Environment，移动泛在服务环境）。国际环境建设为第三媒介时代的谋划发展带来了重要的机遇，以此为契机，融媒体传播成为这一时代最炙手可热的社会文化形态。

第三媒介时代的代际表述还来自一个重要的语境，就是媒介系统的复杂化呈现。融媒体传播实质上是传播关系呈现出非线性的媒介高维度传播。高维度媒介表现为在同一生态系统中不同形态的媒介同台共舞，由此形成不同代际的媒介之间、媒介与使用者之间，以及使用者之间的错综复杂的关系。高维度媒介的低维度呈现意味着以一个二维平面的线性关系反映三维的非线性关系，其投射的结果必然是杂乱无序的。因此面对第三媒介时代的高维度媒介，对应的只能是复杂系统的非线性呈现方式。对于复杂媒介系统的考察，尚需引入一个隐喻的概念。具有批判话语表达方式的法国著名思想家居伊·德波（Guy Debord）认为，景观能够体现“媒介时代”的本质。景观是复杂的非线性关系作用的外在形态的呈现。景观不是附加于现实世界的无关紧要的装饰或补充，而是现实社会的非现实核心。在具体的融媒体传播活动中，媒介内容的展示不是社会现实的简单表达，而是游离于现实本体之外的表达高维度媒介的非线性关系。用德波的话说：“景观不是影像的聚积，而是以影像为中介的人们之间的社会关系。”[①]复杂系统中高维度媒介的景观呈现，实质上突破了低维度呈现的表达方式，用隐喻的方式强化了非线性关系在融媒体传播中的存在。

在以融媒体传播为特征的第三媒介时代，媒介融合必然会长期存在。不同媒介类型之间通过嫁接、转化与融合，形成新的核心价值。媒介融合本身不仅体现在媒介技术、内容、制度和终端的融合，更体现在整个社会的趋于媒介化[②]。社会趋于媒介化，是泛在传播的超媒介传播演化的历史必然趋势，是众媒时代的全新开启。在新兴技术的不断推动下，介质以超乎想象的速度演化着，媒介形式变得越来越模糊：当时代把一页页报纸变成了流动的网页，当然这还只算是过渡，对于类纸的存在人们尚能够完全接受。之后，对于介质大小的限制消失了，形成了移动互联网，与众每天刷的只是信息流，至于内容，则已经变得泛化了[③]。在第三媒介时代，万物皆媒介，媒介形态本身已失去意义，媒介形态成为融合了多种形态的社会关系的平台。

7.1.2 第三媒介时代的特征

第三媒介时代是一个全新的媒介时代，哪怕是最保守的预言者也乐观地憧憬着未来媒介的形态及其传播特征。若从固有的媒介形态加以衡量，我们哪怕是竭尽才思也无法确定未来媒介发展的端倪。我们应该用未来的眼光看未来，从前在媒介时代的特征出发，寻求其和即将到来的媒介时代内在的、固有的、稳定的和本质的联系，了解未来媒介的规律特征。

事实上关于未来社会的构想，人们总是充满了热情和期待。杰里米·里夫金（Jeremy Rifkin）在他出版的《第三次工业革命》中，设想了风能、水能、生物圈到能源共享网、“后炭”时代等未来的工业时代景观，描绘出一个极其具有震撼力的未来社会生活场景。例如，建筑物能够自己发电，并可以售卖富余电量；汽车能源能够直接从共享电网中下载；电力也将像信息那样实现上传与下载。里夫金描述的是一个极其智能化的时代，从他的叙事逻辑中不难看出，这是一个现代互联网思维的开放式渗透的想象。关于传媒时代的预测，有学者设想到 2050 年建构的“人即媒介”的传媒社会：各种媒介载体将会层出不穷，并在创新和融合中不断演进，将人类社会带入全球化智能媒介时代；一切信息将会实现完全数字化，无论是过去还是现在，只要是对人类有用的信息，都能够被扫描、数字化，并通过

---

① 居伊·德波. 2006. 景观社会. 王昭风译. 南京：南京大学出版社，第 3 页.

② 杜积西，严小芳. 2016. 人即媒体：2050 年传媒大预测. 北京：北京师范大学出版社，第 161 页.

③ 腾讯传媒研究院. 2016. 众媒时代. 北京：中信出版集团，第 310 页.

互联网搜索[①]。从眼下媒介系统的演化过程来看，上述的预言其实已经部分实现，而且随着大数据、云计算的迅速推广普及，用不了多久全球化智能媒介时代就会到来。从另一方面看，媒介系统作为复杂系统，其所具有的不确定性甚至突变性都决定了第三媒介时代除了媒介演化这一规律不变外，其他媒介生态变化都充满了不确定性，甚至可能出现突变，这显然是很难预测的。

1. 第三媒介时代是融媒体传播时代

媒介融合丰富了媒介形态，人与媒介合融，人也成了媒介；非媒介与媒介相遇，非媒介也面临着媒介化。万物相融，万物都成了媒介，这是第三媒介时代最显著的特征。融媒体传播，实际上是媒介系统不断延伸和演化的过程。媒介形态融合的结果是什么？媒介形态融合意味着作为承载信息载体的媒介会逐渐变得失去光彩，而沦为无处不在却又很难引人注意的物理形式，甚至只能作为关系意义上的入口式存在。

除了上述媒介形态的融合，媒介主体也趋向于高度融合，这与第一媒介时代与第二媒介时代主体之间的线性作用关系不可同日而语。融媒体传播中，“三元类型传播主体”结构形成后[②]，共同建构起一个使新闻传播话语不同于既往的新的叙事生态环境。“三元类型传播主体”在融合新闻生产身份的基础上，与受众的身份也呈现出高度融合态势。

融媒体传播，也包含着媒介符号的全觉符号传播。全觉符号传播，就是使媒介传播符号中的文字、图片、视频等视觉信息符号与音频等声觉符号，以及味觉、嗅觉等符号融入媒介形态中，形成全觉传播。2007 年 8 月 31 日，日本世嘉公司在东京举办了一场“初音之日”演唱会，主角初音是以一套 4D 全息投影技术完成的虚拟偶像。全程近两个小时的表演的真实性让人拍案叫绝，观众完全融入这场技术含量超高的虚拟环境之中。在未来播放的 4D 世界杯比赛中，观看者可以真实感受到呼啸而来的足球，听到震动耳膜的哨声，嗅到球场上草皮溅起时青草的芳香。人们甚至可以完完全全地沉浸在融媒体传播环境之中，路远忘归，甚至于不知今夕竟是何夕。出版了科幻小说《三体》的刘慈欣认为：“新型的人机接口技术的突破将对未来媒体的形态有重大影响，未来媒体可能是全时段的，成为人类感官的一部分。”[③]

---

① 杜积西，严小芳. 2016. 人即媒体：2050 年传媒大预测. 北京：北京师范大学出版社，第 1 页.

② “三元类型传播主体”包括职业新闻传播者、“脱媒主体”和千千万万的民众个体。其中“脱媒主体”是指那些非民众个体，亦非职业媒体中的传播主体。这样的组织或群体，曾经主要依赖职业新闻传播组织主体实现自己的新闻传播诉求，在融媒体环境下，建构以个体为传播主体的“个媒介”运营平台，成为亦媒介亦个体的新闻传播主体。参见杨保军. 2015. “脱媒主体”：结构新闻传播图景的新主体. 国际新闻界，(7)：72.

③ 转引自王晓明，单文婷，朱万能. 2016. 未来媒体畅想曲. 视听界，(1)：封面话题.

融媒体传播是一个动态的、不断演进的过程，这一过程必然需要动力结构的支撑。融媒体传播的动力来源于技术赋能。技术赋能通过时代性新兴媒介技术，使传统媒介获得新兴媒介的传播技术，进而融合为同一类媒介；技术赋能也可以使非媒介向媒介化形态演进。如目前方兴未艾的物联网技术，就使得无数非媒介发生媒介化，最终走向了万物皆媒的媒介新时代。技术赋能还包含着新兴媒介采用技术、传输技术、接口技术、数据搜索技术等一系列技术，形成大数据、云计算，并共同构成了融媒体传播的技术性支撑。

融合媒介，也就是共享媒介。在共享媒介和智能媒介到来的第三媒介时代，我们所能够产生的最大共鸣就是：融媒体边界正在消解，媒介无处不在，而我们正尝试与这个世界上的一切重新链接起来。

2. 第三媒介时代是非线性社会关系广泛建构的时代

大数据技术的运用，促进了不同行业、不同领域、不同终端的数据交换和相互融合[①]。这种跨越行业、领域和终端的融合强调了社会关系的重新建构。从社会复杂系统的层级来看，不同行业及领域作为子系统，相互间的关系作用显然是复杂的、非线性的。世界从其本质意义上看是一种非线性的存在，而线性只是其中的特例。因此，在这样一种非线性的世界关系中，我们必须使用一种非线性思维[②]。在第三媒介时代，新媒体技术推动的各种要素形成的错杂的关系不断被强化，除了媒介环境，还包括由媒介环境延伸的社会关系环境。

在传统的社会关系中，人与人之间的传播关系是物理性的，时空关系使人际关系变得线性而直观。第三媒介时代的社会关系的非线性化带来了人与人之间关系的重构，传统的带有“血缘属性”的关系被逐渐瓦解，取而代之的是建立在融媒体环境中的并不稳定的弱关系存在。这种关系的单向度、双向度、非线性带来了社会关系的不稳定。从社会转型来看，这是趋于后现代的社会转型的动力构成要素。由于一个社会的经济形态、技术形态、人与自然的关系、人与社会的关系等种种因素是一个存在着复杂交互作用的整体，因而任何一种意义上的转型，都必然牵涉到其他各种类型的社会转型[③]，这也是社会复杂性的必然表现。对于人的形象构成而言，传统的他者建构、媒介建构的叙事方式发生了改变，人的形象建构除了个体的自我认定、自我间性关系外，其他的关系都是虚化和不真实的，当然，社会关系移植于线上形成进一步融合后，人的形象会发生转换：从虚化到真实的过渡之间没有任何间隙，社会环境与融媒体传播环境也存在着一一对应。

① 周子渊. 2014. 传统新闻受大数据的影响与转变分析. 编辑学报，(1)：89.
② 彭新武. 2003. 复杂性思维与社会发展. 北京：中国人民大学出版社，第 37 页.
③ 彭新武. 2003. 复杂性思维与社会发展. 北京：中国人民大学出版社，第 221 页.

第三媒介时代的非线性，本是社会复杂性的一个全面表征，而融媒体形态的复杂性表征又进一步加剧了社会的复杂化程度。所以面对第三媒介时代的社会关系，仅仅通过一个局域的、片段的结构来还原和阐述显然是不现实的，甚至由此带来不确定的关系的碰撞。因此，只有正确认知第三媒介时代社会关系的复杂性，才能身处在这一媒介环境中，获得最为清晰的媒介发展理路。事实上，非线性作为系统复杂性特征，其虽非解决融媒体传播的万能答案，但往往是一种较好的思考问题的方式[①]。

3. 第三媒介时代是从场景到场域延伸的时代

在移动环境下，移动化正在尝试将原本固有的场景加以切割、细化，经由拟态空间的重新建构，形成一个全新的、脱离了物理形态和支配性的场景空间。在这一具有超强链接与截断的“场景”时空内，人们在获取信息上进一步摆脱了时空的限制，可穿戴设备等智能终端让人们抬起手腕就可以获取信息，并加以分享和互动[②]。

对于移动互联网带来的场景景观，其时代性意义正在引起广泛关注。学者胡正荣认为，媒介的演进与融合正经历如下三个时代：内容媒介时代、社交媒介时代和场景媒介时代[③]。其从本质上与波斯特所阐述的“媒介时代”概念相对应。内容媒介时代正是强调单向度传播的“第一媒介时代”，内容成为这一时代最具竞争力的媒介资源，推陈出新的媒介形态提供了丰富多彩的媒介内容；社交媒介时代则是互联网发展早期强调双向互动关系的“第二媒介时代”，分众传播、精准传播是这个时代的最主要特征，媒介形态变得比媒介内容更为重要；场景媒介时代则是目前和今后融媒体传播态势下各要素非线性作用的“第三媒介时代”，场景媒介时代强调互联网思维，正努力营造一个不断聚生的融媒体生态系统，生态链本身意味着智能化的链接与实现。

罗伯特·斯考伯（Robert Scoble）和谢尔·伊斯雷尔（Shel Israel）在《即将到来的场景时代》一书中提出场景时代的五个要素：移动设备、社交媒介、传感器、定位系统和大数据。这五种要素在这里被看作是“场景五力”。这五个要素“正在改变你作为消费者、患者、观众或者在线旅行者的体验。它们同样改变着大大小小的企业”[④]。从上述要素可以看出，第三媒介时代场景化呈现强调的是移动、链接、交互、定位以及无所不在的延伸和数据计算。从非线性关系的作用与建构来看，非线性关系集结的点就是第三媒介时代的场景，非线性关系作用所形成的

① 克劳斯·迈因策尔. 1999. 复杂性中的思维. 北京：中央编译出版社，第三版序.

② 腾讯传媒研究院. 2016. 众媒时代. 北京：中信出版集团，第114页.

③ 胡正荣. 2017. 智能化：未来媒体的发展方向. 现代传播，(6)：1-4.

④ 罗伯特·斯考伯，谢尔·伊斯雷尔. 2014. 即将到来的场景时代. 北京：北京联合出版公司，第11页.

广泛空间就构成了场域。因此场景的形成具有随机性、个性化和社区化等特征。场景也成为信息流、关系流和服务流的新入口[①]，不论是信息内容还是信息关系，都经由场景入口形成输入与输出。非媒介的媒介化、场景入口的泛在化加速了媒介系统演化，也使得媒介系统的复杂性不断加剧。

第三媒介时代本身就是一个动态的演化和调适的时代，因此它肯定不是媒介时代的终点，而是一个历史演进状态下的媒介社会形态充分展示的时代。第一媒介时代历经数百年才姗姗进入第二媒介时代；从第二媒介时代到第三媒介时代，几乎超出了所有人的判断和猜测；而从第三媒介时代起到进入下一个媒介时代，有可能猝然发生，也有可能缓慢做出调整。下一个媒介时代，将突破现有泛在传播的特征，形成一个媒介无处不在、媒介形态已变得没有意义的超媒介时代。在超媒介时代，媒介关系、人际关系、社会关系都将做出重大改变。人在社会中，人也在媒介中，传播本身即是生活，人处在彼时的社会环境中，将最大化地传播与释放自己，因为人自己也成了媒介。

7.2 "第三媒介时代"的融媒体传播

融媒体形态实质上是在媒介融合的进程中形成的，是利用网络大数据技术赋能，通过广泛融合不同媒介形态而整合成的新型媒介总称。它利用赋能技术使万物皆媒，其中大数据技术是连接众媒介的核心纽带。它是泛化既往形态，形成以场景为特征、媒介形态为泛化入口的新型媒介形态。从上述定义可以看出，融媒体并不是指向单一的媒介形态，而是具有大数据赋能技术的媒介形态的总称。因此，从生态位视角来看，融媒体必然是存在着生态意义上的竞争与协同，且能够形成和谐共存关系的新型媒介群落。

融媒体生态的传播与叙事本身就是一种从关系出发的思考。对于互联网新兴媒介的关系，黄旦引述约翰·厄里（John Urry）的论述认为，与传统媒介系统"线性的隐喻"不同，互联网强调"联系的隐喻"关系存在：既不存在"宏观"层次，也不存在"微观"层次；既不存在"社会"，也不存在个体[②]。社会理论中这些假定存在相互分离的实体和相互分开要素的概念已经失效，诸多网络所赞成的"关系"——同时也只有"关系"——才是根本[③]。在融媒体传播中，媒介系统的要素"人"以其"内在性眼光"在系统关系中协调整合，形成融媒体生态关系中的广泛意义。

---

① 彭兰，杨影. 2015. 场景：移动时代媒体的新要素. 新闻记者，(3)：26.

② 黄旦. 2015. 重造新闻学——网络化关系的视角. 国际新闻界，(1)：77.

③ 约翰·厄里. 2009. 全球复杂性. 李冠福译. 北京：北京师范大学出版社，第 25 页.

融媒体生态系统中，不同的关系作用体以“种群”的形式存在并发生生态位作用，如报纸种群、广播种群、电视种群、互联网媒介种群以及移动互联网种群。从种群内部关系看，种群内部关系复杂而多元。如报纸种群中，可以继续分类为都市报、晚报、专业报等，报纸之间在市场份额、媒介内容的二次售卖等方面存在着竞争共存的关系。与此同时，各报纸本身还会跨越种群界限与广播、电视、互联网等种群的媒介形成新的关系作用，这种作用显然是非线性的，但并不意味着融媒体传播系统内部种群的边际就此消失，甚至于认为媒介本身混同为一个整体。这主要得益于媒介种群中的媒介之间的自组织性特征存在。

7.2.1 关系生态到融媒体场域建构

第三媒介时代的媒介关系并不是一种静态的指称，而是在社会环境与技术环境共同作用下媒介系统的动态深化过程。在错综复杂的社会环境中，融媒体传播过程显然无法通过个别媒介的存在状态得以呈现，那么能否找到一个更加适合表达复杂系统关系的概念指称？

当代法国社会学家皮埃尔·布尔迪厄（Pierre Bourdieu）强调社会学研究中“关系”的价值，认为方法论中的一元论更适合于表达事物而不是关系，更适合呈现状态而不是过程。对此，他提出了替代一元论的概念：场域（champ）。“场域”是由附着于某种权力形式的各种位置间的一系列客观历史关系所构成的，它的禀赋如物理学的磁场，是某种被赋予了特定引力的关系构型。当代社会由各种不同的场域建构而成，而整个社会本身，一方面本来就是一个不均衡和不平等的社会结构。生活于社会的各个层面和阶层的不同群体的人们及个人，由于他们的社会地位的差异性以及他们的利益、欲望和权力的不平等，他们之间始终存在着竞争与斗争的关系；另一方面，整个社会就是以一种象征性的结构而不停地运动着和变动着。所以场域就是象征性动力学景观下的社会①。可以说，场域是一种呈现关系作用的社会构型，这里的关系，是马克思所说的独立于个人意识和个人意志的客观存在②。第三媒介时代指称的媒介是高度融合关系中的媒介，其所包含的“场域”是融媒体传播中形成的一切关系作用的积乘，“场域”是复杂关系作用的集中体现。融媒体系统结构中生态秩序的关系整合，其实质就是“场域”的生成过程。

当然，“场域”表达仍然是隐喻性的，融媒体本身就具有强烈的隐喻性。因此考察融媒体本体的超经验性关系，通过隐喻的方式强调网络关系的构成，具有时代性意义。这也和麦克卢汉所进行的隐喻研究大相径庭。

---

① 高宜扬. 2005. 当代法国思想五十年(下). 北京：中国人民大学出版社，第513页.

② 彭新武. 2003. 复杂性思维与社会发展. 北京：中国人民大学出版社，第47页.

关于隐喻，“就是把未知的东西变换成已知的术语进行传播的方式”①。隐喻即工具，通过隐喻功能，诠释世界、加工世界并判断世界，从而认知世界和改造世界；隐喻即关系，通过事物之间广泛的关系联结力图使客观世界主观变形，揭示事物内在的、本质的特征；隐喻即信息，隐喻所携带的信息远超其所指范畴，是一种变形与延伸，被赋予了新的意义。对此，尼尔·波兹曼认为，“不管我们是通过言语还是印刷的文字或是电视摄影机来感受这个世界，这种媒介-隐喻的关系为我们将这个世界进行着分类、排序、构建、放大、缩小、着色，并且证明一切存在的理由”②。在“场域”隐喻叙事中，近年来，研究者对于新兴媒介关系的研究，倾向于使用“场”的概念，这也是场域概念的隐喻实践运用。

场域建构中的融媒体，通过媒介种群的关系性建构，使第三媒介时代的融媒体具有更加强大的隐性力量。这种力量超越了传统媒介的作用，具有鲜明的系统作用特征。作为一个关系性概念，媒介场域强调一些实体要素在其彼此间结成的客观关系网络中得以互相确证。

融媒体的场域边际是模糊的和开放的。融合中的不同媒介种群本来有其固有的独立场域。但在媒介融合语境下，各个场域之间的相互渗透与影响在不断加剧，促使信息熵、关系熵以及负物熵不断进行着媒介系统之间的交换。融媒体场域并非一个静态的关系网络，而是通过各种要素的作用形成动态的关系网络，场域内部运作和转变的原动力“在于它的结构形式，同时还特别根源于场域中相互面对的各种特殊力量之间的距离、鸿沟和不对称关系”③。

在融媒体环境中，任何一个事件都不可能是孤立的，任何一种场域也不是孤立的，而是在媒介关系作用下不断发展与变化着的。此外，社会力量的作用也推动着场域的形成与消弭。因为融媒体传播符号跨越、受众文化习惯等因素的作用与影响，融媒体场域传递的信息往往会存在放大或突变等问题，舆论场的重叠与开放意味着一些事件可能会被不断“放大”，甚至于“扭曲”，另一些事件则因为关注度较低而迅速下沉。

分析融媒体场域的特性，认清媒介场域的性质，是运用场域分析法分析媒介实践活动的起点，也是勾画融媒体场域与其他社会场域的关联的前提④。

7.2.2 多元媒介形态到泛化媒介

第三媒介时代的融媒体传播过程中存在着哪些媒介形态，它们之间的关系作

① 李彬. 2002. 传播学的关键概念. 国际新闻界，(5)：43.

② 尼尔·波兹曼. 2009. 娱乐至死：童年的消逝. 章艳，吴燕莛译. 桂林：广西师范大学出版社，第11页.

③ 布尔迪厄，华康德. 2004. 实践与反思——反思社会学导引. 李猛，李康译. 北京：中央编译出版社，第139页.

④ 丁莉. 2009. 媒介场域：社会中的一个特殊场域. 青年记者，(16)：66.

用又如何呢？

媒介形态演进，经历了一个由简单到繁杂，由单一到多元再到泛化的过程。以现代传播为例，媒介初始形态的报纸从种群上看无疑是单一的，表现为传播形式单一、组织管理单一和传播向度单一。随着广播、电视的出现，媒介形态开始变得丰富，媒介形态的丰富意味着媒介生态位竞争的加剧。媒介形态演进的实践与理论告诉我们，媒介形态并未出现新生埋葬故有、后发接替前在的现象，而是逐渐形成了一种叠加发展、共同存续的生态结构方式。即便如此，媒介替代论的观点始终未能消失，一俟新的媒介环境生成便立刻反扑，形成一种新的浪潮。网络新兴媒介一出现，唱衰传统媒介的调门就开始不断提高，甚至有人预测了替代的时间表。在这样的质疑声音中，国内外每一家传统报纸的倒闭都成为反对者引据的重要观点与逻辑。如果回溯一下近现代媒介演进的历史就会发现，新生的媒介与消亡的媒介始终处在一种动态调适性的过程中。媒介演进过程中出现的生态位叠加带来的结果既有竞争，也有新兴媒介生态位的自我拓展。

事物的发展规律表明，复杂事物的发展会随着关系增加而变得更为复杂。媒介融合是在多元化媒介形态共生共存的状态下完成的，也是媒介系统演化的必然逻辑。那么，媒介融合下的媒介形态如何指称呢？

从形态上看，媒介融合生成的新兴媒介已不同于既往的传统媒介，也不同于网络新媒体，而是利用网络大数据技术赋能，在关系作用下通过广泛融合不同媒介形态而整合成的新型媒介总称。如果为参与媒介融合过渡阶段的媒介给定一个指称，则恐怕要称之为融合态报纸、融合态广播、融合态电视、融合态网络等，这些融合态媒介尚存有显著的原媒介形态特征，但又明显区别于前在媒介形态。如融合态报纸，其介质仍然是报纸，但报纸上的每一条信息又能够以其他形态立体呈现出来，前提是通过手机等终端扫描上面的二维码。这样，这篇附着于报纸上的消息就会出现视音频版、图片版或动画版，也可通过交互评论使信息本身发生“延异”[①]。我们眼中的融合态报纸，虽然尚具有传统报纸的属性（主要包含介质属性与符号属性），但事实上它又是融媒体传播的一个场景入口。在这里，物理的、平面的报纸潜存着多个场景入口，我们通过这些场景入口进入另一个融媒体空间，与其他形态的信息相遇，与其他个体相遇，甚至与前在的历史信息相遇。除了融合态报纸，其他融合态媒介也在以同样的新生形态存在与演化。这些媒介形态以符号的方式相互链接，呈现出非线性的

---

① “延异”既有差异又有延迟的意思。它与代表着稳定的语言-思想对应关系的逻各斯中心主义针锋相对，代表着意义的不断消解。融媒体传播中，信息本体并不仅仅指代初始的信息形态，还包括在元信息基础上不断附加、变化的信息，可以被看作是延异状态的信息。这些信息在保存原始能指的基础上，也处在一个不断丰富和发展的状态，这一过程中心被不断消解。

交互关系，第一种媒介形态是其他媒介的镜像，每一种镜像也作为其他媒介的内容而存在。

那么，未来的媒介形态将如何演进呢?

融媒体形态演进的最终路径是，弱化初始媒介形态，弱化融合态媒介形态，进而弱化媒介形态本身，形成一个泛化的媒介形态存在的泛在传播环境。这一过程离不开技术的进步及其赋能。赋能技术是新兴媒介独有的使其得以生存的要素[①]，技术赋能则使得非媒介的媒介化成为可能。根据第三媒介时代融媒体传播的五要素（移动设备、社交媒介、传感器、定位系统和大数据）的要求，被赋予上述要素的物理形态的存在，都可以被广义地称为“融媒体”。以近年来最具影响力的“三网融合”为例，三网融合主要依赖于IP技术发展，通过IP网实现语音（电话）、视频（有线电视）、数据（互联网）的三网融合[②]。其终端如果作用于手机，则手机被“融媒体化”；终端如果作用于车载视频摄像头，则车载摄像头被“融媒体化”；终端如果作用于可穿戴设备如智能手表等，智能手表等即被“融媒体化”。可见融媒体传播的发展方向是媒介形态不断泛化的过程。媒介形态本身并不重要，重要的是赋能技术带来的融媒体化的可能性，这将是一段时间后媒介形态发展的一个重要趋势。

7.2.3 专业化主体到多元化主体

信息传播的进化之路，开启于说服到认同的沟通过程，在此基础上向着组织结构的“职业”化路径演进，于是出现了专业新闻传播机构、专职的新闻工作者，“职业新闻”也应运而生。事实上，即便是在大众媒体的职业传播阶段，“非职业传播”也相伴而行，只不过，职业传播的专业性和主流话语权遮蔽了“非职业传播”话语，或者说是压制了[③]“非职业传播”话语。主流话语控制推动了传播业的专业化发展，也培养了一批批专业化新闻传播主体。

在大众传播时代，社会分工将人类新闻活动带进了一个新的时代，使新闻生产与消费有了另一种典型性的模式，这就是大众化的传受模式，新闻生产的主导方式是制度性的、组织性的、专业性的，与之对应的民间传播则陷入被边缘化的境地[④]。

---

① 罗杰·菲德勒. 2000. 媒介形态变化：认识新媒介. 明安香译. 北京：华夏出版社，第19页.

② 栾轶玫. 2014. 融媒体传播. 北京：中国金融出版社，第32页.

③ 作为意识形态的新闻传播除了长期受到政治势力的影响外，也受到各种社会势力的他组织作用。这种作用既包括对新闻传播业的控制，也包括对新闻传播业以外的其他传播渠道的压制，使其要么被整合到职业新闻传播序列，要么被驱散解体。

④ 杨保军. 2013. “共”时代的开创——试论新闻传播主体“三元”类型结构形成的新闻学意义. 新闻记者，(12)：34.

“第三媒介时代”的开启，意味着大众化新闻传播者的“三元”主体结构形成[①]，即在新的媒介生态环境中，逐渐形成一个区别于前在职业新闻传播者主体的、由“职业新闻传播主体”“脱媒主体”和“民众个体传播主体”共同构成的主体结构，从而使得大众化、公共化的新闻传播主体不再局限于职业新闻传播主体。“三元”新闻传播主体结构的出现，意味着职业新闻传播的专业传播主体时代的结束，以及多元化传播主体时代的全面到来。

就“职业传播主体”而言，自从 19 世纪大众传播时代开始以来，世界范围内的新闻业开始了职业化、专业化的新闻传播体系建构，职业新闻传播主体开始主导新闻系统的结构[②]。应该说职业新闻传播主体的功能定位始终处在摇摆与振荡的状态，不论是否承认，职业新闻传播总是有意或无意间充当着政府或利益集团的宣传者的角色。近年来，随着公共新闻意识的萌生和新兴媒介的影响，职业传播主体的新闻本位主义开始回归。在“第三媒介时代”，融媒体传播环境中的职业传播主体是“第二媒介时代”职业传播主体的续存，面对不断升级的融媒体传播形态，现阶段职业传播主体在传播活动，特别是议程性新闻传播活动中，仍然发挥着重要作用。

就“脱媒主体”而言，他们往往游走于新闻传播媒介与社会环境之中，既拥有新闻敏感性，也具有成熟的新闻信息采编生产技能，同时还不会受到职业传播议程设置的框范与影响，能够利用新兴媒介资源发布信息，或参与其他信息的评析与二次传播。在现实的社会环境中，“脱媒主体”看似获得了新闻传播自由因而立场会变得更加中立，实际上，“脱媒主体”作为相对独立的利益组织或利益群体的一部分，必然有自身的传播立场和倾向，他们本质上追求的宣传效果、广告效果和公关效果必然影响其传播观念，从而采取更多的偏向宣传、广告、公关的手段和方法，他们期望自身组织内部、群体内部的认同以及传受对象对“脱媒主体”所根源的组织或群体的认同[③]。融媒体传播活动中，“脱媒主体”活跃于新兴媒介生态环境之中，甚至于成为具有广泛影响力的网络大 V，享有较高的网络话语权。

就“民众个体传播主体”而言，凡是民众、普通网民，从原则上说，都可以通过网络平台以及以网络为基础的各种媒介渠道、平台生产传播（包括转发）收受新闻，共享、分享新闻，从而在以网络空间为主的公共空间中建构起多种模式[④]。

① 杨保军. 2013. “共”时代的开创——试论新闻传播主体“三元”类型结构形成的新闻学意义. 新闻记者，(12)：32.

② 杨保军，涂凌波. 2014. 新时期中国新闻系统的结构变迁解析. 兰州大学学报(社会科学版)，(1)：79.

③ 杨保军. 2015. “脱媒主体”：结构新闻传播图景的新主体. 国际新闻界，(7)：77.

④ 杨保军. 2016. 非职业新闻传播主体间关系初论——一种大众化新闻传播视野中的考察. 现代传播，38 (11)：25.

在新兴媒介语境下，民众个体传播主体是碎片化的存在，但这种碎片化并非是无序的，而是通过自组织形成的有序结构。从融媒体传播生态环境看，民众个体传播主体强调的是传播“关系”偏向，具体而言存在两种主要关系：一种是偶发性关系，随着一些偶发事件而产生，即刻建构起“临时性中心-边缘”结构关系；另一种是相对稳定的“中心-边缘”关系，强调精英网民与普通网民建构起的比较稳定的结构关系，这种结构可以被称为“个媒介”[①]。

在第三媒介时代，传播主体不仅呈现出多元化态势，而且具有一定的随机性特征。也就是说，任何民众都具有成为传播主体的可能性，所以融媒体传播强调的就是“人人都是媒介”，人人都能传播。此外，传受一体化的特征也使得传播者与受传者之间的标签随机转化。融媒体传播中，信息传受不再受限于单向传播，因此“受众”的概念显然不符合时代需求。从“第二媒介时代”开始，新媒体增加了互动性和多元性，在推陈出新的新技术支持下，信息不论是在生产、传播还在加工反馈环节，都有着显著的灵活性，在这样的语境下，使用“与众”（prosumers）[②]这个概念似乎更加贴切。融媒体传播环境下，具有传受一体潜在性的个体都可以被称为“与众”。从这个意义来看，“与众”实质上就是第三媒介时代最重要的信息传受群体，甚至叠合了融合态媒介的其他所有受众。

看得出来，第三媒介时代的传播主体不仅包含着信息生产与传播者的“三元”类型结构，还包括了“与众”这一特定的概念指称。这样一来，传播主体的多元、多义化发展倾向显而易见。可以预见，未来的媒介生态环境中将形成以“与众”为主导的全新传播主体结构关系。

---

① 个媒介是相对于自媒介而言的一个概念，是通过新媒体自我赋权形成的以意见领袖为核心持续对外影响的媒介时代。自媒介时代突出的是“人人即媒介”传受一体化特征。从数字化媒介传播过程的视角来看，人人都享有数字信息传播的权利，这样的归纳本无可厚非，然而，从信息协同传播的自组织过程来看，自媒介的概念又显得笼统而泛化，因为虽然人人都拥有信息传播的权利，而且也可以自我赋权，但这是相对于信息出口而言的信息入口，对于信息出口我们更加关注的是信息的质量和借此所获得的话语权的问题。按照协同传播中的自组织的特点，影响协同传播的序参量——舆论领袖对于数字化媒介的舆论导向具有重要的引导作用，因此从数字媒介权利建构的角度来看，自媒介状态是一个自我赋权的无序状态，而个媒介状态则是完成话语权建构的有序状态和结构。参见张成良. 2015. 新媒体素养论：理念、范畴、途径. 北京：人民出版社，第 237 页.

② 目前，对于 prosumers 一词，在中国国内还没有统一的翻译。对于新媒体受众，有研究者称之为“主动受众”，也有研究者称之为“创众”（参见杨继红. 2008. 谁是新媒体. 北京：清华大学出版社；邱林川，陈韬文. 2011. 新媒体事件研究. 北京：中国人民大学出版社）。在相机销售中，prosumers 相机被称为“半专业机”；有人则意译为“自助消费者”。考虑到跟观众、受众以及大众的关联，新媒体受众与传统受众的本质区别在于其是主动传播，而非被动收受，主动受众的实质仍然未能确定其主动参与不同形式创作的特点；而“创众”则强调了新媒体受众创作者的特殊身份，实际上新媒体受众既包括一般的新媒体浏览者，也包括参与生产和传播的创作者，因此仅以“创众”来界定新媒体受众也未能穷尽新媒体受众的特征。我们考虑到新媒体受众参与传播以及主导传播的特点，因此使用“与众”这一词来定义新媒体受众。后文中也多使用“与众”来指称新媒体受众。参见张成良. 2015. 新媒体素养论：理念、范畴、途径. 北京：人民出版社，第 46 页.

7.2.4　跨媒体叙事到全觉叙事

关于叙事，在20世纪早期，它被狭义地理解为讲故事，而到了20世纪中后期，叙事学在语言学转向中崛起，学术影响从哲学、文学与美学中溢出，渗透到历史学、政治学、社会学和传播学等诸多领域。在传播学领域中，叙事涉及新闻报道、公共关系、影视等方面[①]。

在融媒体传播环境中，原初媒介的内容向其他媒介的变形转译、转化变异，形成常见的媒介再造，也可称之为再媒介（remediation），指一种媒介在另一媒介基础上蔓生发展、再创造。麦克卢汉认为，一种媒介是另一种媒介的内容，如言语是文字的内容，文字是印刷的内容，印刷又是电报的内容。在信息内容传播趋向饱和的第三媒介时代，在融媒体传播环境的语境下，以再媒介为主的跨媒体叙事方式成为关系传播的主要方式。后结构主义者对于叙事的论述也说明，相比于关系，叙事形态本身更无趣。“故事之所以是故事，并不单由其形式决定，而是由叙事形式与叙事阐释语境之间复杂的相互作用所决定的。”[②]

关系决定叙事，这也是不同语境下不同故事的传播效果突出的主要原因。在《煎饼侠》之前，恐怕无人相信一部仅仅投资2000多万元的喜剧片，在首映当天就刷新国产2D电影单日的票房纪录，并在以后的十几天内突破了十亿元的票房大关。事实上，《煎饼侠》的成功源于“互联网＋脱口秀”和“互联网＋短剧”的媒介融合实践带来的叙事语境的不断积淀，形成了网络原创价值。经由电影的跨媒体叙事表达，最终形成了联结线上网络与线下影院关系作用的热点，这成为《煎饼侠》取得商业成功的最重要因素之一[③]。

上述例证提到的跨媒体，并不仅仅意味着故事从互联网到电影院线的媒介迁移，还意味着媒介符号呈现形式的关系联结。也就是说，从叙事学上来说，跨媒体强调的不是“传播”，而是“表达”。媒介可以是也可以不是管道，但必须是语言，才能呈现跨媒体叙事学的趣味[④]。所以，跨媒体叙事所指的“媒介”，在非特指情况下，一般均作为表达媒介的“语言”或符号，而跨媒体则是媒介“语言”或符号的再媒介。“表达”意味着一种符号的呈现，现象学派的哲学家会把媒介分成视觉、听觉、言语，抑或是触觉、味觉、嗅觉[⑤]。在现象学派视域中，跨媒体传播就是通过符号转换形成视觉、听觉、触觉、味觉和嗅觉的交互作用。

在第三媒介时代，随着跨媒体叙事的融合与深入，一个新的概念开始被提起，

---

① 胡百精. 2014. 说服与认同. 北京：中国传媒大学出版社，第79页.

② 戴卫・赫尔曼. 2002. 新叙事学. 马海良译. 北京：北京大学出版社，第8页.

③ 杨柳. 2015.《煎饼侠》：一场“互联网+电影”的“屌丝逆袭”梦. 当代电影，(9)：46.

④ 玛丽-劳尔・瑞安. 2014. 故事的变身. 张新军译. 南京：译林出版社，第7页.

⑤ 龙迪勇. 2016. 空间叙事本质上是一种跨媒体叙事. 河北学刊，(6)：86.

那就是“全觉传受”①。本书第二章中曾提到过全觉传受概念，全觉传受是在特定自然场景内完成的人的全息感知过程。从全觉传受的动力结构来看，融媒体传播技术为全觉传受提供了物质性的基础，跨媒体叙事则为全觉传受提供了具体的实践路径。如果说，跨媒体叙事还只是一种空间上的媒介叙事表现，是媒介的“出位”或“越界”②，是媒介叙事形式由此及彼的迁移过程，那么，全觉叙事则不仅考虑到这种迁移，还试图将原初的媒介叙事形式也包含其中，形成一个不断融合的全觉叙事聚合形态。人身处全觉叙事环境之中，脱离了现实语境而陷入虚拟环境，这种深度的全觉传受环境促成了沉浸传播的发展。沉浸传播中的每一位个体，沉浸在全觉传受环境中，其自身也成为媒介，随着传播生态环境的演进，成为所谓的“无形无象之人”（discarnate man）。也就是说，“沉浸人”实质与物理意义上的人已经不同，而是广泛存在于网络环境中，是被高度符号化的、脱离了肉体的精神上的存在。

7.2.5 组织传播到自组织协同

美国著名社会学者巴里·魏尔曼（Barry Wellman）在描绘现代社会变化时，引入了一个隐喻概念“小小盒子”③。所谓的“小小盒子”是指一些有着明确边界且结构严谨的组织，包括家庭、社区以及工作单位。显然，魏尔曼指向的“小小盒子”具有一定的物理空间属性。随着上述系统边际的开放，处在组织关系中的人的活动也在悄悄发生着变化，甚至于突破了既有的组织结构，原有的组织行为受到了越来越多的挑战。

对传播活动而言，传统大众媒体组织传播强调的是由组织而传播的结构关系，作为组织的归因，传播强调的是信息生产特征，这也是组织传播区别于人际传播与大众传播的前提。社会建构是通过传播行为而实现的，因此，组织传播也就不仅仅是信息传递过程，而是被赋予意义的行为④。在第三媒介时代，“小小盒子”的物理存在相对于“场景”建构已失去其固有意义，因此组织推动传播的形而上学缺少了理论支撑和现实的实践空间。面对如此情形，专家学者根据动态组织传

---

① “全觉时代”“全觉传受”“全觉文化”，是中国人民大学杨保军教授在2015年9月25日中国人民大学新闻学院主办的“转型与超越：新媒体环境下的视觉信息传播”研讨会致辞中提出的系列概念，主要强调的是随着传受技术的日新月异，信息传受界面正变得全觉化(视觉、听觉、触觉等的融合或整合)，因此，他提出这样一个统摄性的概念以描述新的信息传受现象和文化现象。

② 龙迪勇. 2016. 空间叙事本质上是一种跨媒体叙事. 河北学刊，(6)：87-88.

③ Wellman, B. 2002. Little boxes, globalization, and networked individualism. In M. Tanabe, V. Besselaar & T. Ishida (Eds.), *Digital Cities II: Computational and Sociological Approaches* (pp. 10-25). Berlin: Springer.

④ Putnam, L. L. 1983. The interpretive perspective: An alternative to functionalism. In L. L. Putnam & M. E. Pacanowsky (Eds.), *Communication and Organizations: An Interpretive Approach* (pp. 31-54). Thousand Oaks: Sage Publications.

播观，认为应当将传播视为组织得以产生的根源，即组织是传播的产物；或者说，组织过程本身就是一个传播的过程[①]。为简化这种描述，国内学者谢晶将这一过程称为“经由传播而组织”，显示出这一传播观念所具有的动态性特征。在这一动态组织传播观念指导下，组织传播研究的新视野就成为探讨这种“经由传播而组织”的具体机制与规律[②]。

事实上，对于“经由传播而组织”的实践，以熵理论的视角来看，仍然是一个强调系统的有序过程的调适，其关注的组织传播过程只是变得更加动态化，与此同时，这一理念也强调了结构主义中的组织建构。学者泰勒（James R. Taylor）和凡·埃夫里（Elizabeth J. van Every）在解读组织与传播的关系时，将传播分解为“对话和文本”两个层面[③]。对话指称的是语言上的互联交流，文本是经由一定规则组织而成的文本形态。对话强调了一定层面的人际关系，通过互动形成一种情景（认同），经此积累，一个话语实体逐渐在这种情景中诞生、赋形（talking into being）。于是，人们创造出两种组织形式：现实世界中的组织和阐释世界中的组织[①]。前者具有稳定的社会结构性，是常态性的；后者强调一种情景的创设，随语境不同而漂移。

按照泰勒和凡·埃夫里的论述，阐释世界中的组织实质是“经由传播而组织”生成。上述过程显然关注了对话和文本交互，也就是强调信息熵与关系熵的作用，以此来平复系统内部可能存在的混乱与无序，使系统保持在一个有序状态之中。

由此看来，“经由传播而组织”的实质就是自组织。

熵理论中的自组织概念认为，任何生命系统的存在，作为开放性系统，本质上都是一种以信息运动为基础的耗散结构自组织状态[④]。按照自组织理论的基本原理，世界是平衡在混沌的边缘的一个具有动力的、永恒变化的系统[⑤]。随着系统外输入的能量、物质或信息达到一个临界值后，下层系统之间的关系作用就开始增强，使原来无规则的各子系统的独立运动相应减弱。当超过一定阈值时，数量巨大的下层系统仿佛能够互相识别并遥相呼应地同时按照某种方式行动起来，参加到协同的集体运动中，从而形成接近稳定或振荡的宏观结构，于是自组织现象便应运而生了[⑥]。

---

① Putnam, L. L., Philips, N. & Chapman, P. 1996. Metaphors of communication and organization. In S. R. Clegg, C. R. Hardy & W. R. Nord (Eds.), *Handbook of Organization Studies* (pp. 375-408). London: Sage Publications.

② 谢晶. 2011. 经由传播而组织—— 一种动态的组织传播观. 新闻大学，(4)：112.

③ Taylor, J. R. & van Every, E. J. 2000. *The Emergent Organization: Communication as Its Site and Surface*. Mahwah, NJ: Lawrence Erlbaum Associates.

④ 刘卫平. 1999. 创新思维. 杭州：浙江人民出版社，第 191 页.

⑤ 米歇尔·沃尔德勒. 1997. 复杂：诞生于秩序与混沌边缘的科学. 北京：生活·读书·新知三联书店，第 353 页.

⑥ 彭新武. 2003. 复杂性思维与社会发展. 北京：中国人民大学出版社，第 217 页.

在第三媒介时代，融媒体传播的随机性决定了“经由传播而组织”的“自组织”过程，即社会系统输入融媒体系统的信息熵、关系熵达到一个临界值后，各融合态媒介种群之间的关系作用增强。超过临界值达到一定阈值时，各媒介（包括个体的人）开始协同运动，就此形成自组织现象。上述的自组织过程是处在融媒体宏观层次的运动；而在微观层面上，处在融媒体环境中的个体通过移动网络连接，就某一事件传播形成特定的“场景”的过程，实质上也是自组织行为过程。

自组织理论强调了协同共进的生存原则，这对达尔文的“物竞天择，适者生存”理论显然是一个批判[①]。从詹姆斯·拉夫洛克（James Lovelock）、林恩·马古利斯（Lynn Margulis）等人倡导的共生观念，到埃里克·詹奇（Erich Jantsch）的共同进化理论等可以看出，合作比竞争更为根本。媒介叠加式共存共进的演进路径同样可以给出这样的结论。

自组织理论阐述的第三媒介时代，实质上是一个多元媒介共存且相互融合形成新的媒介形态群落的时代。在这样的生态环境中，组织传播在复杂系统环境中面临解体，而自组织则以更加强劲的爆发力出现在惶惑于媒介形态变迁与演化之中的人们的面前。

从组织传播到自组织协同，“经由传播而组织”的秩序正在生成，一个全新的媒介时代正徐徐拉开大幕。

7.3 融媒体发展前景展望

恐怕没有一个时代会像现今这般影响深远，既迅猛异常又无处不在，哪怕在偏僻的物理空间里，都能嗅到数字技术迎面而来的气息。面对日益复杂的媒介环境，既有的媒介理论总显得捉襟见肘。世间向来缺少先知，能透过时代迷雾看清社会的人已属凤毛麟角，更何况对未来有真知灼见的人。当缺少一种能够洞彻时代的理论引领时代精神发展时，就必然会丛生各种概念与猜想，这样的概念与猜想或一知半解、或不着边际地解析这个社会，这无疑又增加了社会关系的复杂性。

埃德加·莫兰（Edgar Morin）设想认识的未来时提出要建立一种复杂思维，因为“只有复杂思维能够加强和发展个人的思想自主和有意识的反思，只有复杂思维能够使每个人在自身建立一些元视点的瞭望台，只有复杂思维能够承认它自身的黑洞，只有复杂思维能够展开整体和特殊、部分和全体、科学客观性和哲学反思性的对话，只有复杂思维能够不遗余力地考虑全球视野以及全球视野之

---

① 彭新武. 2003. 复杂性思维与社会发展. 北京：中国人民大学出版社，第231-232页.

外的视野……"[①]

用复杂思维解析复杂性社会，抛开目标对象本体，上升到一个共时性和历时性共在的系统时空环境之中，这不仅关系认识的未来趋向，也是洞察未来社会环境的思维方式。至于媒介系统，眼下诸如"多媒体""全媒体""融媒体""泛媒体"等诸多概念亦不过是复杂媒介环境中的点滴的解析与思考，希望以一种表象指征指向遮蔽于复杂性背景下的媒介理论本体，只能限于现象的描述而非本质的揭示。因此，考察媒介演进与发展，应该将概念内置于复杂系统理论中，透过概念建构一个动态发展的理论体系。这将是今后一段时间内媒介系统理论研究的一个大概思路。

很显然，从复杂性角度看，媒介形态和人的认知正处在相互生成的关系之中。在这种关系中，我们不能忽略本身作为媒介的"人"的个体间的相互作用，人的认知促进了人际关系的发展，从而生成了具有社会关系意义的媒介系统。

因此，笔者将从两个维度出发，探讨后融合时代媒介的发展趋势。当然，这只是基于复杂性思维研究的一种尝试。具体说来，从媒介演进的空间性来看，媒介形态面临着去边际化发展的趋势；从媒介演进的功能性来看，沉浸传播在促成人性化发展的同时，也面临着去社会化发展的风险。

7.3.1 去形态化发展

媒介形态，是一种旨在区别不同媒介表征的传播载体。有关媒介形态的概念，人们往往强调历时性演进过程中迭代关系中的媒介。媒介形态之所以引起人们的广泛关注，是源于媒介环境学派的理论建构与推广，将人们从媒介内容本体引向了媒介形态发展的思路。关于媒介形态发展的未来趋向，受媒介环境理论影响的观点不在少数。

有学者认为，"新技术的发展日新月异，完全有可能在未来产生一种与今天媒介形态完全不同的新媒介，这种媒介有可能融合了几种甚至全部媒体的优点"[②]。也有学者认为，"未来媒介发展，整合将是一个趋势"，整合的媒介是传统媒介与新兴媒介最终通过"各类不同的多媒体终端设备呈现出来的各种媒介形态"[③]。

从专家学者的论述中可以看出，媒介融合催生新兴的媒介形态，这看起来是大多数人认同的观点。事实上，关于融媒体形态的指称也证实了这一点：对于同样的电视，网络电视与有线电视从符号传播方式角度看差别不大，但从传受关系

---

① 埃德加·莫兰. 2002. 方法：思想观念——生境、生命、习性与组织. 秦海鹰译. 北京：北京大学出版社，第 105 页.

② 陈浩文. 2007. 再论"媒介融合". http://media.people.com.cn/GB/40628/5575331.html[2016-11-04].

③ 何姗. 2007. 整合媒介：媒体发展的趋势. 青年记者，(8)：27-28.

角度看，二者显然不属于同一媒介形态。有线电视与无线电视同样属于传统媒介形态，网络电视则是具有交互性、非线性关系的新兴媒介形态。那么网络电视恐怕就不能以电视媒体概念加以指称。事实上，这种通过新兴媒介赋能技术带动的媒介形态数不胜数。其中，最成功的当属智能手机。作为通信工具，手机可以被称为广义上的媒介，它实现了声觉的“在场性”模拟重现，但就传播功能实现而言，能够双向度传递信息的手机可以归属于传统的线性传播媒体范畴，且传播范围具有既定的约束性。此外，智能手机借助移动通信的技术手段，作为移动传播的一个节点和终端，最终实现了跨时代意义的媒介融合演进。根植于智能手机的微博、微信、手机 APP 软件，进一步强化了手机作为移动媒体的重要意义。此外，近年来开始流行的可穿戴设备，如智能手表、智能手环等，在接入移动互联网后，都发展成为一种新兴媒介形态。在今后一段时间，各种具有智能化的新兴媒介会陆续出现，这是一个非媒体的媒体化过程，也是一个社会环境媒介化、智能化的过程。

对此，我们将如何指称这些不断演进的新兴媒介形态呢?

媒介形态的发展实际上是朝着“去形态化”方向演进的。去形态化并不是说不具形态，而是媒介间开放边际、弱化形态，最终形成由新兴媒介平台主导传播的智能化媒介系统。正如前文所说的有线电视和网络电视，伴随着“三网融合”的推进，媒介之间的边际日益模糊，任何一种媒介都作为其他媒介的内容而存在，其自身也吸附其他媒介作为内容。这种带有升级意味的媒介形态演进贯通于日常的媒介化生存活动中，自然而然且无处不在。这与传播活动中“无形无象的人”比较相似，事实上“无形无象的人”也是作为新兴媒介存在的。

任何复杂系统演化的前提都是系统本身要处在一个非平衡态或近平衡态，而不是平衡态，这样更易于系统内各要素之间的流动。融媒体的“去形态化”过程，实质上是一个去平衡态的过程，这一过程中，媒介形态不断拆分组合，经由自组织活动推动系统演化。

对应媒介“去形态化”的，是新兴媒介的平台化发展路径。媒介经由嵌套式平台建构起共生形态，大平台上既包括栖息于其上的用户部落，也嵌套着不同的媒介形态。呈现嵌套态势的媒介形态本身已不具独立性意义，而是作为大平台中的小平台而存在。“大平台综合化，小平台专业化，这是媒介发展的一个趋势。”[①]传统媒体与其他“个媒体”成为栖息于大平台上的小平台和小小平台，逐渐形成一个广泛开放的媒介生态系统。平台化发展，意味着场景建构的价值意义，传播个体经由媒介终端入口进入场景，在场景中获取各种媒介资源，形成不同链路的非线性交互关系。因此，场景是媒介平台化发展的节点式呈现，也是人-媒介-人形

① 喻国明，吴文汐，何其聪. 2016. 传媒的进化趋势与未来可能. 北方传媒研究，(3)：6.

成即时关系的新兴交互平台。

媒介“去形态化”还意味着曾经作为“一种组织形态存在的传统媒体”，终将被产品服务的多元化所取代，这表明，在亿万受众眼中，传统媒介形态概念的“外壳”将逐渐消亡，取而代之的是媒介产品与信息服务内涵的兴起。即便是新兴媒介，也无意于媒介形态“外壳”的建构。产品与信息服务，重构着媒介生态中的新秩序。媒介，将向着“智慧化融合、关系化生存”的新方向发展与迈进。

7.3.2　去社会化趋势

传播的去社会化发展，是对于媒介环境与社会环境形成虚拟与真实的渗透与融合的思考。媒介进化理论强调，“一切媒介进化趋势都使复制真实世界的程度越来越高”，这从一个侧面佐证了莱文森提出的媒介发展“人性化趋势”的意义。媒介发展就是要创设一个高度复杂的现实世界的拟态环境。曾经对媒介形态进行过深入研究的李普曼（Walter Lippmann）把媒介看作是一个异乎于社会环境的“拟态环境”，通过文字、图片、音视频的塑造，建构一个媒介化的社会生活环境。不论如何，早期媒介创设的环境总是受到各种条件的制约，在高语境文化环境中，受到符号编码、意识形态等作用的媒介呈现总是不够周延的，媒介的进化就是在不断弥合编码与解码之间存在的意识形态位移所引起的偏差。因此，媒介的进化正朝着创建一个“全觉符号”传播系统的方向迈进，在更趋向于“在场”环境建构的“全觉传受”环境中，人们将“深度沉浸”于媒介，在现实与虚拟环境之间往来穿梭，甚至于无法分清现实与虚拟世界的界限，成为一个特立于社会的“沉浸人”。

“沉浸人”应该说是一种具有极化特征的传播活动中的人。说是极化的人，是因为“沉浸人”深陷于媒介环境，这种媒介环境在极大满足“人性化”需求的同时，也慢慢将人从社会关系中隔离出来，成为媒介意义上的个体的人。一个有趣的现象是，人的发展总是存在着两个向度：一是作为个体存在的机能性发展；二是作为“类的存在物”也就是群体性的发展。人迥异于动物，是以牺牲了个体机能性发展而造就了群体性生存为目标的。人的复杂本质还在于其社会关系性。不可否认，“沉浸人”是媒介“人性化”发展的终极方向和目标，然而，这种人性化机能性补偿带来的，必然是人的“社会性”的不足与缺失。也就是说，按照融媒体传播中“沉浸传播”的发展方向，“沉浸人”势必会向着“去社会化”的方向发展。

“沉浸传播”的“去社会化”趋势，意味着交往方式的重构。波斯特认为，探讨交往理论的后结构主义方法是对“信息方式”以何种方式既挑战又巩固后现代社会和文化中所浮现的主导性的各种体制[①]。这里的“信息方式”是借由电子媒介

① 马克·波斯特. 2000. 第二媒介时代. 范静哗译. 南京：南京大学出版社，第 83 页.

的交流得以完成的，交往方式倾向于将现代主体置换为多重的、不断撒播且去中心化的新的主体，这种主体具有极大的不稳定性，可能引发“对社会制度与结构的根本挑战”[①]，这显然是与既定的社会制度与结构相冲突的。近年来不断形成的少数种群的反社会运动，就是这种交往方式不断推动的结果。

“沉浸传播”的“去社会化”趋势，还意味着传播者个体的自我束缚。如果说电视媒体是一种“全景式监狱”，那么处在“沉浸传播”环境中的“沉浸人”，不可避免地沦为“共景式监狱”中的个体。“共景式监狱”中的被凝视与窥探从线上看使人“无形无象地存在”，又使得物理环境中的人深受影响。随着沉浸程度的加深，人所受到的束缚也越难以摆脱。从这一意义上看，人的“去社会化”看似是一种人性的解放，实则是人的社会性的一种迷失。处在社会环境中的人，如何获得更广泛的自由呢?

归根到底，为沉浸传播所束缚的人，只可能靠沉浸传播来解放自己。

复杂思维视角下的社会学不是把人密封于此时此地的规定性中，而是允许人们跨越时间与空间、媒介与现实，变成超历史与超社会的。因此，“沉浸人”只能是一种极化传播模型，“去社会化”也能是一种媒介发展趋势，在现实的复杂社会环境中，自我束缚的封闭式发展是不可能实现的，因此“沉浸传播”也并不具有超越现实的价值和意义。

参考文献

埃德加·莫兰. 1999. 迷失的范式: 人性研究. 陈一壮译. 北京: 北京大学出版社.

埃德加·莫兰. 2001. 复杂思想: 自觉的科学. 陈一壮译. 北京: 北京大学出版社.

埃德加·莫兰. 2002. 方法: 思想观念——生境、生命、习性与组织. 秦海鹰译. 北京: 北京大学出版社.

埃德加·莫兰. 2004. 复杂性理论与教育问题. 陈一壮译. 北京: 北京大学出版社.

爱德华·苏贾. 2004. 后现代地理学——重申批判社会理论中的空间. 王文斌译. 北京: 商务印书馆.

保罗·莱文森. 2001. 数字麦克卢汉: 信息化新纪元指南. 何道宽译. 北京: 社会科学文献出版社.

保罗·莱文森. 2003. 思想无羁——技术时代的认识论. 何道宽译. 南京: 南京大学出版社.

保罗·莱文森. 2011a. 软利器: 信息革命的自然历史与未来. 何道宽译. 上海: 复旦大学出版社.

保罗·莱文森. 2011b. 新新媒介. 何道宽译. 上海: 复旦大学出版社.

保罗·莱文森. 2014. 数字麦克卢汉: 信息化新千纪指南(第2版). 何道宽译. 北京: 北京师范大学出版社.

保罗·莱文森. 2017. 人类历程回放: 媒介进化论. 重庆: 西南师范大学出版社.

保罗·利文森. 2002. 软边缘: 信息革命的历史与未来. 熊澄宇等译. 北京: 清华大学出版社.

保罗· 西利亚斯. 2006. 复杂性与后现代主义: 理解复杂系统. 曾国屏译. 上海: 上海科技教育出版社.

毕耕. 2007. 网络传播学新论. 武汉: 武汉大学出版社.

伯特·斯考伯, 谢尔·伊斯雷尔. 2014. 即将到来的场景时代. 北京: 北京联合出版公司.

布尔迪厄, 华康德. 2004. 实践与反思——反思社会学导引. 李猛, 李康译. 北京: 中央编译出版社.

布鲁诺·雅罗森. 2000. 科学哲学. 张莹译. 北京: 北京大学出版社.

蔡雯, 王学文. 2009. 角度·视野·轨迹——试析有关“媒介融合”的研究. 国际新闻界, (11): 87-91.

陈粲然. 2013. 泛阅读产品“今日头条”是如何基于微博用户兴趣图谱做个性化推荐的? https://36kr.com/p/200758[2016-10-24].

陈昌凤, 李宏刚. 2014. 媒介融合: 从政策到生产与消费的关系转型. 新闻爱好者, (10): 18-20.

陈昌曙. 1999. 技术哲学引论. 北京: 科学出版社.

陈浩文. 2007. 再论“媒介融合”. http://media.people.com.cn/GB/40628/5575331.html[2016-11-04].

陈伟军. 2011. 媒介融合与话语越界——传媒文化的多维阐释和散点透视. 北京: 中国社会科学出版社.
陈先红. 2006. 论新媒介即关系. 现代传播, (3): 54-56.
陈先红. 2012. 关系范式下的公关研究. 武汉: 华中科技大学出版社.
陈章龙, 龚廷泰. 1986. 社会系统分析方法初探. 求是学刊, (3): 9-14.
褚金勇, 聂静虹. 2015. 当“知识”传播遭遇“市场”运作——大众传媒与当代健康/疾病的知识传播. 前沿, (3): 25-28.
崔卫平. 2008. 我们时代的叙事. 广州: 花城出版社.
戴卫・赫尔曼. 2002. 新叙事学. 马海良译. 北京: 北京大学出版社.
戴元光, 邵培仁, 龚炜. 1988. 传播学原理与应用. 兰州: 兰州大学出版社.
丹尼斯・麦奎尔, 斯文・温德尔. 2008. 大众传播模式论. 上海: 上海译文出版社.
邓向阳. 2006. 媒介经济学. 长沙: 湖南大学出版社.
丁鸿富, 虞富洋, 陈平. 1987. 社会生态学. 杭州: 浙江教育出版社.
丁莉. 2009. 媒介场域: 社会中的一个特殊场域. 青年记者, (16): 65-66.
杜积西, 严小芳. 2016. 人即媒体: 2050 年传媒大预测. 北京: 北京师范大学出版社.
樊昌志. 2003. 媒介生态位与媒介的生机. 湘潭大学学报(哲学社会科学版), (6): 139-142.
高纲. 2007. 媒体融合: 追求信息传播理想境界的过程. 国际新闻界, (3): 54-59.
高隆昌. 2004. 大自然复杂性原理. 北京: 科学出版社.
高宪春. 2011. 新媒介环境下议程设置理论研究新进路的分析. 新闻与传播研究, (1): 12-20.
高宣扬. 2005. 当代法国思想五十年(下). 北京: 中国人民大学出版社.
郜书锴. 2012. 全媒体: 概念解析与理论重构. 浙江传媒学院学报, 19(4): 37-42.
顾明毅, 周忍伟. 2009. 网络舆情及社会性网络信息传播模式. 新闻与传播研究, (5): 67-73.
顾伟泉. 2005. 网络环境下高校组织传播系统的构建. 黑龙江高教研究, (2): 29-30.
管登峰. 2012. 传统媒介与新媒体媒介现实差异的实证研究. 新闻世界, (6): 202-203.
郭庆光. 1999. 传播学教程. 北京: 中国人民大学出版社.
郭毅, 于翠玲. 2013. 国外“媒介融合”概念及相关问题综述. 现代出版, (1): 16-21.
哈罗德・伊尼斯. 2003. 传播的偏向. 何道宽译. 北京: 中国人民大学出版社.
郝雅婕. 2016. 媒体融合背景下纸媒影响力评价——“三域”影响力媒体评估体系的建构. 青年记者, (32): 67-68.
何巧云, 金洁琴. 2008. 网络环境下信息交流的理论与模式. 南昌: 江西科学技术出版社.
何姗. 2007. 整合媒介: 媒体发展的趋势. 青年记者, (8): 27-28.
赫伯特・马尔库塞. 2008. 单向度的人: 发达工业社会意识形态研究. 上海: 上海世纪出版集团.
黑格尔. 1981. 美学(第一卷). 北京: 商务印书馆.
侯剑华, 郭爽, 房鑫. 2014. 技术熵理论及其专利模型构建研究(第十届中国科技政策与管理学术年会). 长春, 吉林.
胡百精. 2014. 说服与认同. 北京: 中国传媒大学出版社.
黄旦. 2015. 重造新闻学——网络化关系的视角. 国际新闻界, (1): 75-88.
黄金. 2011. 媒介融合的动因模式. 北京: 中国书籍出版社.
黄仁宇. 2001. 关系千万重. 北京: 生活・读书・新知三联书店.
纪莉. 2003. 论麦克卢汉传播观念的“技术乌托邦主义”——理解麦克卢汉的新视角. 新闻与传

播研究, (1): 38-44.
焦洁. 2015. 平台型媒介：一种新型的融媒体. 西部学刊, (1): 20-21.
杰克・富勒. 1999. 信息时代的新闻价值观. 展江译. 北京：新华出版社.
杰里米・里夫金, 特德・霍华德. 1987. 熵：一种新的世界观. 吕明, 袁舟译. 上海：上海译文出版社.
金新. 2005. 第二媒介时代网络传播方式对主体的重构——兼论马克・波斯特的思想. 创作评谭, (8): 61-64.
居伊・德波. 2006. 景观社会. 王昭凤译. 南京：南京大学出版社.
凯瑟琳・米勒. 2000. 组织传播. 袁军, 石丹译. 北京：华夏出版社.
柯林武德. 2006. 自然的观念. 吴国盛译. 北京：北京大学出版社.
克劳斯・迈因策尔. 1999. 复杂性中的思维. 北京：中央编译出版社.
雷跃捷, 辛欣. 2001. 网络新闻传播概论. 北京：北京广播学院出版社.
黎鸣. 2005. 恢复哲学的尊严——信息哲学论. 北京：中国社会出版社.
李彬, 关琮严. 2012. 空间媒介化与媒介空间化——论媒介进化及其研究的空间转向. 国际新闻界, (5): 38-42.
李彬. 2002. 传播学的关键概念. 国际新闻界, (5): 41-47.
李彩良. 2009. 基于熵理论的和谐社会评价与优化研究. 天津：天津大学博士学位论文.
李怀亮. 2009. 新媒体：竞合与共赢. 北京：中国传媒大学出版社.
李俊奎. 2014. 社会熵：元思想政治教育学的基石. 甘肃理论学刊, (6): 23-27.
李俊婷. 2014. 浅析政治因素对媒介发展的影响. 今传媒, (6): 32-33.
李娜. 2016. 2011—2016 我国媒介融合研究综述. 新闻世界, (10): 59-62.
李沁. 2013. 沉浸传播：第三媒介时代的传播范式. 北京：清华大学出版社.
李沁. 2015. 泛在时代的“传播的偏向”及其文明特征. 国际新闻界, (5): 6-22.
李曦珍. 2014. 理解麦克卢汉：当代西方媒介技术哲学研究. 北京：人民出版社.
李晓华, 田智辉. 2009. 媒介研究：传媒学子论坛 2008. 北京：中国传媒大学出版社.
李欣人. 2005. 传播关系的哲学思考. 当代传播, (4): 32-35.
梁辰曦. 2013. 从莱文森“人性化趋势”理论看媒介的偏向性. 新闻世界, (3): 160-161.
刘翠兰. 2010. 试述和谐社会系统复杂性的特征. 系统科学学报, (1): 10-12.
刘大椿. 2000. 科学技术哲学导论. 北京：中国人民大学出版社.
刘丹凌. 2010. 3G：第三媒介时代？现代传播, (3): 31-34.
刘亮. 2015. 媒介内容融合的主要问题及研究对策. 现代传播, (11): 156-157.
刘强. 2011. 融合媒介的受众采纳行为研究. 上海：上海交通大学博士学位论文.
刘卫平. 1999. 创新思维. 杭州：浙江人民出版社.
刘小帅, 张世福. 2009. 3G 时代：传媒价值链的重构. 网络传播, (7): 22-24.
刘颖悟, 汪丽. 2012. 媒介融合的概念界定与内涵解析. 传媒, (5): 73-75.
刘勇. 2003. 道路交通系统的熵理论应用研究. 西安：长安大学硕士学位论文.
刘正荣. 2007. “人人即媒体”与大众传播要素的质变. 国际新闻界, (4): 45-47 .
龙迪勇. 2016. 空间叙事本质上是一种跨媒体叙事. 河北学刊, (6): 86-92.
鲁道夫・斯德博. 2007. 媒介进化是什么——新媒介历史的理论化阐释. 尹良润编译. 国际新闻界, (10): 53-58.

栾轶玫. 2014. 融媒体传播. 北京: 中国金融出版社.
栾轶玫. 2014-12-27. 建议用“融媒体”代替“全媒体”. 光明日报, 10.
罗伯特・洛根. 2012. 理解新媒介——延伸麦克卢汉. 何道宽译. 上海: 复旦大学出版社.
罗伯特・梅斯勒. 2009. 过程-关系哲学——浅释怀特海. 贵阳: 贵州人民出版社.
罗杰・菲德勒. 2000. 媒介形态变化: 认识新媒介. 明安香译. 北京: 华夏出版社.
吕杰, 张波, 袁浩川. 2007. 传播学导论. 北京: 科学出版社.
马化腾, 张晓峰, 杜军. 2015. 互联网+国家战略行动路线图. 北京: 中信出版社.
马克・波斯特. 2000. 第二媒介时代. 范静哗译. 南京: 南京大学出版社.
马克・格兰诺维特. 1998. 弱关系的力量. 张文宏译. 国外社会学, (2): 39-40+107.
马克・格兰诺维特. 2008. 找工作——关系人与职业生涯的研究. 张文宏译. 上海: 格致出版社/上海人民出版社.
玛丽-劳尔・瑞安. 2014. 故事的变身. 张新军译. 南京: 译林出版社.
马立新. 单向度传播论——浅谈一种新型传播理论的构建. http://xwcb.100xuexi.com/view/otdetail/20110831/653740E1-5464-4DBC-BCCC-F75B0DA4AA78.html [2011-08-31].
迈克尔・E. 罗洛夫. 1991. 人际传播——社会交换论. 王江龙译. 上海: 上海译文出版社.
孟建, 赵元珂. 2007. 媒介融合: 作为一种媒介社会发展理论的阐释. 新闻传播, (2): 14-17.
米歇尔・福柯. 1999. 规训与惩罚. 刘北成, 杨远婴译. 北京: 生活・读书・新知三联书店.
米歇尔・沃尔德勒. 1997. 复杂: 诞生于秩序与混沌边缘的科学. 北京: 生活・读书・新知三联书店.
苗东升. 1999-3-2. 他组织——系统科学的另一片视野. 光明日报, 3.
苗东升. 2000. 论复杂性. 自然辩证法通讯, (6): 87-92+96.
闵大洪. 1998. 传播科技纵横. 北京: 警官教育出版社.
尼尔・波兹曼. 2009. 娱乐至死: 童年的消逝. 章艳, 吴燕莛译. 桂林: 广西师范大学出版社.
牛冲槐, 樊燕萍, 张敏. 2006. 人才聚集效应系统研究. 系统科学学报, 14(2): 99-103.
诺尔. 2002. 媒介融合的神话. 国际媒介管理学刊, (1): 12-13.
潘忠党. 2014. “玩转我的 iPhone, 搞掂我的世界！”——探讨新传媒技术应用中的“中介化”和“驯化”. 苏州大学学报(哲学社会科学版), (4): 153-162.
彭兰. 2009. 媒介融合方向下的四个关键变革. 青年记者, (6): 22-24.
彭兰, 杨影. 2015. 场景: 移动时代媒体的新要素. 新闻记者, (3): 20-27.
彭丽琴. 2014. 新媒体的传播偏向研究. 厦门: 厦门大学硕士学位论文.
彭新武. 2003. 复杂性思维与社会发展. 北京: 中国人民大学出版社.
任京生. 2003. 从东到西看关系. 广州: 南方日报出版社.
人民网研究院 2016. 人民网总编辑余清楚发布《2016 媒体融合传播指数报告》. http://media. people. com. cn/n1/2016/1215/c120837-28952077. html[2019-02-11].
阮平南, 杨小叶. 2010. 基于熵理论的网络组织结构评价模型. 武汉理工大学学报, (23): 183-186.
阮一峰. 2013. 熵的社会学意义. http://www.ruanyifeng. com/blog/2013/04/entropy.html [2016-11-14].
尚策. 2015. 融媒体的构建原则与模式分析. 出版广角, (14): 26-29.
邵培仁. 2000. 传播学. 北京: 高等教育出版社.
邵培仁. 2007. 传播学(修订版). 北京: 高等教育出版社.

申仲英, 张强. 1985. 系统中非线性相互作用初探. 哲学研究, (8): 35-41.
石磊. 2009. 新媒体概论. 北京: 中国传媒大学出版社.
石庆生. 2001. 传播学原理. 合肥: 安徽大学出版社.
史安斌, 张耀钟. 2016. 虚拟/增强现实技术的兴起与传统新闻业的转向. 新闻记者, (1): 34-41.
史蒂芬·李特约翰. 2004. 人类传播理论. 北京: 清华大学出版社.
顺风, 吴祐昕. 2006. 顺风新博客论——互联网 2. 0 新思维. 南京: 东南大学出版社.
斯蒂芬妮·麦克卢汉. 2006. 麦克卢汉如是说: 理解我. 何道宽译. 北京: 中国人民大学出版社.
唐润华, 陈国权. 2011. 走出"全媒体"的集体迷思. 新闻记者, (4): 54-58.
腾讯传媒研究院. 2016. 众媒时代. 北京: 中信出版集团.
汪玉辉. 2010. 手机媒介的使用与满足理论研究. 今传媒, (8): 77-79.
汪志诚. 1993. 热力学统计物理. 北京: 高等教育出版社.
王建平. 2016. 融媒体如何迎接即将到来的场景时代. 声屏世界, (3): 64-65.
王琪琦, 李海燕. 2011. 试论"跨媒体"内容创作的策略. 河北师范大学学报(哲学社会科学版), 11(5): 155-160.
王维胜. 2010. 数字媒介的断代之虞——关于信息时代文化存储媒介面临断识危险的思考. 传媒, (6): 154-155 .
王晓东. 2004. 西方哲学主体间性理论批判: 一种形态学视野. 北京: 中国社会科学出版社.
王怡红. 2003. 人与人的相遇——人际传播论. 北京: 人民出版社.
王怡红. 2006. 关系传播的逻辑解释. 新闻与传播研究, (2): 21-26 .
王智. 2013. 政治、经济博弈中的媒介控制. 今传媒, (8): 18-19.
维克托·迈尔-舍恩伯格、肯尼思·库克耶. 2013. 大数据时代. 盛杨燕, 周涛译. 杭州: 浙江人民出版社.
魏宏森. 1983. 系统科学方法论导论. 北京: 人民出版社.
魏守军. 2001. 现代自然科学的哲学思考. 广州: 暨南大学出版社.
吴汉东. 1996. 现代传播技术中的合理使用制度. 南京大学法律评论, (2): 151-160 .
谢晶. 2011. 经由传播而组织——一种动态的组织传播观. 新闻大学, (4): 112-118 .
徐沁. 2000. 媒介融合论: 信息化时代的存续之道. 北京: 中国传媒大学出版社.
宣宝剑. 2008. 媒介形象系统论. 北京: 中国传媒大学博士学位论文.
颜泽贤. 1993. 复杂系统演化论. 北京: 人民出版社.
杨保军. 2013. "共"时代的开创——试论新闻传播主体"三元"类型结构形成的新闻学意义. 新闻记者, (12): 32-41.
杨保军. 2015a. 再论"新闻规律". 新闻大学, (6): 1-10.
杨保军. 2015b. "脱媒主体": 结构新闻传播图景的新主体. 国际新闻界, (7): 72-84.
杨保军. 2016. 非职业新闻传播主体间关系初论——一种大众化新闻传播视野中的考察. 现代传播, 38 (11): 25-29.
杨保军, 涂凌波. 2014. 新时期中国新闻系统的结构变迁解析. 兰州大学学报(社会科学版), (1): 77-84.
杨保军, 张成良. 2016. 论新兴媒介形态演进规律. 编辑之友, (8): 5-11.
杨柳. 2015. 《煎饼侠》: 一场"互联网+电影"的"屌丝逆袭"梦. 当代电影, (9): 46-48.
杨志弘, 莫季雍. 1988. 传播模式. 台北: 正中书局.

易欣, 梅潇. 2010. 手机成就第五媒介的媒介进化理论分析. 无线互联科技, (4): 63-65.
殷杰, 王亚男. 2016. 社会科学中复杂系统范式的适用性问题. 中国社会科学, (3): 62-79.
于海飞. 2013. 新型量子逻辑: 确定性逻辑的超越. 北京: 中国社会科学出版社.
于馨燕. 2007. 信息熵理论在广告活动中的应用研究. 企业经济, (3): 77-79.
虞国竹. 2002-11-12. 关于报纸评价的几个指标. 中华新闻报, 8.
喻国明. 2008. 中国传媒指数报告 2008. 北京: 社会科学文献出版社.
喻国明. 2014. 大数据对于新闻业态重构的革命性改变. 新闻与写作, (10): 54-57.
喻国明. 2015. 融合转型的新趋势: "高维"媒介中的"平台型媒体"——对互联网逻辑下未来传播主流模式的分析与思考. 新闻与写作, (2): 41-44.
喻国明, 马慧. 2016. 互联网时代的新权力范式: "关系赋权"——"连接一切"场景下的社会关系的重组与权力格局的变迁. 国际新闻界, (10): 6-27.
喻国明, 吴文汐, 何其聪. 2016. 传媒的进化趋势与未来可能. 北方传媒研究, (3): 4-6.
约翰・W. 迪米克. 2013. 媒介竞争与共存: 生态位理论. 王春枝译. 北京: 清华大学出版社.
约翰・厄里. 2009. 全球复杂性. 李冠福译. 北京: 北京师范大学出版社.
约瑟夫・R. 多米尼克. 2004. 大众传播动力学: 数字时代的媒介. 蔡骐译. 北京: 中国人民大学出版社.
约书亚・梅罗维茨. 2002. 消失的地域: 电子媒介对社会行为的影响. 肖志军译. 北京: 清华大学出版社.
张成良. 2015. 新媒体素养论: 理念、范畴、途径. 北京: 人民出版社.
张成良. 2017. 基于熵理论建构的融媒体指标体系建构与评测. 新媒体与社会, (18): 93-116.
张成良, 甘险峰. 2011. 基于熵理论的"抛体-涡轮传播模式"研究. 中国传媒报告, (3): 30-44.
张成良, 甘险峰. 2017. 论融媒体形态演进与智媒时代的开启. 中州学刊, (9): 168-172.
张成良, 甘险峰. 2018. 融媒体语境下"第三媒介时代"媒介形态研究. 编辑之友, (1): 50-54.
张国良. 2009. 传播学原理. 上海: 复旦大学出版社.
张红亮. 2008. 人为因素对网络 BBS 系统的信息熵增的影响. 科技创新导报, (8): 31.
张君昌. 2003. 超媒介时代. 北京: 新华出版社.
张开. 媒介融合时代新闻人的专业素养. http://www.cddc.net/cnnews/dzcb/201010/14300.html[2016-10-24].
张立. 2006. 跨媒体: 出版业未来的方向. 出版参考, (30): 23.
张录强. 2005. 生态位理论及其综合应用. 中学生物学, 21(7): 2-4 .
张锡纯. 2000. 二熵——源事理. 北京: 北京航空航天大学出版社.
张咏华. 2002. 媒介分析: 传播技术神话的解读. 上海: 复旦大学出版社.
张梓轩, 韩雪莹. 2016. 媒介融合时代交互式符号的构成系统: 基于 2013—2015 年荷赛奖交互式纪录片的研究. 新闻春秋, (1): 78-83.
赵建国. 2008. 传播学教程. 郑州: 郑州大学出版社.
赵利, 胡森林. 2006. 开放系统、负熵与界限沟通者——组织传播视野中的中海油竞购优尼科事件. 国际新闻界, (9): 35-39.
赵文君. 2007. 新媒体与传统媒体的变迁趋势. 科学新闻, (10): 13-15.
赵星耀. 2011. 认知媒介融合的既有理念和实践. 国际新闻界, (3): 65-69.
赵阳. 1992. 自然界的复杂性与复杂系统. 现代哲学, (1): 45-48.

郑素侠. 2007. 互联网在中国大陆扩散的区域性差异. 国际新闻界, (2): 55-59.
植草益. 1992. 微观规制经济学. 朱绍文等译. 北京: 中国发展出版社.
周子渊. 2014. 传统新闻受大数据的影响与转变分析. 编辑学刊, (1): 87-90.
朱松析. 2010. 基于信息熵理论的高校校报编辑研究. 新闻知识, (3): 79-81.
朱志凯. 1995. 逻辑与方法. 北京: 人民出版社.
Brand, S. & Crandall, R. E. 1998. The media lab: Inventing the future at M.I.T. *Computers in Physics*, 2(1): 239-256.
Bolter, J. D. & Grusin, R. 2000. *Remediation: Understanding New Media*. Cambridge, MA: MIT Press.
Dalton, C. 1985. An essay in the deconstruction of contract doctrine. *Yale Law Journal*, 94(5): 997-1114.
Doranda, D. & Sun, D. C. 2004. The thinking of mediamorphosis's complexity (Paper presented at the 13th Annual Conference of System Engineering Society of China). Beijing, China.
Haken, H. 2000. *Information and Self-organization: A Macroscopic Approach to Complex Systems*. New York: Springer-Verlag, Inc.
Jörg, T. 2011. New thinking in complexity for the social sciences and humanities. *Springer Netherlands*, 16 (4): 498-500.
Merton, R. K. 1945. The sociology of knowledge. In G. Gurvich & W. E. Moore (Eds.), *Twentieth Century Sociology* (pp. 387-388). New York: New York University Press.
Miyamaru, F. & Filgueiras, L. 2009. X-gov: Crossmedia for government services (Paper presented at the 2nd International Workshop on Design and Evaluation of e-Government Applications and Services). Uppsala, Sweden.
Mueller, M. & Tan, Z. X. 1997. *China in the Information Age: Telecommunications and the Dilemmas of Reform*. New York: Praeger.
Nachison, A. 2001. Good business or good journalism? Lessons from the bleeding edge (Paper presented at the World Editor's Forum). Hong Kong, China.
Putnam, L. L. 1983. The interpretive perspective: An alternative to functionalism. In L. L. Putnam & M. E. Pacanowsky (Eds.), *Communication and Organizations: An Interpretive Approach* (pp. 31-54). Thousand Oaks: Sage Publications.
Putnam, L. L., Philips, N. & Chapman, P. 1996. Metaphors of communication and organization. In S. R. Clegg, C. R. Hardy & W. R. Nord (Eds.), *Handbook of Organization Studies* (pp. 375-408). London: Sage Publications.
Rogers, E. M. 1995. *Diffusion of Innovations* (4th edn.) New York: Free Press.
Roth, G. S. 1993. Are free radicals causes or effects of aging? The entropy theory. *Aging Clinical & Experimental Research*, 5(3): 241-242.
Snead, B. 2003. Sulzberger leads "gray lady" into colorful ear. http://www. ljworld. com[2016-11-7].
Sorokin, P. 1937. Social-time: A methodological and functional analysis. *American Journal of Sociology*, 42(5): 615-629.
Stewart, B. 1987. *The Media Lab: Inventing the Future at MIT*. New York: Viking Press.
Wellman, B. 2002. Little boxes, globalization, and networked individualism. In M. Tanabe, V.

Besselaar & T. Ishida (Eds.), *Digital Cities II: Computational and Sociological Approaches* (pp. 10-25). Berlin: Springer.

Winston, B. 1990. How are media born and developed? In J. Downing (Ed.), *Questioning the Media: A Cr*[illegible]*roduction* (pp. 54-74). Thousand Oaks: Sage Publications.

后　记

有关本书的构思开始于三年前，甚至于更早，但我真正开始集中思考与研究，则是从2015年考取博士之后。经过一年多的阅读准备，以及与新闻传播学专家及学者的交流，我的写作思路开始不断清晰。从2016年10月开始，我集中精力开始撰写书稿，在近两年的时间里，除了不可抗拒的工作学习任务，我几乎把所有时间都投入写作当中，紧赶慢赶，总算在除夕前夜完成了前期撰写，这段被压缩的时光成为我近两年来最大的收获。相比于2015年出版的第一部学术专著（《新媒体素养论：理念、范畴、途径》人民出版社2015年出版，获得山东省社会科学优秀成果二等奖，以及烟台市社会科学优秀成果一等奖），这部专著不论在观点上还是在论证方面都更加成熟，是我目前最好的作品。

事实上，本书的构思与我的学术生涯密不可分。早在2005年，在吉林电视台工作期间，我就开始关注媒介融合有关内容生产的跨媒体融合问题，正是因为思考的结果，2005年底我的第一篇论文《多媒体融合：泛媒体时代的生存法则》就把焦点对向媒介融合，但因为当时学术视野的促狭，这篇虽然粗粝但却流露着对媒介发展的憧憬的论文辗转到2006年7月才在《传媒》杂志上发表。这篇论文忝列国内首批媒介融合研究论文行列，并被列为新媒体领域高被引论文之一。这一早期的写作带给我的，是十年来的不断驻足思考与沉吟，也使得我逐渐从一个新闻从业者转向为一个新闻学界的思考者。

2012年，我以“基于熵理论的传播融合新模式研究”第一次申报教育部人文社会科学青年基金项目，幸运的是我的申报获得了评审专家的信任，由此确定了近五年来我的研究方向。伴随着思考的是学术阅读与积累，我陆续发表了一批与新媒体有关的论文与著作。

感谢国内新媒体研究领域的学者，他们这些年来开拓性的著述成为后继者得以滋养的学术馈赠。从立项研究到现在，我翻阅的数十部有关媒介融合及新媒体方向的专著让我耳目一新，也使我在研究中流连忘返。本书的出版为教育部人文社会科学青年基金项目“基于熵理论的传播融合新模式研究”画上了一个圆满的句号。

感谢中国人民大学的杨保军老师，从我 2012 年准备博士考试开始，杨老师始终关注我的学术研究和成长，成为他的博士研究生是我的荣幸，也正是他的鼓励和指导，开启了我在新闻传播学理论领域的耕耘劳作。杨保军老师治学严谨，从我的论文的选题立意到阅读准备，他细致耐心的指导让我受益匪浅。

感谢暨南大学的甘险峰老师，多年来他始终关注着我的学术研究和成长，鼓励我对新闻传播学外的多个交叉学科积极研究探索，并多次与我合作完成相关论文的选题与可行性探讨。

感谢鲁东大学的亓世勇教授、胡晓清教授，他们以敏锐的目光意识到新媒体发展的潜力，努力推进全媒体实验中心的建设，正是因为全媒体实验中心的建设发展给了我足够的时间对媒介融合进行思考和实践，我才由此产生了对融媒体形态与演进的深入研究兴趣。

感谢近几年来参与调研的我的学生们。为了提高新媒体实证研究水平，近年来我先后带领闫妍等同学在山东日照、临沂等多个地市调研走访，获取了农村地区新兴媒介发展的第一手材料，对于本书的构思起到了重要参考作用。

感谢我的同事袁丰雪，她自烟台日报报业集团调动工作期间，帮助我校阅了本书稿，并提出了许多建议和意见。感谢我的研究生张英楠，书稿撰写完成后，她既是我的第一位阅读者，同时也是本书的重要校对者，正是她的认真阅读和校对，以及出色的润色，为本书增色不少。

感谢科学出版社的王丹、宋丽等编辑老师，她们认真地编校书稿，对书中的细节问题提出修改意见，使本书能更加严谨地呈现在读者面前。

感谢《新媒体与社会》潘玉老师、《编辑之友》吕晓东女士、《中州学刊》李娜女士将我的一些成果先期发表出来，及时分享给了读者。

最后，还要感谢的是我工作中的同事和生活中的朋友。在鲁东大学文学院，不论是同专业研究领域的老师还是相关专业的老师，都给予我许多学术研究上的帮助和关怀，这让我受宠若惊，谨以此书表达我深深的谢意。感谢爱人对我的支持，因为长期留守于办公室工作，我没有更多时间去陪伴家人，深感歉意。正是家人的支持让我艰难地完成了本书的创作，希望我的爱人及儿子幸福快乐！

深深怀念我的父母，2015 年 4 月至 6 月，父母双双远去，留给我无限悲痛和哀思。祈愿他们地下有知，从此安眠！

关于融媒体的研究，一切似乎才刚刚开始，但科技动力下的媒介融合业态又日新月异。融媒体形态的发展演进，将永无止息，这也是我未来一段时间主要关注的方向和研究动力。

前途似海，来日方长！希望能以一己之微为融媒体理论研究发展贡献一份力量。

张成良

2018 年 1 月于烟台